CULTURE INDUSTRY PLANNING
THEORY AND PRACTICE

昝胜锋 周朋飞 著

文化产业规划

理 论 与 实 践

社会科学文献出版社
SOCIAL SCIENCES ACADEMIC PRESS (CHINA)

作者简介

昝胜锋 1974年生，男，汉族，山东德州人，农工民主党党员，经济学博士。山东大学文化产业研究院副院长、文化产业动能转换与生态系统（山东大学）山东省文化科技重点实验室主任、《泺尚创意中国调研报告》（2013~2020）主编，入选山东省智库高端人才（文化建设）、青海省文化和旅游产业智库专家等。从事文化产业战略规划、园区运营及商业模式、文体融合身心健康研究。

周朋飞 1984年生，男，汉族，山东泰安人，天津美术学院艺术学硕士。泺尚创意咨询研究院执行院长、济南泺尚有道规划咨询有限公司总经理、《泺尚创意中国调研报告》（2013~2020）副主编。从事区域文化产业规划、文化产业集群研究。

序言： 文化产业的增长规律与趋势引导

《中共中央关于制定国民经济和社会发展第十四个五年规划和二〇三五年远景目标的建议》提出了"完善文化产业规划和政策"的任务要求，凸显了文化产业顶层设计的重要性。"十四五"时期是文化强国建设的关键阶段，构建科学系统的文化产业规划和政策体系具有重要的现实意义。

从配第-克拉克定理、库兹涅茨人均收入影响理论到罗斯托主导产业扩散效应理论，文化产业从自由市场经济角度印证了其崛起和增长的合理性及其对其他产业部门的带动和前向作用。但历史实践证明，文化产业实现高质量和可持续发展必须依托科学的产业规制和顶层设计。而作为一种典型的产业规制行为，文化产业规划能够有效解决市场失灵、无序增长等问题。

实施产业战略研究和顶层设计的基本前提是精准研判产业发展环境与形势的新特征、新变化。当前，中国文化产业所面临的国际环境、经济形态、技术体系、政策趋势正在发生显著变化，文化和旅游、体育等产业进入融合快车道，在产业规划中把握变局背后的发展规律与趋势特征，是未来推动文化产业实现高质量增长的关键所在。

从国际环境看，形势之变、规则之变、条件之变凸显"三变叠加"。

习近平总书记指出，当今世界正面临百年未有之大变局。未来10年，将是世界经济新旧动能转换的关键10年，将是国际格局和力量对比加速演变的10年，将是全球治理体系深刻重塑的10年。伴随国际格局和政治力量对比加速演变，中国文化产业在大国战略竞争的严峻考验中既充满机遇也存在挑战。当前，世界多极化、经济全球化在曲折中前行，单边主义、保护主义愈演愈烈，多边主义和多边贸易体制受到严重冲击。国际环境的剧烈变化为中国文化产业发展带来了多重挑战和机遇。首先，全球性保护主义叠加导致外部经贸环境日趋严峻，国际直接投资稳定性严重不足，对外文化贸易、文化对外投资前景堪忧，对我国文化产业转型升级以及向全球价值链高端攀升造成巨大压力。其次，严峻的外贸环境将倒逼国内企业加大科技投入和研发力度，文化产品和服务加速迭代，加快形成国际竞争新优势。最后，国际产业发展和分工格局出现重大变革，我国面临发达国家的高端打压和发展中国家的中低端挤出的双重挤压，重塑实体经济竞争优势成为首要紧迫任务。

从经济形态看，传统比较优势式微倒逼文化领域新旧动能接续转换。

总体来看，当前及未来一段时期，在成本快速上升、金融去杠杆、快速老龄化、"脱实向虚"等因素影响下，粗放型增长阶段的文化产业所依托的传统要素竞争优势和驱动力逐步减弱，文化产业动能转换对中高端业态经济贡献率提出了更高要求，文化消费升级换代仍受制于供需的不平衡不充分现状。首先，知识、技术、信息、数据等新生产要素供给质量和配置效率亟待提升。在"人口红利"逐步消失、土地和自然资源要素成本上升、资本边际效益递减的趋势下，传统要素的竞争优势和驱动力逐步减弱，与产业动能转换需求相匹配的知识、技术、信息、数据等新生产要素的质量和数量将极速扩张。未来，文化产业从业人员综合素质、文化科技创新生态、文化金融融合运转效率将决定文化及相关产业全要素生产率的提升速度和效益。其次，文化产业动能转换的目的是通过传统业态提质效、新兴业态提规模、跨界业态提潜能,最终提高中高端业态经济贡献率,这就决定了未来具备较强要素、资源聚合能力的头部企业将引领产业链的迭代方向,通过业务拓展、兼并重组推动中高端业态不断演变创新。最后,文化消费需求的高端化、个性化、定制化特征日趋明显,消费品质由中低端向中高端转变,消费形态由物质型向服务型转变,消费方式由线下向线上线下结合转变,消费行为由从众模仿型向个性体验型转变,消费人群的分众化趋势越发明显。

从技术体系看,数字文创价值链与智慧智能供应链紧密衔接。

当前,5G、人工智能、区块链、物联网、大数据、云计算、虚拟现实、量子信息等新技术正催生着大量新产业、新模式,在文化产业规划中伴随新技术的迭代升级和融合利用,文化资源开发、产业组织、商业创新及文化消费的场景化模式将产生显著变化。首先,随着信息基础设施的持续升级、信息通信技术与传统产业的加速融合、居民消费升级对数字技术和经济需求的持续增加,数字经济对文化产业发展的推动作用将进一步拓展,数字创意生态系统将全面构建形成。其次,5G时代的到来加速了文化智能供应链的形成,在互联网、物联网充分融合的基础上,用户画像、VR技术和人工智能、数字资产及区块链等技术将加速文化产业端和市场端的高效对接。最后,高新技术在文旅产品端将实现无缝对接和标准嵌入。未来,在文化旅游市场融合、服务融合基础上,文化旅游软硬件装备系统、公共设施设备的核心技术研发及前沿应用将实现一体化推进。

从政策趋势看,文化产业突出短板正待补齐,重大文化战略稳步推进。

当前,我国文化产业与文化市场进入基于法律和规则的制度完善期,社会治理现代化进入全面推进期,文化产业政策环境、营商环境、区域发展格局正不断优化,文化市场主体活力正不断激活。《文化产业促进法》立法进程迈出重要一步，聚焦两大关键问题、三大中心环节和三类驱动要素，为文化产业高质量发展和繁荣兴盛提供重要的法治保障。文化产业经济性规制体系也趋于完善，税收税制、投资者保护、知识产权保护、对外文化贸易、文化消费、文化市场监管的趋于规范，将显著优化民企、国企、外企基于法律和规则的平等竞争环境。首先，为进一步完善与国际接轨的市场体系，我国将加速推进包括文化领域在内的知识产权保护、营商环境优化、社会保障等一系列体制机制改革，文化产业发展环境将进一步优化。其次，政府和市场的边界将进一步厘清，服务型政府建设深入推进，地方政府基于文件、政策、纪要、批示等的干预市场、行政垄断等行为将得到有效约束和监督，有利于营造公平、公正、公开、透明的文化营商环境。最后，乡村振兴等国家战略将持续深入推进，文化将与产业、人才、生态、组织等实现协同振兴，加速实现城乡文化建设的互促互进、共生共存。

从文化产业趋势看，面临"一体化、六融合、双驱动"的路径抉择。

2018年文化和旅游部的正式成立，标志着文化旅游融合发展的体制性坚冰正逐步走向消融，"宜融则融、能融尽融"成为未来文旅产业一体化发展的指导理念。首先，文旅产业在未来相当长的一段时期仍应坚持供给侧结构性改革这一主线，按照"去降补"原则，引导企业、项目以产品端为关键突破点，加快产品供给从粗放低效向精细高效转变，优化产品组合模式，提高产品供给品质、扩大供给范围。其次，将"理念融合、职能融合、产业融合、市场融合、服务融合、交流融合"作为有力抓手。在理念层面，树立以文促旅、以旅彰文、和合共生的发展导向；在职能层面，推进政策、法规、资源、平台、工程、项目、活动等的融合；在产业层面，促进业态融合、产品融合，推进行业标准体系、空间载体平台管控运营的融合；在市场层面，促进市场主体融合、监管融合，统一完善服务质量评价体系和消费引导与反馈体系；在服务层面，统筹公共服务设施建设管理、机构功能设置、资源配置；在交流层面，加强渠道和载体整合，推动文明交流互鉴、传播先进文化。最后，以体制机制创新为基础，放大"科技、金融"双轮驱动效应。文化科技创新体系、资源数字化开发、数字文化技术标准与业态培育等重点领域将被重点聚焦，涵盖投资、融资、担保、保险等多层次、多元化、多渠道的文化产业金融服务体系亦将逐步完善。

以上所述是"十四五"开局时期文化产业发展的基本视点，也是未来探索文化产业规划之路的阶段性起点。

作为著者在文化产业规划领域深耕多年的成果积淀，本书将从文化产业规划的"理论坐标""他山之石""实践指南"三个维度，全面审视文化产业新态势、新任务对传统文化产业规划理念提出的新要求和新挑战，致力于将文化经济发展的一般规律和国内外最新产业实践与商业逻辑相结合，精准研析未来文化经济和产业体系运行的全新特征。

新时代，我们将依托山东大学文化产业研究院、文化产业（山东大学）山东省文化科技重点实验室、泺尚创意咨询研究院等研究机构，依托《创意中国调研报告》系列、中国文体产业管理创新论坛等研究资源，精准对接地方智库服务需求，进一步健全文化产业"政产学研深度一体化"工作体系，加快产业规划理论与学术成果创新，强化协同创新和产业生态建设，打造文化产业发展的命运联合体，全方位助力中国文化及相关产业的高质量发展之路。

昝胜锋　周朋飞
2021 年 3 月

目 录

上篇 文化产业规划之"理论坐标"

第一章 文化产业与产业规划 / 3

第一节 文化产业与文化产业战略研究 / 3

第二节 文化产业规划的内涵外延与基本类型 / 13

第三节 文化产业规划的基本遵循与作用机制 / 22

第二章 文化产业规划的时代属性 / 35

第一节 新时代的规划话语权构建 / 35

第二节 新常态下的规划理念转变 / 46

第三节 生态观下的规划主体关系 / 52

第四节 文化体悟理念下的文化产业可持续规划路径 / 56

第五节 新技术赋能下的智慧规划体系 / 61

第六节 一体化的规划建设运营体系 / 71

第三章 文化产业规划的体系角色 / 75

第一节 中国特色国家规划体系 / 75

第二节 文化产业规划与发展规划 / 81

第三节　文化产业规划与空间规划 / 84
第四节　文化产业规划与专项规划 / 88

第四章　产业规划的分析工具 / 96
第一节　发展环境分析工具 / 96
第二节　经济产业分析工具 / 102
第三节　发展战略分析工具 / 107

第五章　文化消费市场分析与预测 / 112
第一节　文化需求与文化消费 / 112
第二节　文化消费市场数据收集与分析 / 116
第三节　文化需求的预测理论与相关技术 / 123
第四节　文化消费者的消费偏好及其行为 / 129

第六章　文化产业资源调查与评价 / 135
第一节　文化产业资源分类 / 135
第二节　文化产业资源利用价值评价 / 138
第三节　文化产业资源的规划开发思路 / 143

中篇　文化产业规划之"他山之石"

第七章　文化产业规制的国际经验 / 149
第一节　新加坡产业转型蓝图设计 / 149
第二节　德国产业规划与空间治理 / 156
第三节　日本产业规划审议与评估 / 162
第四节　美国产业指引与政策集成 / 167
第五节　规律总结及其借鉴 / 170

第八章　中国文化产业规划的发展回顾 / 173

第一节　文化经济初创时期（2001~2005年）/ 173

第二节　文化经济"百花齐放"时期（2006~2010年）/ 176

第三节　文化体制改革全面推进时期（2011~2015年）/ 180

第四节　文化自信加速建立时期（2016~2020年）/ 186

下篇　文化产业规划之"实践指南"

第九章　文化产业规划编制标准体系 / 193

第一节　法律法规层面——《中华人民共和国文化产业促进法》/ 193

第二节　专业管理层面——《文化和旅游规划管理办法》/ 201

第十章　地方文化产业规划的实践探索 / 207

第一节　省级产业规划——以青海省为例 / 207

第二节　市级产业规划——以济南市为例 / 219

第三节　县域产业规划——以夏津县为例 / 236

第四节　功能区产业规划——以济南新旧动能转换先行区为例 / 251

第十一章　聚焦"十四五"文化高质量发展系列专题 / 278

第一节　综合发展专题 / 278

第二节　产业融合专题 / 296

第三节　典型行业专题 / 308

主要参考文献 / 324

后　记 / 333

上篇　文化产业规划之"理论坐标"

第一章 文化产业与产业规划

第一节 文化产业与文化产业战略研究

文化作为国家和民族的精神血脉,对凝聚力和创造力的形成发挥着重要的推动作用。当今世界正处在大发展大变革时期,文化产业面临着前所未有的机遇和挑战,如何构建"宏观-中观-微观"的文化产业治理体系,实现治理能力现代化,是推动这一"朝阳产业"在当下和未来实现高质量发展的关键。

一 文化产业规制历程与分类标准

(一)文化产业认知与规制历程

文化产业这一概念最早起源于20世纪40年代后期,早期一般使用"大众文化""文化工业"的称谓进行研究界定。贾斯汀·奥康纳(2000)[①]认为文化产业是以经营符号性商品为主的活动,其通过商品化的文化价值实现经济价值。安迪·普拉特(2004)认为文化产业包括内容创意、输入生产、再生产和生产交易的文化生产体系。胡惠林(2005)认为文化产业是一个以

[①] O'Connor Justin, "The Definition of The Cultural Industries". *The European Journal of Arts Education* (2000) 2 (3), 15-27.

建设产品生产、交换和消费为主要特征的产业系统。王育济（2006）[①]认为文化产业的本质是"创意"，它是以"文化创意"为核心，通过技术的介入和产业化的方式制造、营销不同形态的文化产品的行业。从国内外专家近几十年来从各个角度对文化产业的定义来看，虽然对其界定尚未有统一的标准，但大多强调文化产业在产品制作与服务方面具有工业化、标准化、精神化、大众化与服务性等特征。

近年来，文化产业概念不断发展和完善，《文化及相关产业分类（2018）》将文化及相关产业定义为为社会公众提供文化产品和文化相关产品的生产活动的集合。《文化产业促进法（草案征求意见稿）》将文化产业定义为以文化为核心内容而进行的创作、生产、传播、展示文化产品和提供文化服务的经营性活动，以及为实现上述经营性活动所需的文化辅助生产和中介服务、文化装备生产和文化消费终端生产等活动的集合。

伴随文化产业在国民经济社会发展中发挥着愈发重要的作用，我国对文化产业的规制层级和重视水平显著提高。自1992年正式将文化产业列入第三产业开始，文化产业的体系定位、行政管理、分类标准、发展规划与目标体系、法规体系逐步清晰。其中，多个历史节点上的规制事件具有里程碑意义：2004年《文化及相关产业分类》中第一次明确了文化产业统计范围、层次、内涵与外延；2009年《文化产业振兴规划》中将文化产业提升为国家战略；2011年《中共中央关于深化文化体制改革、推动社会主义文化大发展大繁荣若干重大问题的决定》中提出推动文化产业成为国民经济支柱性产业；2018年文化旅游管理部门自上而下的合并改革，标志着文旅融合观念和文旅运营思维已成为国家层面的战略思维；2019年《文化产业促进法（草案征求意见稿）》作为中国首部文化法，将为文化产业高质量发展和繁荣兴盛提供重要的法治保障；2020年《中共中央关于制定国民经济和社会发展第十四个五年规划和二〇三五年远景目标的建议》中，明确提出健

---

① 王育济：《文化产业：学术阐释的原则与目的》，《东岳论丛》2006年第3期。

全现代文化产业体系,到 2035 年建成文化强国,首次明确了建成文化强国的具体时间表(见表 1-1-1)。

表 1-1-1　文化产业规制大事记

时间	事件	内容
1992 年	出台《关于加快发展第三产业的决定》	正式把文化产业列入第三产业,把文化部门由财政支出型部门定位为生产型部门,为文化产业的发展做了政策上、体制上的准备
1998 年	文化产业司成立	标志着文化产业由民间自发展阶段进入政府推动阶段,并先后制定出台了一系列规划和政策性文件
2000 年	《中共中央关于制定国民经济和社会发展第十个五年计划的建议》	首次提出"文化产业"概念,指出要完善文化产业政策,加强文化市场建设和管理,推动有关文化产业的发展
2001 年	《关于深化新闻出版广播影视业改革的若干意见》	在加强党领导的前提下,以发展为主题,组建包括中国广电集团、中国出版集团在内的 70 多家文化集团,加快文化市场整合和结构调整
2002 年	《中华人民共和国国民经济和社会发展第十二个五年(2011~2015 年)规划纲要》	科学地区分了文化事业与文化产业,明确阐述了二者既相互联系又相互区别的辩证关系,强调"一手抓公益性文化事业、一手抓经营性文化产业",强调要"把文化产业作为文化建设发展的重要方面"
2003 年	《关于支持和促进文化产业发展的若干意见》	将文化产业界定为"从事文化产品生产和提供文化服务的经营性行业",并将演出、影视、音像、文化娱乐、文化旅游、网络文化、图书报刊、文物和艺术品以及艺术培训等九大行业纳入文化产业的管理范围
2003 年	《中央宣传部、文化部、国家广电总局、新闻出版总署关于文化体质改革试点工作的意见》	明确提出要加快文化产品市场和生产要素市场建设,发展市场中介组织,形成统一开放、竞争有序的文化市场体系
2004 年	《文化及相关产业分类》	第一次明确了国内文化产业的统计范围、层次、内涵与外延,为文化产业的进一步发展提供了系统科学的理论依据
2009 年	《文化产业振兴规划》	国内第一部文化产业专项规划正式出台,自此文化产业上升为国家战略性产业
2011 年	《中共中央关于深化文化体制改革、推动社会主义文化大发展大繁荣若干重大问题的决定》	文件指出要"增强国家文化软实力,弘扬中华文化,努力建设社会主义文化强国""推动文化产业成为国民经济支柱性产业",以及要"促进文化产品和要素在全国范围内合理流动,必须构建统一开放竞争有序的现代文化市场体系"
2012 年	《文化及相关产业分类(2012)》	文化产业的分类更加符合当时社会发展需要,为文化体制改革和文化产业发展的宏观决策提供了科学有效的基础信息

续表

时间	事件	内容
2018 年	组建文化和旅游部	将文化部、国家旅游局的职责整合,作为国务院组成部门。文旅融合观念和文旅运营思维已成为国家层面的战略思维
2018 年	《文化及相关产业分类(2018)》	本次新修订的分类标准,结构变化大、涉及范围广,将以"互联网+"为依托的文化新业态及时纳入统计范围,是文化体制改革和发展工作的重要成果
2019 年	《文化产业促进法(草案征求意见稿)》	作为中国首部文化法,将明确地方政府在促进地方文化基础设施建设方面的义务,以确保民众可以享受更好的公共文化服务
2020 年	《中共中央关于制定国民经济和社会发展第十四个五年规划和二〇三五年远景目标的建议》	明确提出健全现代文化产业体系,到 2035 年建成文化强国,首次明确了建成文化强国的具体时间表

(二)我国文化产业分类标准

截至目前,我国文化产业分类标准历经了三次制定、两次修订。2004 年,按照文化建设与文化体制改革的需要,国家统计局在与中宣部、国务院有关文化部门的合作研究基础上,以《国民经济行业分类》为标准制定了《文化及相关产业分类》,并将其作为国家统计标准进行颁布实施。这一统计标准第一次明确了国内文化产业的统计范围、层次、内涵与外延,为文化产业的进一步发展提供了系统科学的理论依据。

2012 年,面对国内文化产业发展新形势,国家统计局在参考《2009 年联合国教科文组织文化统计框架》基础上,以《国民经济行业分类》为蓝本,修订完善了《文化及相关产业分类(2012)》,使文化产业的分类更加符合当时社会的发展需要,为文化体制改革和文化产业发展的宏观决策提供了科学有效的分类信息。《文化及相关产业分类(2012)》对原有的文化产业类别结构和内容做了较大调整,新增文化新业态、文化创意、软件设计服务、具有文化内涵的特色产品的生产等内容和部分行业小类,删除旅行社、休闲健身娱乐活动、教学用模型及教具制造、其他文教办公用品制造、其他文化办公用机械制造和彩票活动等。同时，以"文化产品的生产活动、文化产品生产的辅助生产活动、文化用品的生产活动和文化专用设备的生产活动"等四类结构替代了原来的"核心层、外围层、相关层"。

尽管如此，文化产业在数据统计方面还存在基础薄弱、部门间的不充分调整机制、产业不完整覆盖等问题。随着互联网时代的到来，以"互联网＋"为依托的文化产业新业态得到创新发展，以新的分类标准为依据能够为文化产业的战略发展提供标准化、有序化的数据基础。为适应新时期对文化产业新业态的统计，2017年国家颁布《国民经济行业分类》，将新兴业态的统计方式与概念范围纳入分类之中。同年8月，国家统计局正式下文要求从2017年、2018年统计年报、定期统计报表开始统一使用新标准，而作为派生产业统计分类标准，同样也需要依据新的国民经济行业分类标准对文化及相关产业进行分类修订。

因此，在《文化及相关产业分类（2012）》基础上重新修订了《文化及相关产业分类（2018）》。新分类在保持原分类对文化及相关产业定义之外，又增加、合并、调整了符合文化及相关产业的具体小类，更加兼顾文化管理的可操作性与科学性（见14-1-1）。其不同点表现在以下几个方面。

一是结构和编码调整。《文化及相关产业分类（2018）》将文化及相关产业划分为三个层次：第一层为文化产业大类，用01~09表示；第二层为文化产业种类，用三位数字表示；第三层为小类，用四位数字表示，层次编码规则参照《国民经济行业分类》（GB/T 4754—2017）。与《文化及相关产业分类（2012）》相比，大类由10个修订为9个、中类由50个修订为43个，小类由120个修订为146个［其中新增12个，因执行《国民经济行业分类》（GB/T 4754—2017）增加15个，删除1个］。

二是类别结构显著变化。《文化及相关产业分类（2018）》为进一

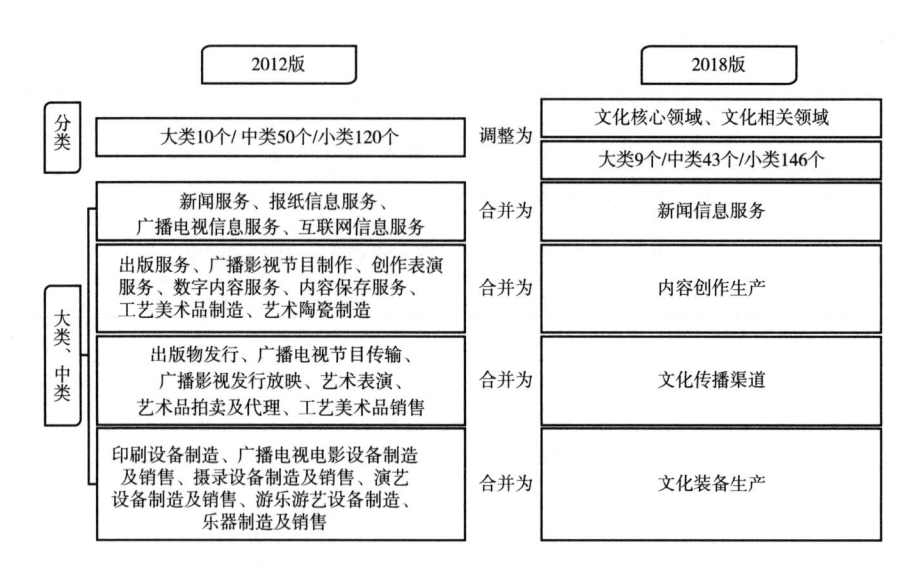

分类	2012版		2018版
	大类10个/中类50个/小类120个	调整为	文化核心领域、文化相关领域
			大类9个/中类43个/小类146个
大类、中类	新闻服务、报纸信息服务、广播电视信息服务、互联网信息服务	合并为	新闻信息服务
	出版服务、广播影视节目制作、创作表演服务、数字内容服务、内容保存服务、工艺美术品制造、艺术陶瓷制造	合并为	内容创作生产
	出版物发行、广播电视节目传输、广播影视发行放映、艺术表演、艺术品拍卖及代理、工艺美术品销售	合并为	文化传播渠道
	印刷设备制造、广播电视电影设备制造及销售、摄录设备制造及销售、演艺设备制造及销售、游乐游艺设备制造、乐器制造及销售	合并为	文化装备生产

图 1-1-1 《文化及相关产业分类》2018 版与 2012 版主要调整内容

步适应互联网时代下文化及相关产业出现的新兴产业业态，更好地配合与满足《国家"十三五"时期文化发展改革规划纲要》中的相关要求，新修订了文化及相关产业的类别结构，所有的活动类别可以进一步归纳为文化核心领域与文化相关领域两类，其中文化核心领域包括九大分类中的 6 个大类，即新闻信息服务、内容创作生产、创意设计服务、文化传播渠道、文化投资运营、文化娱乐休闲服务以及它们所下属的中类、小类内容；文化相关领域则包括了文化辅助生产和中介服务、文化装备生产、文化消费终端生产 3 个大类及其下属的中类、小类内容（见图 1-1-2）。

三是小类内容有增有减。为体现当前新产业新业态新模式的发展状况，根据新《国民经济行业分类》，部分行业小类的调整方式包括拆分、更名、新增、内容变更、删除五种方式。拆分增加了广播电视集成播控（8740）、互联网其他信息服务（6429）、数字出版（8626）等 15 个行业小类；新增符合文化及相关产业定义的互联网文化娱乐平台（6432*）、文化投资与资产管理（7212*）、文化企业总部管理

（7211＊）、文化产业园区管理（7221＊）等 12 个行业小类；修订更名了影视节目制作（8730）、群众文体活动（8870）、其他工艺美术及礼仪用品制造（2439）等 7 个行业小类；变更了广播（8710）、电视（8720）、其他出版业（8629）和其他娱乐业（9090）、其他文化用品批发（5149）等 5 个行业小类内容；删除了原分类中的电子快译通、电子记事本、电子词典 3 个行业小类。同时，对带＊标识的小类也进行了适当调整。

01	新闻信息服务
02	文化装备生产
03	内容创作生产
04	创意设计服务
05	文化传播渠道
06	文化投资运营
07	文娱休闲服务
08	文化消费终端生产
09	文化辅助生产和中介服务

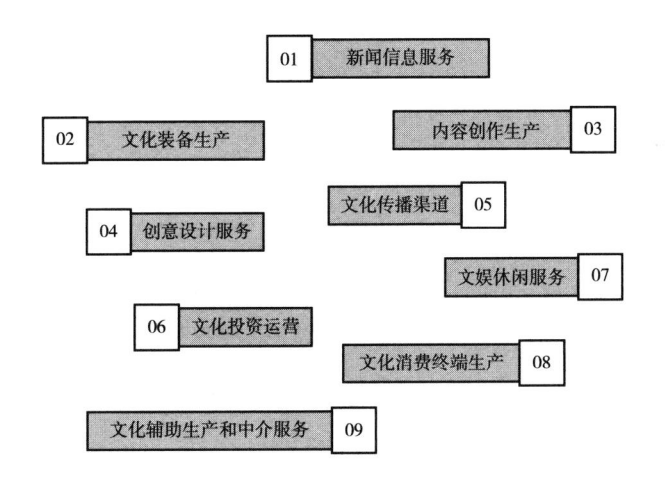

图 1－1－2　《文化及相关产业分类（2018）》中九大类行业

在《文化及相关产业分类（2018）》中，为从产业链条的生产、流通和服务等环节来反映文化建设和文化体制改革情况，保留了文化制造业、文化批发和零售业、文化服务业的传统产业类别。但依旧对属于农业、采矿、建筑施工、行政管理、体育、国民教育、餐饮等类别中的相关文化服务内容不纳入产业分类之中，而且对有部分文化活动但却未能形成完整体系的生产活动也同样不纳入分类之中。此外，面对"互联网＋"的迭代创新，新增了互联网文化娱乐平台、观光旅游航空服务、娱乐用智能无人飞行器制造、可穿戴文化设备和其他智能文化消费设备制造等文化新业态。

2018年文化及相关产业分类修订吸收了近年来文化系统改革的相关业绩，强调了文化核心领域的内容，反映了文化生产活动的特性。此次类别结构的改革，更进一步满足了中国文化改革和发展管理的实际需要和认识习惯，有助于提高文化产业相关数据评定的准确性与可比性。

二　文化产业价值效能与规划引导

文化产业具备经济价值和精神价值两种重要属性。杨晓燕、杨虎德（2017）认为两种价值之间具有相互促进、共同发展的关系，其中精神价值是文化产业发展的灵魂，文化产业经济价值的实现能够有效推动精神价值。中国文化产业发展的首要原则是坚持社会效益优先，经济效益与社会效益相统一，这也是文化产业价值引导的基本准则。中国文化产业从最初的国资独大到如今的百花齐放，从初期的野蛮成长到现在的集中培育，文化产业总体规模、发展质量得到整体提升，文化产品及服务供给品质持续改善，产业融合效应下文化新技术、新业态不断涌现，走出了一条具有中国特色的产业发展道路。

2020年9月17日，习近平总书记在湖南长沙马栏山视频文创产业园考察时强调，"要坚持把社会效益放在首位，牢牢把握正确导向，守正创新，大力弘扬和培育社会主义核心价值观，努力实现社会效益和经济效益有机统一，确保文化产业持续健康发展"。2020年9月22日，习近平总书记在教育文化卫生体育领域专家代表座谈会上指出，"衡量文化产业发展质量和水平，最重要的不是看经济效益，而是看能不能提供更多既能满足人民文化需求、又能增强人民精神力量的文化产品"。

党的十九届五中全会对文化建设高度重视，从战略和全局上做了规划和设计。明确提出到2035年建成文化强国，这是党的十七届六中全会提出建设社会主义文化强国以来，党中央首次明确建成文化强国的具体时间表。五中全会提出，"繁荣发展文化事业和文化产业，提高国家文化软实力。坚持马克思主义在意识形态领域的指导地位，坚定文化自信，坚持以社会主义核心价值观引领文化建设，加强社会主义精神文明建设，围绕举旗帜、聚民心、育新人、兴文化、展形象的使命任务，促进满足人民文化需求和增强人民精神力量相统一，推进社会主义文化强国建设。要提高社会文明程度，提升公共文化服务水平，健全现代文化产业体系"（见图1-1-3）。

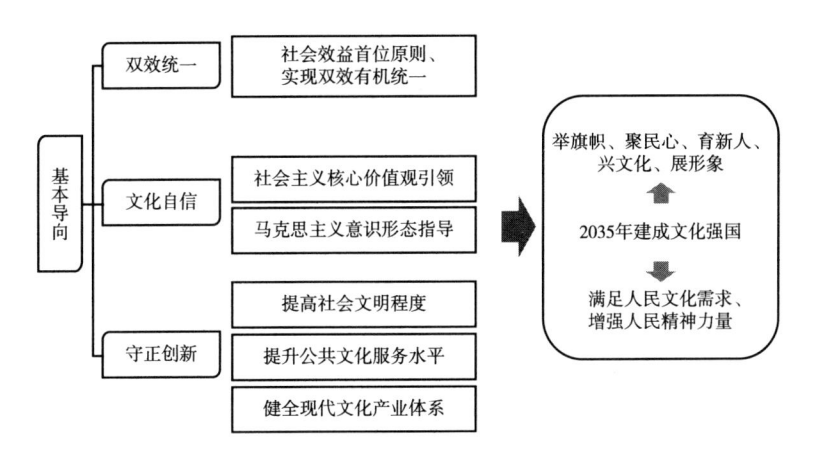

图1-1-3　"十四五"及中远期文化发展的基本导向与路径目标

《中共中央关于制定国民经济和社会发展第十四个五年规划和二〇三五年远景目标的建议》提出了"繁荣发展文化事业和文化产业，提高国家文化软实力"的总要求，即"坚持马克思主义在意识形态领域的指导地位，坚定文化自信，坚持以社会主义核心价值观引领文化建设，加强社会主义精神文明建设，围绕举旗帜、聚民心、育新人、兴文化、展形象的使命任务，促进满足人民文化需求和增强人民精神力量相统一，推进社会主义文化强国建设"。针对文化产业发展的新特征、新趋势，提出"健全现代文化产业体系"的总目标，要求"坚持把社会效益放在首位、社会效益和经济效益相统一，深化文化体制改革，完善文化产业规划和政策，加强文化市场体系建设，扩大优质文化产品供给。实施文化产业数字化战略，加快发展新型文化企业、文化业态、文化消费模式。规范发展文化产业园区，推动区域文化产业带建设。推动文化和旅游融合发展，建设一批富有文化底蕴的世界级旅游景区和度假区，打造一批文化特色鲜明的国家级旅游休闲城市和街区，发展红色旅游和乡村旅游。以讲好中国故事为着力点，创新推进国际传播，加强对外文化交流和多层次文明对话"①。

因此，在"十四五"期间，文化产业规划应继续坚持把社会效益放在首位、社会效益和经济效益相统一，严格遵循文化体制改革的既定方向，不断完善文化产业规划和政策体系，结合供给侧结构性改革不断扩大优质文化产品供给。同时，要顺应数字产业化和产业数字化发展趋势，改造升级传统业态，着力培育新型业态，密切服务国家重大区域战略，合理统筹区域文化产业特色基础和资源要素，加快提升文化产业质量效益和核心竞争力。

可以预见，"十四五"期间文化产业发展将从数量到质量、粗放到精细方面实现动能升级。一方面，文化产业作为经济发展新动力，在改变了过去以消耗型、污染型为主要财富增长方式的同时，通过知识经济的创新改变而助力国家经济发展方式的飞跃；另一方面，文化产业改变了民众的精神生产与消费方式，改变了整个现代社会在精神层面与审美层面的结构内容，进一步影响着国家、社会、人的发展走向与秩序构建。

文化产业作为兼具政治、经济、社会、意识形态等多重性质的产业类型，需要对其进行合理的引导规划以便更好地释放文化产业的功效价值，在进行文化产业规划过程中，能够通过分析整理各种产业因素，从产业布局、重点业态等方面进行安排，以便达到最优的综合效益。

---

① 国务院印发《中共中央关于制定国民经济和社会发展第十四个五年规划和二〇三五年远景目标的建议》，http://www.gov.cn/zhengce/2020-11/03/content_5556991.htm。

第二节　文化产业规划的内涵外延与基本类型

党的十八届三中全会明确提出了国家治理体系和治理能力现代化。规划作为国家文化治理的重要工具，以规划引领文化产业发展，是现代文化治理的重要路径，也是中国特色社会主义发展模式的重要体现。

一　产业规划的内涵阐释

(一) 产业规划的内涵缘起

关于规划，不同学者给出了不同的定义。Robinowitz（1969）[①]指出，规划是一个战略选择的过程，体现出对未来的预期和应付无法预料情况的安排。Churchman（1971）[②]认为，规划是人们对未来的考虑及基于此的行动。Hall（1974）[③]则提出，规划旨在完成某些目标，并由一系列活动来完成。朗文辞典中对规划的解释为：制订或实施计划的过程中，尤其是作为一个社会或经济单元（企业、社区）等确定目标、政策与程序的过程。在这里，我们可以认为，规划是指一个不断进行战略设定、目标制定、路径安排的过程，并贯穿决策、选择、实施的全过程，它旨在利用有限的资源、空间和人力资本，在未来一段时期内或某个特定的节点完成某个目标或任务。

规划作为一种治理国家的方向性工具，是个体或组织实现科学治理而产生的活动方案与计划，即规划是为达到某种远景目标，对未来发展状况的谋划，政府编制的规划是政府对经济、社会、文化、政治等领域的治理在时空上的部署。规划一般包括主体、客体、目的、过程与方法等内容要素。

[①] Robinowitz, Francine, City Politics and Planning, New York: Atherton Pres, 1969.
[②] Churchman, C. West, The Design of Inquiring Systems, New York: Basic Book, 1971.
[③] Hall P, Urban and Regional Planning, Harmondsworth: Penguin Books, 1974.

具体来看，规划主体一般以政府部门为主，辅之以各类规划机构、社会公众；规划客体则包含了产业链条、市场主体、产业载体等相应产业所涉及的主要层面；规划目的则是政府为了达到最优治理，实现治理客体效能的最大化发挥；规划过程则是在规划产业评估基础上，通过目标设定、路径设计、协同主客体完成高质量规划编制；规划方法则是在遵循规划理念和技术路线的基础上，合理应用各类规划工具和技术手段（见图1-2-1）。

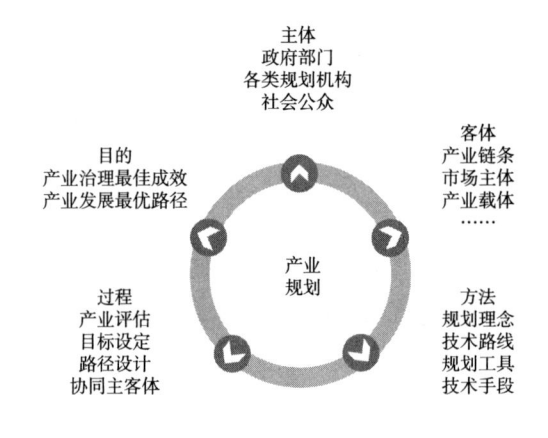

图1-2-1 产业规划内容要素

对于规划的起源，一般学界认为源自空想社会主义和科学社会主义者的计划理念，之后西方的规划编制始终以市场经济为主，之后在经历的几次经济变革中规划方式也相应发生了改变。我国作为社会主义国家，在规划方面走出了一条独树一帜的道路。新中国成立后，中国学习苏联模式采用了五年规划的治理方式，自1953年起国家开始正式编制国民经济和社会发展规划，在历经几十年的编制过程中，发展规划为不断适应国家经济社会发展的需要，进行了不断地调整、变化、革新，从过去的经济指令性计划转变为社会主义市场经济条件下由国家指导管理的指导性规划，使其继续在经济社会发展中起到重要的调节作用。目前，发展规划已经成为中国在实现国家战略目标、弥补市场失灵、协调利益关系、有效配置公共资源等方面最为重要也是独有的治理工具。①

特别是经过近几十年的发展，当前国家五年规划已经形成了经济、政治、文化、社会、生态"五位一体"的规划结构（见表1-2-1），在发挥国家治理体系和治理能力过程中发挥着重要的战略导向、目标考核等作用。当前，在五年总体规划的基础上，各个产业领域也出台专项规划，从产业内容本身进行顶层设计，以便更为切中产业发展的痛点与要点，推动产业内容迭代创新。

表1-2-1 "五位一体"治理布局规划篇幅结构（"六五"至"十三五"）

单位：个，%

时期	字数	经济发展		民主法制		文化发展		社会建设		环境保护	
		字数	占比	字数	占比	字数	占比	字数	占比	字数	占比
"六五"	26539	14422	70.1	0	0	1433	7.0	4363	21.2	359	1.7
"七五"	23509	15679	79.3	448	2.3	864	4.4	2534	12.8	242	1.2
"八五"	35486	20264	77.2	992	3.8	1366	5.2	2955	11.3	676	2.5
"九五"	36784	20633	80.9	519	2.0	1518	6.0	2057	8.1	779	3.0
"十五"	29393	14406	63.2	1573	6.9	438	1.9	4523	19.8	1850	8.2
"十一五"	48494	23153	59.4	878	2.3	1273	3.3	8929	22.9	4750	12.2
"十二五"	51760	22354	54.8	1070	2.6	1938	4.8	10758	26.4	4670	11.4
"十三五"	65680	32947	60.5	2152	4.0	2354	4.3	11083	20.4	5893	10.8

资料来源：全国人大财政经济委员会办公室：《建国以来国民经济和社会发展五年计划重要文件选编》，中国民主法制出版社，2008；《中华人民共和国国民经济和社会发展第十二个五年规划纲要》，《人民日报》2011年3月17日；《中华人民共和国国民经济和社会发展第十三个五年规划纲要》，《人民日报》2016年3月18日。

产业规划一般是针对区域产业格局的布局定位以及提出的相应对策建议。在当前国内城市发展从增量转存量及越发重视人力资源的背景下，专项产业规划的价值一方面体现在提升区域的产业创新水平与人才活力上。产业规划致力于在所提供的资源基础上精准定位和优化提升城市产业结构，为区域产业发展提供解决路径。通俗来讲，如何实现用最

---

① 胡鞍钢、唐啸、鄢一龙：《中国发展规划体系：发展现状与改革创新》，《新疆师范大学学报（哲学社会科学版）》2017年第3期，第8页。

少的钱来办最关键的事,这是任何产业规划都需要关注的问题。另一方面,专项产业规划的价值还体现在它应当具有长期性与灵活性,不能因为区域产业结构发展变化而失去功效。

(二)产业规划的特征

关于产业规划的深层次机制问题,赵琨等(2019)①认为,从产业需求侧与空间供给侧两个角度出发,基于产业空间诉求的规律分析与合理产业布局的推导研究,可以为产业的空间落位提供选择依据和多种选择可能。因此,从这个角度讲,产业规划具备依附性和集中性两大特征(见图1-2-2)。

图1-2-2 产业规划典型特征

产业规划具有依附性。作为一种专项发展规划,产业规划的服务对象与范围是具体明确的,并天然依附于目标地域发展基础。作为规划落地的具体承载,区域经济社会发展战略与产业规划目标应是一致的、协调的、相互促进的。因此,区域发展战略定位应反映在产业规划之中,产业规划会随着区域经济社会发展而持续变化。由于产业规划这种依附性,区域发展战略的新任务、新趋势、新问题、新挑战均会影响产业布局、业态、项目等内容。

产业规划具有集中性。首先,在产业规划编制环节,需要以产业为中心,搭建涵盖政产学研金服用各方的产业生态体系,并适度拓展产业

---

① 赵琨、于连莉、周琳:《新经济时代下产业空间规划思路转型研究》,《大经贸·创业圈》2019年第8期。

规划内容与领域，以提高规划的针对性和实用性。其次，政府作为产业规划的落地执行主体，要依托行政力量培育市场主体、凝聚市场要素、强化产业载体、加强市场管理，实现政策聚焦、人才聚合、要素聚集、区域聚力，扩大和强化产业发展优势。

（三）文化规划的功能定位

20世纪70年代以来，随着西方发达国家对文化及相关领域发展的反思，文化规制理论和实践开始兴起。

"文化规划"的正式提法始见于1979年哈维编著的《用艺术提升城市生活》一书，其目的是实现在社区建设过程中实现文化认同与文化资源的合理运用，以达到社区建设发展过程中实现经济与精神的双重价值（见图1-2-3）。由于"文化"本身的复杂性，对文化产业规划的概念与范围尚未有明确被普遍认可的定义。总体而言，文化产业规划一般被视为满足民众文化需求与促进城市经济发展需要的工具，主要包括历史文化资源以及当代文化资源。

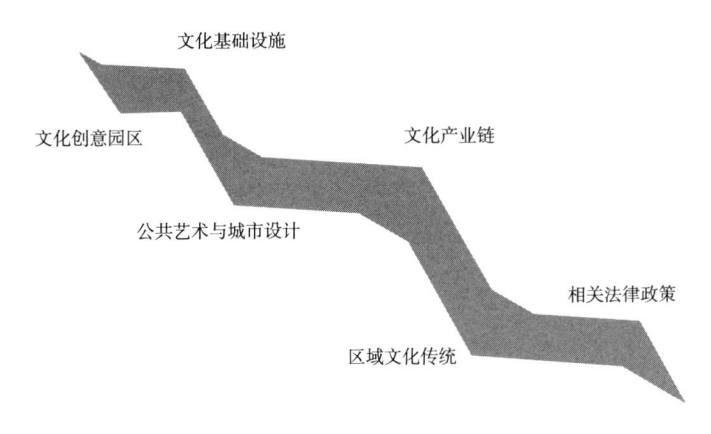

图1-2-3 哈维"文化规划"理论的基本范畴

国内文化规划对象一般涵盖公益性文化事业与经营性文化产业，两者都属于社会主义文化建设的重要组成部分，是随着我国社会主义市场经济的逐步完善而发展起来的产业内容，两者相互关联、相互促进，共同推动了城市经济建设与文化建设，为传统文化资源的利用转化以及未来文化资源的战略性培育提供了战略导向，推动城市建设由长期单纯的物质空间开发为主导的单向发展转型为辅以文化产品服务开发的双向开发模式，运用多维的综合服务模式来引导城市向更高的目标层次发展。

二　产业规划的基本类型

（一）按规划层级划分

从具体规划需求来看，产业规划可大致分为综合发展规划、专项发展规划、优化提升规划三大类（见图1-2-4）。

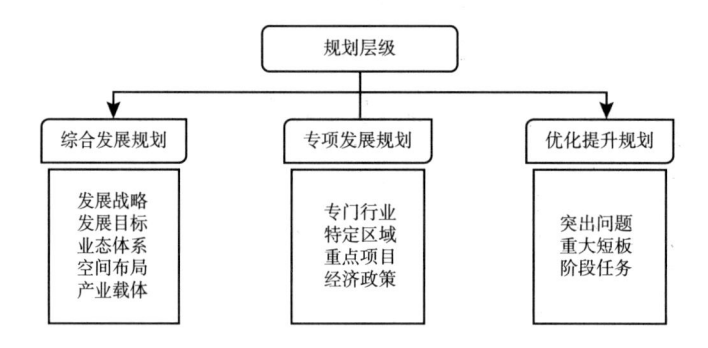

```
                        规划层级
         ┌─────────────────┼─────────────────┐
    综合发展规划        专项发展规划        优化提升规划
    ┌─────────┐        ┌─────────┐        ┌─────────┐
    │发展战略 │        │专门行业 │        │突出问题 │
    │发展目标 │        │特定区域 │        │重大短板 │
    │业态体系 │        │重点项目 │        │阶段任务 │
    │空间布局 │        │经济政策 │        │         │
    │产业载体 │        │         │        │         │
    └─────────┘        └─────────┘        └─────────┘
```

图1-2-4　按规划层级划分的产业规划类型

综合发展规划的编制是基于产业顶层设计和产业生态层面进行的规划类型，规划时限一般为5～15年的中长期。综合发展规划主要解决该地区产业发展的中长期路径问题。该类型规划的技术路线一般要立足区域发展战略和产业发展大视角，深入研判该地区产业的优势、劣势、机遇与挑战，因地制宜制定中长期发展战略、发展目标、业态体系、空间布局、产业载体建设等应对策略。

专项发展规划是针对与产业体系相关的专门行业、特定区域、重点项目、经济政策等制定的微观规划类型。规划时限涵盖短、中、长期各类型。专项发展规划主要聚焦产业系统内部的各类要素，以配合区域产业规划的实施。专项发展规划的编制具有较高的针对性，同时对规划深度要求较高，因此需要对编制对象的建设条件、规模布局、功能性质等指标进行系统评估。

优化提升规划的编制是为了解决产业发展中突出问题、重大短板、阶段任务而进行的规划类型。规划时限同样涵盖短、中、长期各类型，优化提升规划的目的在于解决和改善限制产业发展的紧迫性、突出性问题，因此要求规划注重对技术分析手段的应用，从深层次剖析问题存在的根源，提出具体的解决方案与预期指标，并针对相关举措进行可行性分析研究，针对性提高产业发展层次。

在不同产业规划编制中，影响评价、专题研究、组织设计等辅助研究应用范围和深度都有所不同，最终目的是保证规划编制过程中的科学性、合理性，合理控制规划范围与规划时限，最大程度上提升规划对产业发展质量的辅助作用。

（二）按维度功能划分

从规划应用维度来看，可以分为研究型规划与应用型规划（见图1－2－5）。

研究型规划的编制一般由专业人士及相关科学研究人员、学者主导，编制内容一般具有适度超前性，内容求精不求全，成果深度要求较高。其编制目的一般可以分为两种：一是为满足大周期规划编制需要，通过规划研究前置来明确某一领域的发展重点，提升大周期规划编制的

图1－2－5　按维度功能划分的产业规划类型

科学性；二是为了明确规划区域未来发展战略及产业前瞻领域，按照适度提前的原则发掘或培育地域优势。如针对"十四五"经济社会发展问题，中央财办和国家发改委组织开展前期研究，委托国家高端智库等60多家研究机构和有关部门就37个重大课题开展了研究，形成了130多份研究报告。

应用型规划的编制一般由政府主导，由政府直接组织相关班子成员成立规划领导机构与办公机构，或由相关主管部门委托第三方专业机构具体实施。规划对象明确、规划任务具体，注重规划落地可行性与实操性，确保成为指导该领域发展的指导性文件。应用型规划的特色一般体现在三个方面：一是体现时代与城市地域特色的要求，区域发展的目标、方案在反映时代政治背景的基础上也要兼顾区域的特色文化与经济发展背景；二是规划内容全面系统，内容多涉及指令性、指导性以及限制性的各个方面；三是规划的目的明确、针对性强，对解决区域内产业动能转换、产业要素流通、产业体系构建、产业空间布局等实际性问题提出具有实操性的规划方案。

三　文化产业规划的外延属性

文化产业规划具有经济属性和社会属性的双重价值取向，这决定了产业规划的规划范围、规划原则、规划方法与途径。金鹏（2018）认为文化产业规划受经济基础和文化体制因素、产业要素、视野和理念要素的影响。因此，产业规划的外延属性同样为产业所涉及的产品、服务等提供了思路与方法。

产业规划的外延属性主要包含以下几个方面（见图1-2-6）。

一是区域差异属性。随着国内经济的高速发展，城市内的区域格局发生了重大变革，区域差异成为中国区域文化经济发展的显著特征。因此，重视区域差异、突出产业重点也逐渐成为政府在制定产业规划内容过程中最基本的要素之一，并由此带来了结构调整、综合治理、特色表现等规划方式的

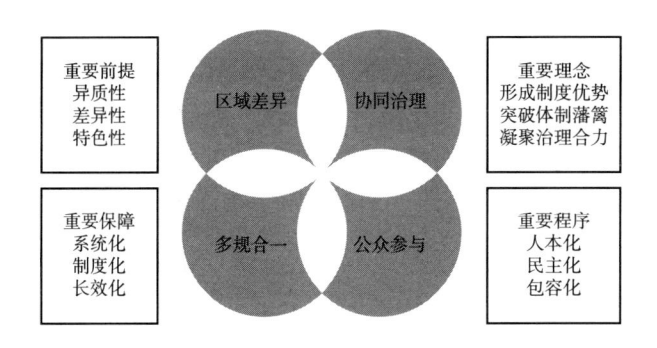

图 1-2-6 产业规划的外延属性

变革，进一步提高产业规划的针对性和有效性。综合来看，产业规划中所重视的区域差异是政府为适应各地方产业发展需要所提出的系列制度性规划，是缓解市场失灵、发挥政府调控功能的重要前提。

二是多规合一属性。多规合一是指将社会事业、文化生态旅游、综合交通等内容融合到产业规划中来，通过规划协同与衔接，解决内容之间互相冲突、衔接缺失等问题。产业规划中的多规合一属性能够在明晰产业整体诉求的基础上，对各个地方的特色文化及产业内容进行研究，处理好不同规划之间的差异矛盾，从而提高规划内各服务内容的有机结合，在规划目标、技术标准、规划策略、空间布局、重大工程等方面实现一定程度的统一，提高规划的负载能力与适应性。

三是协同治理属性。如果说"多规合一"属性是实现产业规划有效衔接的重要路径，那么协同治理则是保证"多规合一"的发展方式。协同治理是以理念协同为导向，确定统一的区域发展目标，通过各部门之间的协同，在规划布局、标准、期限等要素方面实现统一，进而通过法律法规、协同工作机制、信息联动平台等实现"政府主导、专家领衔、乡镇联动、部门协调"的组织方式，确保产业规划"多规合一"的实现，继而推动区域整体的协同发展。这种协同治理属性是产业规划不断走向制度化、长效性的重要理念。

四是公众参与属性。传统规划的编制多基于政府视角展开，有着明显的自上而下的特点，这种静态的规划随着社会的不断发展逐渐无法适应日益包容化、人本化的趋势，因此随着产业规划的不断发展，规划中开始融入公众参与的内容。在产业规划中，结合规划推进的流程，积极引导公众参与，让民众从过去的被动接受转变为如今的主动参与了解，充分表达自身意愿，为产业规划提供可参考性的内容建议。近年来各地市出台的各种专项产业规划中都涉及对民众观点的调研采访，从公众参与角度编制规划，能够有效提升产业规划的积极性。

第三节　文化产业规划的基本遵循与作用机制

文化产业规划过程中，要严格遵循文化产业发展原则，从区域产业实际出发，按照成果预估、过程监控、效应评估的规划作用机制，以达到最优的经济、社会、生态效益。

一　文化产业规划的基本原则

文化和旅游部出台的《文化和旅游规划管理办法》提出，规划编制要坚持围绕中心、服务大局，突出功能、找准定位，实事求是、改革创新，远近结合、务实管用等原则。因此，新时代文化旅游产业规划编制思路应与产业发展新特征、新趋势相结合，具体应遵循以下原则（见图1-3-1）。

服务中心大局，锚定产业需求	01
坚持适度前瞻，突出目标导向	02
坚持守正创新，符合时代要求	03
明确规划定位，理顺规划关系	04
强调共生互利，谋求一体发展	05

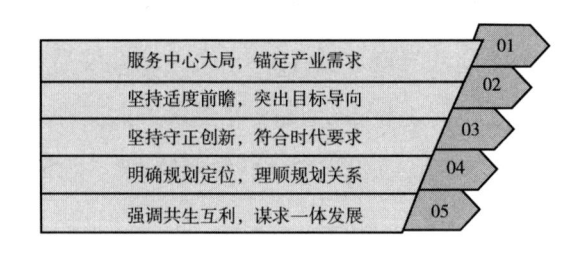

图1-3-1　产业规划基本原则

（一）服务中心大局,锚定产业需求

文化产业规划涉及对象多元、内容复杂,但其规划目标、布局及相关举措应服从地区政治经济社会发展大局,以问题为导向厘清产业发展的当前及未来需求。应重点针对地区文化产业资源配置、结构调整、平台建设、模式创新等全局性、紧迫性问题,通过科学的规划引导,破解发展短板瓶颈,增强发展的主动性、决策的科学性和举措的针对性。

（二）坚持适度前瞻,突出目标导向

文化产业规划一般包括短期、中期、长期三类规划期限,因此规划的前瞻性是规划编制的重要原则。通过对未来产业发展态势、区域产业前景的合理分析,制定科学的规划路径。如依托对未来文化产业内外部要素对产业的创新作用、引领作用、转化作用和驱动作用分析,深刻评估文化产品创作生产方式、文化服务传播传承方式、精神文化生活方式,通过规划提升未来文化产品的表现力、感染力和传播力,开辟文化产品供给力的新空间,创造文化消费新需求。

（三）坚持守正创新,符合时代要求

文化产业体系的快速迭代升级特点决定了产业规划应始终基于创新视角,按照时代要求和阶段任务,制定相关顶层设计方案。如在不同产业发展阶段,文化产业规划对产业集聚、产业竞合、产业融合的侧重点均有所不同,文化产业在不同阶段将服务于供给侧改革、经济内循环等经济战略。同时,在经济、政治、生态等不同系统内部,文化产业规划的侧重点虽有所不同,但规划宗旨仍是提高产业创新能力和区域竞争力。

（四）明确规划定位,理顺规划关系

文化产业规划作为专项规划,其应在区域国民经济与社会发展总体规划的约束指导下,充分与空间规划及其他专项规划相衔接,立足城市区域内经济社会的中长期发展战略,探索建立产业高质量发展模式和管理运行机制。如通过规划衔接,构建文化产业与相关产业链条整合开发机制,打造相互关联、相互支援、相互促进的开发模式,实现产业经济与社会效益的统一。

(五)强调共生互利,谋求一体发展

文化产业规划的共生性原则是指在进行规划时,对区域内的生产生活、文化发展、产业运作、民俗生活、环境容量等进行统一调整,实现城市文化、经济、生态等要素利益的协同一致。实现产业规划的共生互利原则需要掌握以下四个关键点:如何应对产业升级、飞跃性开发与城市发展要求之间的协调发展;如何满足产业集聚、人才交流、投融资环境等外界环境的需求,保障产业布局的合理性;如何充分利用城市区域内经济文化资源,实现产业高效且个性化发展;如何实现与国土规划、经济规划等各规划内容的衔接。

二 文化产业规划的机制演进

图 1-3-2 为产业规划机制演进步骤。

事前预期	事中监督	事后评估
创新预估指标体系,健全预估评价机制	完善过程监测机制,制定问题应对方案	实施定量定性评估,诊断规划实施问题,提出补救提升措施

图 1-3-2 产业规划机制演进步骤

(一)事前:目标预期

在产业规划伊始,首先要做的就是对规划成果进行事前的综合评价考核。将经济增长的速度作为预期发展指标,将预估考核的体系重点放在政府层面,利用"成本-效益"理念进行产业规划内容的综合预估评价。一方面,要做到创新预估指标体系,普通产业规划中的预估目标以产业规模和经济效益为主,文化产业的特殊性要求在进行产业规划中重视综合成果预估评价,在基本公共服务领域、生态文明建设等方面做到综合考量,科学合理分配预估指标权重,

创新预估指标体系。另一方面，健全预估评价机制，文化产业规划需要建立政府考核、公众参与、专家评价相结合的评价机制。建立健全更为突出区域差异的预估评价办法，尊重各地发展阶段不同、文化资源不同的实际情况，有效引导各地区在进行文化产业规划过程中重视地域文化特色与经济发展现状，从实际出发，对规划中的各项数据指标进行准确预判。

相关链接：《山东省数字文化产业高质量发展与创新生态研究报告》（节选）

（一）数字文化产业高质量发展指标体系

在梳理总结数字文化产业概念范畴和理论成果的基础上，参考数字经济和文化产业发展评价体系，研究建立山东省数字文化产业评价指标体系。建议以此为基础，建立我省数字文化产业高质量发展的行业标准体系、政策体系、统计体系和绩效评价、政绩考核办法（见表1-3-1）。

表1-3-1　数字文化产业高质量发展指标体系

一级指标	二级指标
产业创新指数	数字文化产业核心业态增加值占比(%)；传统文化业态泛数字化比重(%)；规模以上数字文化企业数量(个)；数字文化产业占文化产业从业人员比例(%)；高技术人员占数字文化企业员工总数比重(%)；数字文化产业研发经费(R&D)占文化产业研发经费(R&D)比重(%)；数字文化研发总经费(R&D)占企业总营收比重(%)；文化企业数字化研发工具普及率(%)；数字文化龙头企业产品/服务更新频率；行业头部企业区域总部落地数量(个)；本土数字文化终端研发的国际先进程度；数字文化企业专利申请数(个)；数字文化内容版权登记数量(个)；等等
应用转化指数	产学研合作成果在地转化率(%)；文化装备制造两化融合水平；本土数字文化产品品牌市场占有率(%)；数字内容版权交易额(万元)；数字文化装备产品和服务贸易额(万美元)；文化旅游大数据穿透率和融合利用水平；文化产业园区智慧管理服务普及率；人均数字文化消费占文化总消费比重(%)；数字信息资源目录总量(条)；文化资源数据库规模(TB)；公共数字信息资源开放率(%)；馆藏数字化资源开放与共享程度；数字公共文化场馆数量(个)；数字文化产品消费者满意度(%)；教育、医疗、社保、交通等公共服务数字化程度；社会治理数字化程度；等等

续表

一级指标	二级指标
载体平台指数	省级以上数字经济产业园数量(个);数字文化产业相关园区、基地、孵化器数量(个);数字文化产业特色集聚区数量(个);数字文化产业平台建设运营数量(个);数字文化技术创新中心、重点实验室、新型研发机构等创新载体数量(个);省级以上特色小镇数字文化业态营收占比(%);文化制造类工业互联网平台数量(个);公共文化大数据服务平台(个);数字类相关产业展会、论坛活动数量(个);等等
综合保障指数	产教融合满意度指数;本地开设数字文化相关专业的高校数量(个);高校数字文化相关专业在校人数(人);数字文化企业人才培训活动频率;企业数字文化人才培训参会人数;相关行业协会、联盟组织数量(个);数字文化知识产权服务覆盖率(%);数字文化知识产权质押融资规模(万元);数字文化产业领域的基金投入比例(%);数字经济及相关领域专项规划出台数量(个);数字文化及相关领域政策意见数量及实施成效;与数字文化相关的国家级城市名片数量(个);等等
基础设施指数	互联网普及率(%);基础设施数字化普及率(%);5G基站网络覆盖率(%);互联网龙头企业数据中心落地数量(个);互联网城域网出口带宽;IDC(互联网数据中心)建设数量(个);城域网、数据中心、政务服务网站等 IPv6 升级改造率(%);M2M 应用程度;物联网终端用户数(万户);市民移动设备拥有率(%);固定互联网宽带接入用户数(万户);有线数字电视用户数(万户);IPTV 用户数(万户);等等

课题组建议基于该衡量数据表，围绕"高效率投入、高价值产出"两个维度，构建山东省数字文化产业高质量发展指标评价体系。具体入参数据建议包括：规模以上数字文化企业数量、数字文化研发总经费（R&D）占企业总营收比重、本土数字文化产品品牌市场占有率、数字文化产业相关园区以及基地和孵化器数量、人均数字文化消费占文化总消费比重、产教融合满意度指数、基础设施数字化普及率等。

（二）发展目标

根据数字文化产业高质量发展指标体系，建议在专项实施意见中体现如下目标。

到 2022 年，数字文化产业占文化产业增加值比重达到 50% 以上，构建形成业态体系质效并举、区域发展联动协同、创新生态命运共通、供需两端合力驱动的产业发展格局，与经济社会各领域融合的广度、深度显著增强。全省数字文化产业创新、应用转化、载体平台、综合保障、基础设施等五大产业指数稳步提升，数字文化基础设施、文化资源数字化、数字装备制造、数字文化消费、数字文化出海等各领域实力跻身全国前列。

建议基于总体目标，山东省应在以下领域优先实现对应目标。

1. 优秀传统文化数字化领跑全国

齐鲁文化资源信息采集、转换、记录、保存的应用技术体系趋于成熟，齐鲁数字内容创新发展工程取得丰硕成果，积累一批优秀传统文化的数字化挖掘、整理、研究、阐发成果，带动公共文化资源和数字技术融合发展。

2. 数字鲁商回归成为亮点工程

全省数字文化领域鲁商回归环境不断优化，数字人才回乡、项目回归、资金回流、总部回迁成效显著，带动形成一批数字文化产业引资、引技、引智平台。创新鲁商文化数字化弘扬形式，新生代鲁商对家乡的认同感和归属感不断增强。

3. 产业互联生态集聚突破引领

全省"互联网＋文化产业"发展取得明显成效，建设一批具有国内竞争力的文化产业大数据平台、公共服务云平台、垂直细分领域专有云平台，"两化"融合发展水平和平台化研发工具普及率跻身全国领先行列。

4. 数字文化出海成为新高地

依托山东自贸区探索形成一批文化贸易新业态、新模式，搭建全省行业服务贸易平台和文化"出海"平台，落地一批前沿技术创新、国际标准研制合作成果，创建形成中日韩数字文化合作引领区和国家数字文化对外合作新高地。

[资料来源：山东省文化和旅游厅、文化产业山东省文化科技重点实验室：《山东省数字文化产业高质量发展与创新生态研究报告》]

(二) 事中：过程监控

文化产业规划要重视过程监控考核机制，对规划的实施进行跟踪分析，对文化及相关产业的发展指标进行实时监测，对涉及重大文化经济项目的实施进行绩效评估。基于此，一方面要完善过程监测机制，在落实国家层面的规划实施评价办法的基础上，对现代服务业、新兴服务业态等进行统计，将定性与定量相结合，掌握第一手的监控数据。另一方面要及时分析上一规划期限内文化产业发展的成果与不足之处，作为衔接规划的监控重点内容，对规划实施中的问题研究提出对策措施和解决方案，确定科学合理的衡量标准，通过监测及时调整规划实施方略，从蓝图式静态规划走向过程性动态规划。

相关链接：明府城百花洲园区产业业态考核管理办法（试行）

第一章　总则

第一条　制定依据

根据文化部《济南百花洲传统工艺工作站建站工作会议纪要》《济南市芙蓉街－百花洲历史文化街区保护规划》等上位规划要求，按照《济南明府城百花洲一期项目业态管理办法（暂行)》（以下简称《业态管理办法》）相关规定制定本办法。

第二条　管理范围

由百花洲A区、C2区部分院落、B3区建筑群及公共区域、水系组成的济南百花洲传统工艺工作站文化旅游园区暨以公益性场馆为主的建成区域（以下简称园区）内的公益性场馆、运营类场馆、公共空间（包括构筑物）及文化活动等，包括但不限于：济南百花洲传统工艺工作站、历下区文化局非遗馆、曲山艺海博物馆、泉水人家民俗馆、百花洲壹号院、山东电视台百花洲基地、泉水豆腐博物馆、百花洲户外非遗民俗文创市集及时光小屋、百花洲街角剧场、户外演绎类项目、公共空间的文化活动等。

第三条　管理目标

利用互联网及科技手段，采用线上线下相结合的运营管理方式，通过互联网信息平台实现园区运营项目、入园人数、销售数据、产业成果、游览导航等数据的采集和展示，发挥信息平台的资源整合力，建立入园项目的科学评估机制，形成全园区系统规范的统一管理体系，发挥园区资源的最大效能，促进社会效益与经济效益的有机统一，打造全国知名的百花洲文旅品牌。

第四条 上线要求

凡按照《业态管理办法》进入园区的项目及其开展的全部公益性、经营性项目的信息一律录入统一的信息平台，并按要求严格进行日常信息的填报、维护；未进入信息平台的项目视为违规经营。

第二章 业态考核评估

第五条 评估标准

管理中心按月对各业态项目进行评估，评估项目主要包括保护与传承、新产品/项目开发、宣传推广、学术成果四个方面，按照取得的成果赋予分值。详情见表1-3-2。

第六条 评估方式

1. 每月2日前各业态完成上一月份信息维护，平台运管单位3日完成信息统计，报送明府城管理中心；

2. 管理中心进行项目评估，总得分在全部项目排名前30%（含）的，评估为【优秀】、30%（不含）至70%（含）的为【合格】、70%（不含）至100%的为【需改善】，下发整改通知书，要求整改；

3. 本评估作为对入园业态的重要考核项目，每年评选排名前20%的优秀业态，颁发证书，并给予各项优先支持；每年评选后10%的作为待淘汰业态，到期后不再续约进驻。

第三章 数据集中管理

第七条 信息平台

管理中心选择运营单位建立统一的信息平台，并为各业态免费进行线上店铺建设，免费进行维护，包括店铺开通及模块建设、产品图片拍摄上传、统一的线上活动推广、统一的客服及物流渠道。

第八条　在线销售

园区各业态通过线上平台进行在线销售，产品销售类项目保证提供产品及发货服务，质量达标；研学及演艺类项目通过在线预订票务，观看打卡，记录人数。

第九条　信息汇总

园区信息平台每月进行信息汇总，各业态及时维护相关信息，汇总导出信息报表，进行项目评估。

表1-3-2　百花洲园区各业态考核信息模块

项目基本信息			项目编号		
项目名称			经营单位		
法人代表			负责人		
入园方式	（1）公开招标；（2）上级委派；（3）合作运营；（4）其他		入园时间		
项目性质（公益）	（1）静态展馆；（2）动态体验场馆；（3）工艺演艺类场馆		项目性质（经营）	（1）演艺；（2）文创销售；（3）动漫体验；（4）研学；（5）餐饮；（6）休闲消费；（7）其他	
统计指标			单位	数值	评分方式
保护与传承	上级单位支持的公益/研培活动（10人以上）		次		国家级+10，省级+5，市级+3，区级+2
	自行组织的公益/研培活动（10人以上）		次		每次+1
新产品/项目开发	参与人员	自有设计团队人数	人次		填报信息人数+2
		参与传承人数	人次		填报信息人数+5
		参与专家人数	人次		国家级+10，省级+5，市级+3，区级+2
	研发数量	新研发产品/项目/曲目数量	个		填报，经管中心确认+2
	销售额	总销售额	元		每万元+2
		传承项目销售额	元		每万元+5
		线上销售额	元		每千元+1
		项目收入增幅	元		每万元+1
		线上销售增幅	元		每千元+0.5

续表

宣传推广	主办或参与的展览展示活动数	次		国家级+10,省级+5,市级+3,区级+2
	项目参与/参观人数	名		每千人+5
	项目参与/参观增幅	名		每500人+1
	媒体宣传	其他宣传次数	次	本信息平台、明府城公众号宣传1次+2
		媒体报道次数	次	国家级+10,省级+5,市级+3,区级+2
	各级领导调研次数	次		国家级+10,省级+5,市级+3,区级+2
学术成果	学术活动数	次		国家级+10,省级+5,市级+3,区级+2
	课题研究出版成果	课题个数	个	国家级+10,省级+5,市级+3,区级+2
		出版物个数	个	国家级+10,省级+5,市级+3,区级+2

[资料来源：济南明府城发展服务中心：《明府城百花洲园区产业业态考核管理办法（试行）》]

(三)事后:成效评估

如果宏观环境发生了无法预判的巨大变化，或者实际的经济社会开发基于其他原因与计划目标大幅度偏离，可以在前期过程监控的基础上按照程序调整计划，从实现计划目标和实施计划任务两个方面进行事后的修订评估，进而搭建准确的效应评估机制。效应评估一般分为四个步骤：第一步是测量每个子项目实现的定量和定性。第二步是将测定结果与规划初衷的设计蓝图进行比较，评价各子级别的实施进展情况，明确规划实施结果的各类影响因素。第三步是诊断，分析与预估出现不同结果的各类子因素的原因，诊断其发生的原因，明确修改方式。第四步是对实施效果进行评价并提出保障措施，然后由决策者制定计划，调整效应评估的相关指标。

相关链接：《沧州市"十三五"时期文化发展规划中期评估工作方案》

《沧州市"十三五"时期文化发展规划纲要》（以下简称《纲要》）于2016年编制并印发实施，是深入推进沧州"文化之城"建设、加快文化事业和文化产业发展的纲领性文件，也是沧州市"十三五"规划体系的重要组成部分。为全面评估该《纲要》中期实施情况，特制定本方案。

一、评估思路

按照系统全面、突出重点、远近结合、科学严谨、实事求是的原则，客观评价《纲要》实施取得的进展与成效。

（一）密切关注国内外发展环境变化，准确把握时代性和规律性，更新评估理念，创新评估方式方法，完善评估工具体系，通过专业性、科学性和严肃性的评估，全面摸底沧州市"十三五"文化发展规划的目标任务推进情况。

（二）总结提炼推进规划实施的经验做法，顺应高质量发展要求，更加关注发展的不平衡不充分问题，深入剖析规划实施中出现的问题及原因，进一步强化该规划的战略导向作用，持续推动全市文化发展任务的顺利实施。

（三）深化上下联动、横向互动和多方参与，以更高的站位、更宽的视角开展评估工作，准确把握评估标准和全市文化发展态势，客观公正反映文化事业、文化产业发展情况，不回避矛盾和问题，并提出针对性改进建议。

二、评估内容

（一）全市文化发展主要目标实现情况

第一，评估《纲要》中关于公共文化服务体系、文艺精品创作、文化遗产保护、文化交流合作和文化产业整体实力、空间布局、结构体系、市场体系、消费能力等发展目标的实现情况。第二，考核15项总体指标和 13 项二级指标的预期目标实现情况。

（二）公益性文化事业发展推进情况

重点评估全市构建现代公共文化服务体系、文艺精品创作、文化遗产保护与利用、对外文化交流与合作等重点任务推进情况。

（三）经营性文化产业发展推进情况

重点评估全市文化产业 "4+4" 业态体系构建、"一核两翼三带多极"产业空间布局的推进落实情况。

（四）四大重点工程推进落实情况

重点评估国家公共文化服务体系示范区创建工程、文化企业倍增工程、"文化+"融合发展工程、特色文化村镇培育工程进展情况。

（五）重点文化项目建设运营情况

重点评估《纲要》"创建国家公共文化服务体系示范区"重点项目、文化产业重点项目（92个）建设运营情况。

（六）研判是否需要调整修订相关内容

深入贯彻党的十九大精神和习近平新时代中国特色社会主义思想，落实国家、省市出台的相关文件精神，客观评价规划实施进展情况，综合研判国内外形势变化，深入研究论证是否需要对规划进行调整修订，按照有关程序，提出相关建议。

三、评估计划（见表 1-3-3）

表 1-3-3　评估计划

阶段	任务
前期准备	组建专业评估团队，掌握国家、省市关于开展规划中期评估的规范标准。做好材料梳理、资料对接等基础工作
任务分解指标分析	运用系统分析、计量模型、政策模拟等方法，逐项分解《纲要》任务、目标指标
逐项评估综合研判	综合运用文献梳理、数据分析等方法，评估围绕主要目标、重点任务以及重大工程项目实施所开展的主要工作，采取的具体措施及落实情况；评估规划实施所取得的实际成效、人民满意程度以及中长期发展影响等

续表

阶段	任务
调研座谈	赴沧州调研,现场考察重要文化节点。召开专题座谈会,听取主要领导意见和《纲要》实施情况汇报
报告编制	编制规划文本,有序推进各章节写作
内部评审修改完善	聘请相关部门、学术机构专家对初稿进行内部评审,根据评审意见修改文本
征求意见	征求市政府主管部门和职能部门意见,根据意见修改文本
论证评审提交成果	按合同规定日期,提交最终成果

[资料来源：济南泺尚有道规划咨询有限公司：《沧州市"十三五"时期文化发展规划中期评估工作方案》]

第二章 文化产业规划的时代属性

第一节 新时代的规划话语权构建

在当前全球文化交融和冲突并存的时代语境下，中国亟须建立以全面提升国家文化自信为目的的文化话语权体系，而当代文化话语权的重要组成部分是以顶层设计为重要手段的文化发展导向体系，其将有力驱动文化理论、文化实践与文化科技、文化制度领域的协同创新。

一 现代文化治理与文化规划话语权

文化与经济、政治、社会、生态等均是国家治理体系和治理能力现代化的重要组成部分。袁雍（2019）认为，文化治理是依据文化自身规律，对文化资源、文化权力等进行配置，从而充分发挥文化在社会发展过程中的重要作用。长期以来，我国文化治理的主体、方式、内容存在显著的特殊性，公共文化服务、文化产业与市场体系中的"结构之困、组织之围、制度之失"正在倒逼文化治理体系的改革创新。

（一）文化治理的价值导向需要顶层设计加以明晰

徐平（2014）认为，文化治理的价值导向应体现国家意识形态建设的呼唤和构建全民族精神共识的呼唤。因此，新时代文化治理的价值导向涵盖三个层次：第一，文化治理必须符合核心文化价值观念，这是文化治理具备合法性和认同度的基础。第二，文化治理需要根植于本土化逻辑，培育文化自信、文化自治和文化自觉的社会氛围。第三，文化治理的主体、方式和内容需要与时俱进，需要进一步激活社会组织、经济组织、公民个体的治理效能，创新应用网络化、公民自组织等治理模式（见图 2-1-1）。在公共文化权力规则、公共文化服务供给、文化资源产业化、文化价值观认同等重要的文化治理场域，如何科学处理日益觉醒的社会公众文化权利意识和社会价值多元化的现实问题、构建文化治理的多元化运作机制是当前需要面对的重要问题。因此，文化治理的价值导向亟须在法规、政策、制度层面加以明确和引导，并且应将其贯穿于国家各级各类发展规划体系中，即聚焦指导思想与基本原则层面，通过贯彻落实党和国家、省市县相应时期的路线方针、意见精神、发展战略，合理框定文化治理的中观和微观层面的价值导向，为公共文化服务体系、现代文化产业与文化市场体系建设提供明确的路线引导。

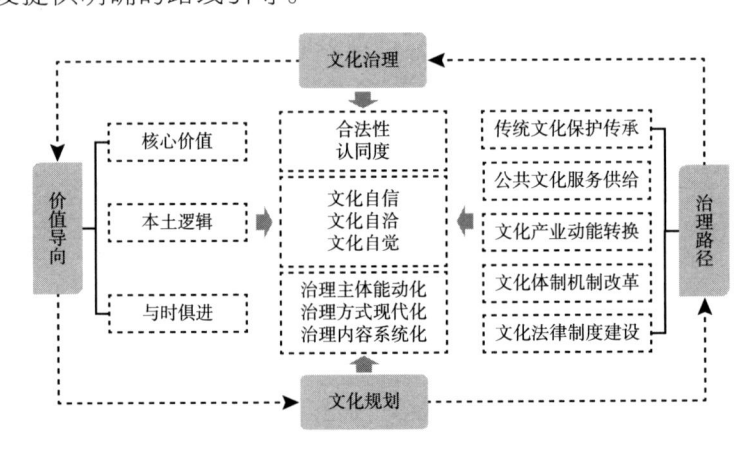

图 2-1-1　现代文化治理与文化规划话语权逻辑关系

（二）文化治理的具体路径有待科学规划加以布局

林坚（2017）认为，实现思想文化资源创造性转化、实现文化管理体制机制创新、完善文化政策和法规、建立健全现代文化市场体系、构建现代公共文化服务体系是现代文化治理的主要路径。当前，我国文化治理的任务复杂且具有显著的长期性特征，它始终是文化发展和相关产业规划应重点部署的工作内容。

第一，优秀传统文化资源的创造性转化与创新性发展。围绕构建优秀传统文化传承发展体系的核心目标，统筹推进研究阐发、教育普及、保护传承、创新发展、传播交流五大体系仍是未来各地文化传承弘扬的重点工作。一方面五大体系是讲好文化故事、丰富产业文化内涵、提升文化品牌、加快文化"走出去"的必要手段，另一方面也是推进黄河流域生态保护与高质量发展、乡村振兴战略及文化生态保护区、国家文化公园建设的重要抓手，两方面所涉及的具体目标、重点工程、重要载体均需要加以规划部署。

第二，现代文化公共服务体系整体效能提升。当前，我国由公共图书馆、文化馆、博物馆、乡镇（街道）综合文化站、村（社区）综合性文化服务中心、流动文化设施组成的公共文化设施网络基本健全，基本公共文化服务指导标准和地方实施标准、公共文化设施运行管理和服务标准体系也逐步建立，公共文化服务体系建设的重点正从完善设施网络和服务标准化、均等化向提高公共设施服务效能转变，这将是未来公共文化服务建设的重点方向。在此基础上，公共设施的改造更新、规范评级和社会化运营及服务供给、文旅公共设施的共建共享等具体问题仍将依托具体规划加以重视和解决。

第三，现代文化产业体系与市场体系建设。构建结构合理、门类齐全、科技含量高、富有创意、竞争力强的现代文化产业体系，关键在于坚持供给侧结构性改革的主线，持续优化文化产业结构布局，培育新型文化业态，分类引导市场主体，营建命运共通的产业生态，着力扩大优质产品和服务供给，进一步完善文化产品和要素市场，健全文化市场监管体系，深化文化市场综合执法改革。同时，文化和旅游管理机构合并带来的文化旅游产业体系与市场体系融合建设的任务也是规划亟待解决的问题。

第四，文化体制机制改革与法律法规体系建设。在体制机制层面，当前影响文化发展活力的体制性因素主要表现在政府与文化企事业单位的关系、市场宏观引导与微观管理、文化规制与引导等方面，在具体层面涉及政府职能转变、审批权力下放、政商关系与营商环境优化、政策制定与实施、政府购买社会服务等环节。在法律法规层面，截至目前我国与文化相关的现行有效法律法规共 40 余部，但仍存在文化建设各领域立法失衡、文化产业各内部分类中存在明显立法盲区的问题，因此《文化产业促进法》的即将出台标志着我国的文化产业法律法规体系基本成型，文化产业发展的法治保障进一步强化，专项规划也将与法律法规实现密切承接。

相关链接：《中共中央关于制定国民经济和社会发展第十四个五年规划和二〇三五年远景目标的建议》（节选）

九、繁荣发展文化事业和文化产业，提高国家文化软实力

坚持马克思主义在意识形态领域的指导地位，坚定文化自信，坚持以社会主义核心价值观引领文化建设，加强社会主义精神文明建设，围绕举旗帜、聚民心、育新人、兴文化、展形象的使命任务，促进满足人民文化需求和增强人民精神力量相统一，推进社会主义文化强国建设。

32. 提高社会文明程度。推动形成适应新时代要求的思想观念、精神面貌、文明风尚、行为规范。深入开展习近平新时代中国特色社会主义思想学习教育，推进马克思主义理论研究和建设工程。推动理想信念教育常态化制度化，加强党史、新中国史、改革开放史、社会主义发展史教育，加强爱国主义、集体主义、社会主义教育，弘扬党和人民在各个历史时期奋斗中形成的伟大精神，推进公民道德建设，实施文明创建工程，拓展新时代文明实践中心建设。健全志愿服务体系，广泛开展志愿服务关爱行动。弘扬诚信文化，推进诚信建设。提倡艰苦奋斗、勤俭节约，开展以劳动创造幸福为主题的宣传教育。加强家庭、家教、家风建设。加强网络文明建设，发展积极健康的网络文化。

33. 提升公共文化服务水平。全面繁荣新闻出版、广播影视、文学艺术、哲学社会科学事业。实施文艺作品质量提升工程，加强现实题材创作生产，不断推出反映时代新气象、讴歌人民新创造的文艺精品。推进媒体深度融合，实施全媒体传播工程，做强新型主流媒体，建强用好县级融媒体中心。推进城乡公共文化服务体系一体化建设，创新实施文化惠民工程，广泛开展群众性文化活动，推动公共文化数字化建设。加强国家重大文化设施和文化项目建设，推进国家版本馆、国家文献储备库、智慧广电等工程。传承弘扬中华优秀传统文化，加强文物古籍保护、研究、利用，强化重要文化和自然遗产、非物质文化遗产系统性保护，加强各民族优秀传统手工艺保护和传承，建设长城、大运河、长征、黄河等国家文化公园。广泛开展全民健身运动，增强人民体质。筹办好北京冬奥会、冬残奥会。

34. 健全现代文化产业体系。坚持把社会效益放在首位、社会效益和经济效益相统一，深化文化体制改革，完善文化产业规划和政策，加强文化市场体系建设，扩大优质文化产品供给。实施文化产业数字化战略，加快发展新型文化企业、文化业态、文化消费模式。规范发展文化产业园区，推动区域文化产业带建设。推动文化和旅游融合发展，建设一批富有文化底蕴的世界级旅游景区和度假区，打造一批文化特色鲜明的国家级旅游休闲城市和街区，发展红色旅游和乡村旅游。以讲好中国故事为着力点，创新推进国际传播，加强对外文化交流和多层次文明对话。

[资料来源：《中共中央关于制定国民经济和社会发展第十四个五年规划和二〇三五年远景目标的建议》]

二 产业标准引领与前瞻预判能力

国内外产业实践证明，标准化与产业创新互为依存、互相促进、如影相随。产业标准体系是衡量产业高质量发展的重要指标，而产业标准引领能力则是反映某一地区或企业在该行业领域竞争力的重要体现。

自文化部1993年发布《歌舞厅扩声系统的声学特性指标与测量方法》这一行业标准起，我国正式开启了现代文化行业标准体系建设之路。但随着文化产业的迅猛发展，行业标准数量少、水平低、适用性较差、缺乏统一规划等问题日益凸显。2008年，文化部印发《文化标准化中长期发展规划（2007~2020）》，明确提出要加强文化标准化基础建设、公共文化服务体系的标准化建设，以标准化推动文化艺术领域科技进步和文化产业的发展。《文化部"十三五"时期文化产业发展规划》提出，要加快文化行业标准和国家标准的制定修订，积极参与国际标准制定。2016年，文化部颁布《文化行业标准化工作管理办法（暂行）》，规定"各文化行业全国专业标准化技术委员会应及时收集、研究和采用国际标准和国外先进标准，加强国际有关标准组织的交流与合作""鼓励科研机构、学术团体、行业协会、企业和院校参加文化标准化工作"。

从相关发展规划、管理办法可以看出，文化行业的"标准引领"即通过引导新兴和前沿科学技术在文化领域产、学、研各方面的广泛应用和集成创新，实现行业前瞻预判和标准引领能力的良性螺旋上升。在产业规划中部署和推进行业标准化体系建设工作，有助于区域文化产业的秩序化、规范化、生态化发展（见图2-1-2）。

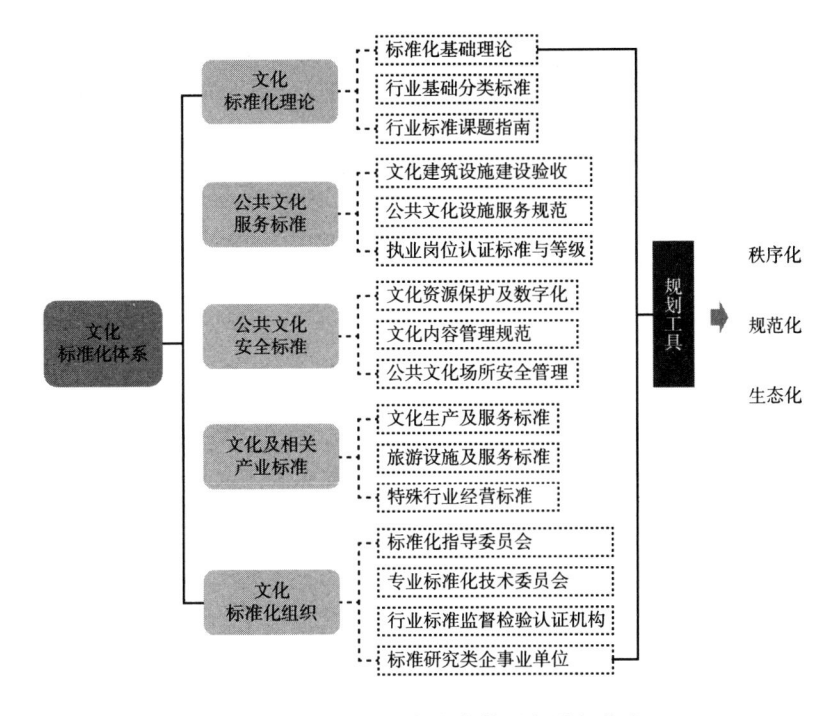

```
文化标准化体系
├── 文化标准化理论
│   ├── 标准化基础理论
│   ├── 行业基础分类标准
│   └── 行业标准课题指南
├── 公共文化服务标准
│   ├── 文化建筑设施建设验收
│   ├── 公共文化设施服务规范
│   └── 执业岗位认证标准与等级
├── 公共文化安全标准
│   ├── 文化资源保护及数字化
│   ├── 文化内容管理规范
│   └── 公共文化场所安全管理
├── 文化及相关产业标准
│   ├── 文化生产及服务标准
│   ├── 旅游设施及服务标准
│   └── 特殊行业经营标准
└── 文化标准化组织
    ├── 标准化指导委员会
    ├── 专业标准化技术委员会
    ├── 行业标准监督检验认证机构
    └── 标准研究类企事业单位

规划工具 → 秩序化 / 规范化 / 生态化
```

图 2-1-2　文化标准化体系与引领范畴

相关链接：《文化产业园区服务设施与智慧管理标准化研究项目》

一、立项意义

1. 文化产业园区实现健康、可持续发展的紧迫需求

多年来，我国文化产业园区虽总体呈现数量激增、规模可观、模式各异、类型多元的发展态势，但却因政策依赖、名不符实、供需失衡、风险失控、行政意志等原因出现了为数不少的典型衰亡园区。此类园区往往表现为业态层次不高、功能定位雷同、设施系统不健全、园区服务不到位、要素配置不完善、经营管理机制不科学等，造成入园企业负担重、产业集聚效应不明显等问题，最后陷入园区综合效益差、企业不断迁出的恶性循环。这些势头如不及时加以引导和调控，势必影响到文化产业发展质量，需要引起高度重视。

2. 文化产业园区优化服务供给和转型升级的重要任务

通过构建文化产业园区服务设施与智慧管理的标准体系，进一步推动园区基础设施、公共服务平台、投资融资、综合服务等保障体系建设，有利于加快园区优质资源和要素集聚，提高特色文化产业集聚度。同时，通过园区内部管理机制和中介组织最大限度的资源整合，增强文化产业园区内生机制，使园区内部产业链条形成高度的专业化分工和合作，提高园区开发运营商和产业园区管理公司的有效服务供给，推动文化产业园区规划布局、产业发展、基础设施、管理服务等全面升级，实现园区整体外部竞争力和产业实力的提高。

二、研究内容

1. 园区设施体系标准化。

以《关于加强对文化产业园区规范管理的通知》《国家标准化体系建设发展规划（2016~2020年）》等规范性文件为依据，围绕文化产业园区建设标准、规划设计、功能布局、基础设施、形象识别等展开研究。

2. 园区智慧管理标准化。

以文创园区BEMS（建筑能源智能管理系统）为基础，依托物联网（IOT）、人工智能控制器（AIC）技术设备和分布智能、动态调度架构，围绕文创园区能源管控与办公自动化、运营管理的系统对接展开研究。

3. 园区服务平台标准化。

以产业生态系统为核心理念，依托专业服务与运营管理标准化流程，构建"公共服务＋创业孵化＋版权交易＋展览展示＋X"全流程服务平台体系，链接创意、技术、资本、人才、信息等优质要素资源，为文创企业提供便捷的"线上＋线下"一体化服务解决方案。

三、项目目标

1. 园区设施标准化目标

研究并构建文化产业园区基本标准、规划设计、功能布局、基础设施、形象识别系统、运营管理、服务平台的标准化体系，以指导文化产业园区的建设、管理、运营工作。按照"管家式""保姆式""一站式"服务要求，为入驻企业提供安全舒适的生活、办公环境。

2. 智慧管理标准化目标

研究并构建可量化的能效指标体系，开发园区信息管理、物联设备管理、智能提醒发送和数据报表生成等功能模块，并编程用户注册、登录、企业管理等功能，最终实现建筑能源管控的可视化、硬件系统控制的智能化、园区运营管理的智慧化。

3. 服务平台标准化目标

研究并构建"公共服务＋创业孵化＋版权交易＋展览展示＋X"全流程服务平台体系，全面响应文化产业园区高质量发展的要求，提高园区公共服务效能、树立园区平台示范效应、助力园区生态系统搭建，提高优质资源要素的配置水平和利用效率。

四、主要任务

1. 园区设施标准化任务与内容

（1）规划设计。明确文化产业园区规划编制单位应具备的资质等级，规划设计应符合的国家其他有关法律、法规和强制性标准，规划方案论证通过并批准的具体标准和流程。厘清文化产业园区规划与其他上位规划的关系，各相关功能区的体量、风格与产业定位的关系。

（2）功能布局。文化产业园区土地利用遵循的基本原则、用地开发强度和土地利用结构，不同价值特点地块的功能配置原则，园区空间布局应遵循的基本原则，园区功能配置结构。

（3）基础设施。明确文化产业园区办公设施、休闲设施、住宿餐饮设施的功能要求、用户群体特征、空间分割与环境营造标准，单体建筑设计施工所适用的国家相关规范。明确景观系统、道路系统及其他基础设施的配套标准。

（4）形象识别系统。明确文化产业园区视觉识别、理念识别、行为识别系统的构建标准，重点明确 VI 及应用系统、园区发展顶层设计、服务基本规范、经营行为准则、对外行为准则、园区动态管理办法等的制定标准。

2. 智慧管理标准化任务与内容

建立文化产业园区建筑节能减排与物联网应用标准。基于 IEEE1888 基准开放式系统、BEMS 服务器和无线传感、移动终端、人工智能技术，打造园区建筑能源管理及云技术可视化系统、企业经营效益及信息传导操控系统，提出实现智慧管理的可视化、智能化和智慧化的具体标准。

五、关键环节

1. 互联网、物联网技术衔接与系统搭建

充分利用最新科技成果，将无线传感、移动终端、人工智能等技术引入传统控制系统，解决传统智能化系统存在的数据融合难、人机交互差、施工难度大、智慧化水平低等问题。

2. 管理可视化和控制智能化的技术嵌入

通过 BEMS 系统实现园区建筑数据采集功能、目标设定功能、自动控制功能，实现开发园区信息管理、物联设备管理、智能提醒发送和数据报表生成，辅助预测园区企业生产经营状况。

项目研究的关键在于文化产业园区类型的多样化与标准化系统构建的匹配问题。根据产业园区业态性质，文化产业园区可分为文化生产型、文化消费型和文化复合型三种类型，不同类型的园区在服务设施、智慧管理、服务平台体系构建中的需求不同、定位不同、指标体系不同。因此，在该标准化研究项目推广落地的过程中，应通过模块化理念，因地制宜构建不同的园区标准化体系。

［资料来源：国家文化和旅游行业标准化研究项目——文化产业山东省文化科技重点实验室（山东大学）《文化产业园区服务设施与智慧管理标准化研究》］

三 产业规划执行与刚性约束机制

产业规划的落地执行是构建规划话语权体系的重要组成部分。在实际运作中，规划界限、内外协同、督导约束、配套机制等环节均影响着产业规划的落地执行成效，也客观反映了规划话语权的强弱程度（见图2-1-3）。

长期以来，"重规划、轻实施"的问题在各规划领域普遍存在。由于文化领域行政体制内存在的条块关系、职能交叉、部门衔接问题，文化产业规划编制、实施和督导主体关系较为复杂，易受换届及人事调整等的干扰，加之规划配套政策力度不足、规划实施缺乏监督考核、协调协同机制存在缺陷等原因，相关规划在实施环节也存在较大困难。

图2-1-3 影响产业规划执行的因素

为切实提高规划执行成效，《中共中央 国务院关于统一规划体系更好发挥国家发展规划战略导向作用的意见》中明确要求，要按照谁牵头编制谁组织实施的基本原则，落实规划实施责任，完善监测评估，强化分类实施，提升规划实施效能。同时，计划加快出台发展《规划法》，梳理现有与发展规划工作相关的法律法规、部门规章，针对发现的问题推动相关法律法规、部门规章的立改废释工作，将行之有效的经验和做法以法律形式固定下来。

相关链接：《文化和旅游规划管理办法》（节选）

第五章 实施和责任

第二十四条 文化和旅游行政部门要健全规划实施机制，加强规划实施评估，提升规划实施效能。

第二十五条　按照谁牵头编制谁组织实施的基本原则，规划编制单位应及时对规划确定的任务进行分解，制定任务分工方案，落实规划实施责任。

第二十六条　规划编制单位应制定年度执行计划，组织开展规划实施年度监测分析，强化监测评估结果应用。文化和旅游行政部门在制定政策、安排项目时，要优先对规划确定的发展重点予以支持。

第二十七条　上级文化和旅游行政部门应加强对下级文化和旅游行政部门规划实施工作的指导和监督。

第二十八条　规划编制单位应组织开展规划实施中期评估和总结评估，积极引入第三方评估。

第二十九条　规划经评估或因其他原因确需要修订的，规划编制单位应按照新形势新要求调整完善规划内容，将修订后的规划履行原编制审批程序。

第三十条　文化和旅游行政部门要把规划工作列入重要日程，纳入领导班子、领导干部考核评价体系，切实加强组织领导、监督检查和队伍建设。

第三十一条　规划工作所需经费应在本单位预算中予以保障。

［资料来源：《文化和旅游部关于印发〈文化和旅游规划管理办法〉的通知》］

第二节　新常态下的规划理念转变

一　文化产业规划的新语境、新视角

改革开放以来，我国文化产业发展经历了预热期、初创期、高速发展期、提质增效期等多个阶段，逐步从粗放型发展模式向高质量、高层

次、精细化发展模式转变。受产业发展环境和外部形势的影响,在未来相当长的一段时期,文化产业将面临新的规划语境和表达视角(见图2-2-1)。

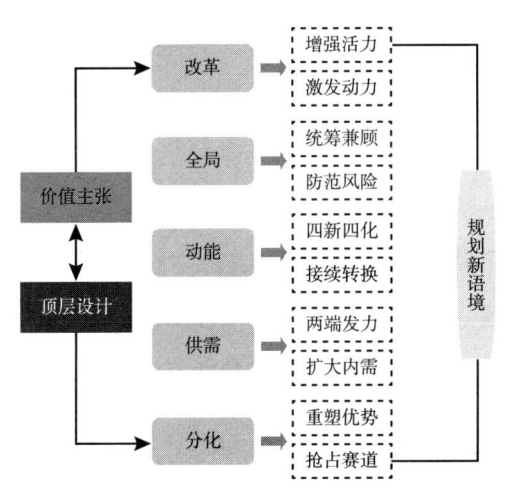

图 2-2-1 文化产业规划的新语境

(一)改革:增强活力、激发动力

随着改革红利的逐步减弱,我国进入了全面深化改革的攻坚期。未来进一步厘清政府与市场关系,营造公平、公正、公开、透明的营商环境,尊重各类文化企业的市场主体地位和自主经营权,促进市场主体平等竞争,强化税收税制、知识产权保护、消费权益保护、投资者保护、文化市场监管、对外贸易等的规范引导,成为文化产业体制机制改革的当务之急。

(二)全局:统筹兼顾、防范风险

当前产业结构"空心化"风险凸显,避免脱实向虚、重塑实体经济竞争优势迫在眉睫。在文化产业领域内,动漫、影视、艺术品、旅游等部分行业泡沫化、过度金融化问题凸显,文化旅游融合路径仍需深度探索。因此在未来发展中,文化产业需要兼顾的两难或多难矛盾将明显增加,规划需要兼顾发展导向与风险导向,在稳健发展中促改革、补短板、防风险。

(三) 动能:四新四化、接续转换

产业发展的质量效益根本依赖于要素配置效率和全要素生产率。当前,文化产业新业态规模小、占比低,转型升级压力大,亟须加快新增长点、新动能的培育和发掘。在文化产业规划中,应以市域、县域为主战场,瞄准产业融合、产城一体、实体经济、乡村振兴等焦点领域,充分利用新生产要素实现产业价值链的循环畅通。

(四) 供需:两端发力、扩大内需

近年来,城乡居民的文化需求水平明显提升,但供给体系明显不适应需求结构的变化,有效型和优质型供给不足。在文化产业规划中,及时把握文化中高端需求、线上线下融合及分层化、体验型拉动趋势,营造良好的文化消费环境和氛围,改善文化消费条件,培育新型文化消费模式,通过有效的要素供给、产品供给和制度供给,在更高水平上达成新的供求均衡,进一步释放文化内需。

(五) 分化:重塑优势、抢占赛道

在全球产业链和国内供应链布局发生重要变化的背景下,一些区域或城市已经形成的产业比较优势在未来可能被削弱,而一些占据战略赛道、头部优势、战略热点的区域或城市可能后来居上。因此,在文化产业规划中,制定科学、前瞻性的顶层设计,挖掘地区产业潜在优势,对于地方培育产业新优势、抢占制高点具有重要意义。

新的规划语境不仅反映了文化产业当前的问题短板和未来趋势,也为编制区域性文化产业规划提供了新的价值视角。在传统产业"研发生产－交易－服务体验"的三维价值空间中,产业规划将以价值链为驱动,从资源端入手,布局创新链、人才链、资金链、政策链,最终通过中观市场细分和微观精细运作,进一步拓展文化产业价值空间(见图 2-2-2)。

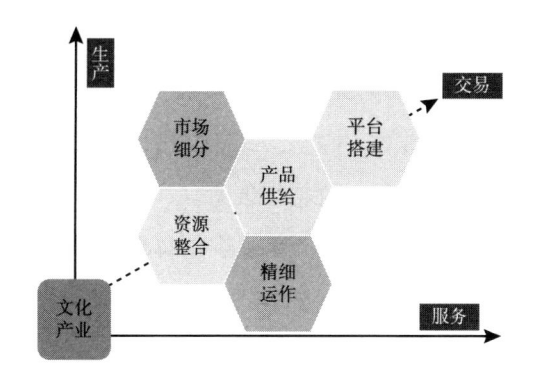

图 2-2-2　文化产业规划与价值空间

二　文化产业规划的新愿景、新导则

伴随文化产业趋势和特征的不断变化,未来文化产业规划的愿景、导则、范式必须有所创新和突破,以更好地发挥专项规划的战略导向作用(见图 2-2-3)。

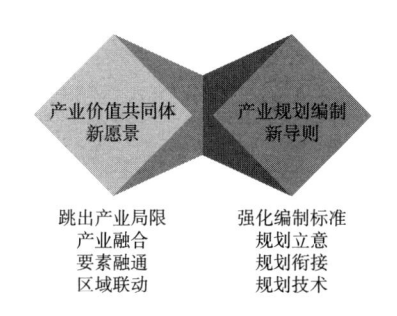

图 2-2-3　文化产业规划新愿景、新导则

(一)跳出产业局限,树立产业价值共同体的新愿景

文化产业本身所具有的贯穿性、融合性与渗透性特征,决定了其应以"产业生态系统"的思维谋求高质量发展。因此,未来文化产业规划应围绕产业、要素、区域三个层面,努力打造文化产业价值共同体。

第一,持续探索产业融合的体制机制创新,并以此推动文化与相关产业在管理职能、产业、市场与服务等端口的融合。第二,应着力引导

"政产学研金服用"创新要素实现有效集聚和优化配置,加快构建覆盖要素端和资源端的融合创新生态。第三,应更加注重协同联动思维,从绩效考核、业态管控等层面,探索行之有效的产业治理机制,确保相邻区域产业错位发展,同链条产业抱团发展。

(二)强化编制标准,明确文化产业规划体制的新导则

长期以来,产业规划受规划定位、规划边界、规划精度、上下衔接等标准因素的影响,不同程度地存在难以落地的问题。《中共中央国务院关于统一规划体系更好发挥国家发展规划战略导向作用的意见》中提出"加快建立制度健全、科学规范、运行有效的规划体制",为未来文化产业规划指明了方向。

第一,强化规划立意。即围绕中心、服务大局,体现关于建设文化强国和发展中国特色社会主义文化的总体要求;突出功能、找准定位,重点明确政府职责的边界和范围;实事求是、改革创新,符合时代要求和产业发展规律;远近结合、务实管用,突出约束力和可操作性,使规划可检查、易评估。第二,满足多规合一的衔接要求。文化产业应与地区五年规划、区域规划、空间规划等上位、同位规划充分衔接,衔接重点应聚焦发展定位、规划目标、总体布局、重大政策、重大工程、营商环境等内容。第三,提高规划技术信息化水平,满足数据入库需求。文化产业规划成果应符合规划信息互联互通和归集共享的标准,便于规划体系的统一管理和成效监测。

产业规划的引领性作用决定了规划编制应具备的时效性,只有立足前沿、总结经验、锚定问题,方能着眼未来、谋划布局、绘就蓝图。

三 文化产业规划编制管理的新规范

伴随规划体系意识的普遍增强,产业规划的编制、实施、测评、反馈等各环节的脱节问题逐步得到重视。文化和旅游部2019年制定出台的《文化和旅游规划管理办法》,重点针对产业规划的立项管理、编制原则、衔接论证、报批发布、实施评估等环节提出了规范要求。

第一，规划编制前应开展全面的摸底调查工作，利用各类新媒体、调研平台、数据库工具，深度研究并形成可视化的分析结论。第二，规划内容应涵盖指导思想、基本原则、发展目标、空间布局、重点行业、重点任务、工程项目、保障措施以及法律法规规定的其他内容。其中，发展目标尽可能量化；发展任务具体明确，发展对策可行；工程项目和政策举措具备必要性和可行性。第三，规划体例应在确保规划内容完整、上位同位规划相衔接的基础上，进行合理、适度创新。第四，规划应配套制定年度执行计划，以利于组织开展规划实施年度监测分析，强化监测评估结果应用。第五，鼓励专业机构综合运用现代信息技术，创新规划辅助手段，开展行业专题研究、政策解读、规划验收等相关增值服务（见图2-2-4）。

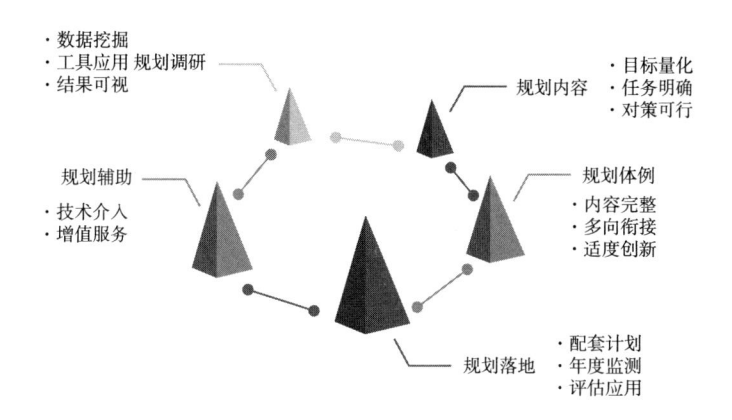

图2-2-4　文化产业规划编制管理规范要点

伴随现代规划理念的不断更新，规划执行已经由事后部门分工延伸到规划指标体系、实施方案、配套政策、定期评估的全过程，更加注重规划落地过程中配套政策对规划目标体系的影响。同时，相关规划信息跟踪反馈系统和评估实施机制正在不断完善，将不断提升规划实施质量。

第三节　生态观下的规划主体关系

一　产业生态系统及其主体构成

刘晓华（2013）将产业生态系统定义为，对某一产业的发展产生重要影响的各种要素的集合及其相互作用的关系。伴随产业生态理念的深入人心，坚持开放合作、互利共赢理念，加强与相关管理部门、社会组织和龙头企业之间的交流合作，构建文化产业"政产学研金服用"生态系统，已成为驱动产业创新的社会共识。

在产业生态系统中，政府部门通过完善产业创新协调联动机制和提供精简高效的管理引导服务，主导营造产业高质量发展环境。行业企业作为创新主体，应在产业生态中加以分类引导，将具有较强核心竞争力的大型文化企业作为生态链龙头，带动引领中小微文化企业垂直、细分、专业发展。高校、科研院所、职业学校等专业机构则承担着培养产业紧需人才、科研创新、成果转化等产教融合的重要使命，是产业创新的策源地和产业规划研究的重要平台。金融和科技服务机构作为资本、技术要素的输出地，将为文化产业提供多层次、多渠道、多元化的要素投入（见图2-3-1）。

以山东省为例，2019年山东省人民政府出台了《关于打造"政产学研金服用"创新创业共同体的实施意见》（以下简称《意见》），为未来我省文化产业创新生态系统构建提供了目标指引。要争取在未来五年打造"政产学研金服用"创新创业共同体，助力全省形成"1+30+N"创新体系，整体围绕山东产业技术研究院这个核心，培育30个以上省级创新创业共同体，辐射带动各地建设一批不同主体、不同模式、不同路径、不同方向的创新创业共同体，在全省形成"百花齐放"的融合创新态势。

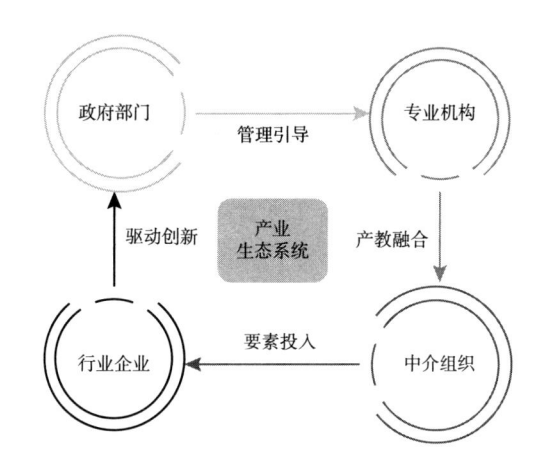

图2-3-1 产业生态系统及其主体构成

围绕这一目标，未来山东省将大力推进去行政化改革，探索事业单位+公司制、理事会制、会员制等多种新型运行机制；创新重大科技项目立项机制，省财政择优给予每个项目最高1000万元经费资助；突出科技金融深化融合，采取"孵化+投资"的模式，直接对在孵企业进行天使投资，对省级以上科技企业孵化器，按照其投资单个企业首轮实际投资额的最高10%给予奖励，年度累计奖励金额最多100万元，引导我省科技企业孵化器培育大量的种子期、初创期科技型企业。《意见》中强调发挥山东省重大科研项目的桥梁作用、创新人才的带动作用和企业创新的主体作用，统筹推进"政产学研金服用"融合创新。

打造"政产学研金服用"创新创业共同体，是山东省委、省政府为促进创新资源有效集聚和优化配置，全面提升科技创新供给能力，增强全省经济高质量发展动力推出的一项重要举措。可以预见，未来打造文化产业领域内"政产学研金服用"生态系统将成为"十四五"规划阶段的一个重要的着力点与创新点。因此，规划编制既要把握文化产业的新趋势、新特点，又要深度统筹产业生态各主体的共生关系，还要兼顾地方产业发展的当前利益和长远利益，赋予持久发展的动力。

第一，从政府与高校层面来看，做到"政、学、研"三者协调发力。政府从"借脑引智"的思想出发，鼓励科技创新人才在高校和企业间"相互挂职"，促进人才的流动以及科技创新成果的有效转化。进一步构建高校协同的对接平台，实施"高校科技创新要素供给"工程，积极申报在高校建设国家实验室和省级重点实验室，创新高校与企业之间的全方位、多层次、多渠道的合作方式。与校外科研机构以及高校间建立人才流动与合作机制，破解制约高校科技创新的难题。

第二，从企业主体来看，要进一步壮大文化科技企业主体。鼓励文化企业加大研发投入与技术攻关，深化以企业为主体的产学研群体之间的协同创新。发挥文化企业之间的联动和产业链协同效应，加强中小科技型文化企业的培育力度，打造大型骨干文化企业引领、中小科技型文化企业配套补充的文化产业融合创新企业集群。

第三，从产业层面来看，一是要打造文化产业生态示范圈，充分发挥文化科技融合的创新作用，布局以"互联网+"为载体的新型文化业态孵化园区，建设兼具政府扶持、项目孵化、风险投资、成果对接、综合服务等功能齐聚的产业生态圈，将文化产业集聚区打造为文化产业转型升级高地。二是要利用 5G 基础设施和人工智能、区块链、物联网、大数据、云计算、虚拟现实等数字技术为"十四五"时期文化产业赋能，搭建"政产学研金服用"生态系统之间互相融合、连接的渠道，实现成果转化、产业园区、公共平台、科技创新的深度融合。三是要进一步扩大"文化+"的发展路径，利用新技术、新渠道、新模式进行创意、制作和商业化运作，创新科技服务业发展方式，推动文化产业向产业链两端延展，持续打造富有活力的创新生态系统。

二 产业规划中的主体联结机制

吴继荣（2014）认为，文化需求的多样化需要产业主体的多元化适应，合理的产业主体结构是衡量产业发展是否成熟的标志。在西方规划理论中，编制者与参与者是规划行为中最核心的利益主体，两者的智慧、视野、水准决定了规划质量。编制者是符合相关规定的承担规划编制任务的部门或组织，而参与者常由从业或利益相关的组织、企业、公众组成，不同规划类型所涉及主体的具体构成有所不同。

我国产业规划源于计划经济时代的指令性计划，早期作为一种自上而下的行政管理行为，规划从编制到实施全部由政府部门负责，具有典型的"精英决策"色彩。受当时的理念意识和体制机制所限，相关部门、机构、企业、协会、公众的参与度较低，影响了产业内外部对规划的认同度和执行力。

对于文化产业而言，由于我国文化事业与文化产业存在交叉管理的体制机制特征，即党委宣传部门宏观指导和协调新闻、文化文艺及文化产业发展工作，文化广电新闻出版部门具体负责指导、管理、监督上述领域及文物保护、公共文化服务、文化市场监管等相关工作。这种交叉管理一方面有利于加强意识形态工作的领导权、话语权、主动权，但也一定程度上影响了规划治理和资源统筹效能。因此，文化产业规划需要基于现行体制机制的特殊实际，针对性地提出以机制优化和制度创新为基础的系统解决方案。

在处理产业规划主体互动关系时，编制者应创新合作理念、科技手段和要素植入模式，变"一元化"决策结构为"多中心"参与结构，即以政府部门、规划机构为核心，以市场主体、社会公众为支撑的稳定结构，充分发挥各方在行业引导、专业研究、产业实践、诉求反馈等环节的重要作用，重构产业规划体系中各主体间的博弈关系（见图2-3-2）。

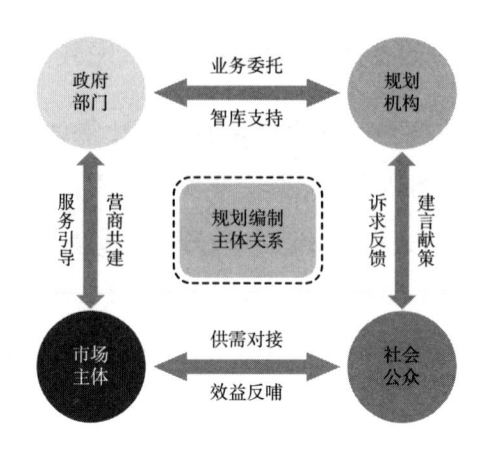

图 2-3-2 产业规划主体关系结构

第四节 文化体悟理念下的文化产业可持续规划路径

近几年来，国内外生态规划的理念逐步从景观生态规划跃升为景感生态规划，生态思想融入了规划编制当中。这一源自中国古代城市规划和建筑设计的兼顾自然与人文因素的思想，发展与延续了古人讲究天人合一的朴素的可持续发展思想，为新常态下我国文化产业规划的编制与研究提供了一个可以借鉴的范式。

昝胜锋（2016）提出，文化体悟是文化生产与消费中不可抹去的存在，并伴随着体验者的成长不断融合交汇形成新的记忆。文化体悟概念的提出，是对体验经济理论在文化产业领域的深层次提炼和丰富。在文化体悟理念指导下的文化产业规划编制工作，应该从导向引领、战略思想、空间布局、产业体系四个方面入手（见图2-4-1）。

一 发挥人文精神价值的引领作用

文化产业作为产业首先具有物质层面的属性，同时因为文化的特殊

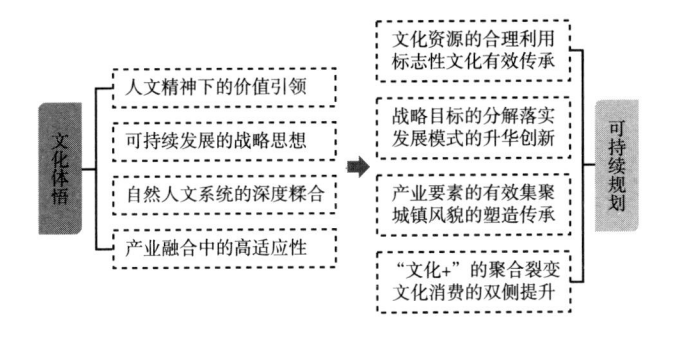

图 2-4-1 文化体悟下的文化产业可持续规划路径

性其又具有精神层面的功效，因此，作为产业的产物文化产品也具有这双重属性。首先，文化产品的制造过程是人们对文化习得的展示过程，产品的设计者将自身习得的文化概念在脑中加工重构，并注入产品中使之散发出独有的艺术质感与文化光环。经过个体或群体加工和重构的文化产品，包含着大众审美、社会潮流、个人价值观和文化创意等众多新的价值，这些新的价值元素构成了其精神属性。其次，文化产品的生产与设计最终要迎接市场的检验，进入市场后的文化产品，通过其承载的文化价值影响着消费者的精神世界，并潜移默化为人们意识形态的组成部分，感染并影响着其所在的群体。无数个文化消费者通过相同的文化产品而得到的专属性与共鸣性的文化体悟，会逐渐蔓延影响整个社会。由此可见，文化产业的发展有助于文化传播和文化交流。在文化产业规划编制中，要从区域特色文化的传承与传播这样的宏观视角，部署和审视特色文化资源的有效利用与合理开发，而不应该只关注经济效益的蝇头小利，忽视文化产业的社会效益这一万年长青的伟业。

因此，可持续发展的文化产业规划应该认识到产业对经济稳增长、调结构的重要作用，更应该意识到其在文化精神价值引领与文化软实力提升方面的重要意义。在规划编制与研究中，都应该侧重发挥文化精神价值的引领作用，做到在把握该区域的标志性文化这一基础上，科学评估与甄别哪些属于文化产业资源、哪些不属于文化产业资源，哪些资源具有可再生性、哪些资源处在"规划红线"之外。在做具体发展设计前，要对文化资源做出科学评估，防止造成开发性破坏和浪费。合理分配和利用文化资源，充分利用文化体悟这种方式来传承历史悠久且具有旺盛生命力的传统文化和现代精神意义的文化，从而实现双效统一。

二 把握自然人文系统的深度糅合

现实中，一个城市或区域的经济运行总是存在或多或少的不平衡性。首先，在不同的地域之间，在历史文化积淀、现代文化发展等方面有较大差异，例如中国的南方和北方区域不同，南北方文化资源类型明显不同，而且各区域的经济水平不同，并且文化产业在发展过程中所采取的模式也有较大差异，这些因素综合起来造成了各地产业背景不同，自然而然地，未来的成长空间也迥然不同。这就需要根据相应调研资料和发展数据制定符合实际的文化产业规划，科学评判这种现实存在的不均衡性并指出解决办法和发展方向。基于此，文化产业规划的一个重要特征就是空间秩序与空间组织的艺术化。特别是这种艺术化关系城市文化风貌的传承与彰显。在城市建设严重同质化的今天，许多城市在追求产业经济高度发展的同时忽视了城市标志性文化的传承，造成了"千城一面、千村一面"的似曾相识格局。而文化产业规划对城镇文化产业空间分布的艺术装点，如果不能够协调好产业生态规划与城镇文化风貌塑造之间的关系，那显然是失败的。

文化产业具有调结构、低能耗、少污染、促消费、扩就业、可持续等优势，这正与"十八大"提出的新型城镇化建设相契合，因此，文化产业将在建设新型城镇中大显身手。在这一背景下的文化产业规划，必须立足于区域发展框架，以城镇总体规划为依据，结合当地的土地利用规划、地区国民经济和社会发展五年规划、主体功能区规划以及其他相关规划法案，寻找和确立一个由点到面、由局部到整体依次递进且有机联系的空间生态系统，将有限的土地资源发挥出最大的产业效率和市场效率。此外，要遵循城镇文化风貌的传承与塑造，在人文、自然和社会的全面、协调、可持续发展的基础上，巧妙地利用不平衡发展规律，对文化资源、金融资本、人财物力等要素进行集聚，做出有利于文化产业又好又快发展的"顶层设计"，实现产业生态空间与城镇风貌塑造的有效衔接。

三 提炼可持续发展的战略思想

综观国内外众多文化产业规划，可以看出，文化产业规划是一个将城市与乡村、文化与经济等诸多要素串联在一起的综合体。文化产业规划承载着人和自然与社会之间错综复杂的关系。当然，在这一理念出现之前，人类先辈对人与自然、社会的关系一直在进行孜孜不倦的探索和尝试。他们通过略显原始的方式将文化与产业的关系表达为个体的精神世界的诉求机理，或是一个掺杂着民间信仰的工艺品，或是一个体现风水伦理的文化空间。在文化产业发展的早期，这种人与自然、社会的关系也一直延续着，驱动着一些怀有创业情怀的人们自发集聚在城市的一个角落，像北京798、上海田子坊等就是这种尝试的开端。而这种形式对人与自然、社会之间关系的创造性价值和启迪，反映了文化产业发展的自身规律，也成为并应该成为文化产业规划关注的重点。2015年，胡惠林教授曾经讲到，新阶段我国文化产业发展在设定目标和任务的时候，应该将建设现代化的文化治理体系和治理能力考虑进来。所以，在以后的文化产业发展规划制定中应将此作为总体指导思想，以可持续发展为旨归，对由文化资源、生理体验、心理感知、社会经济、空间场景等相关方面组成的文化生态系统进行综合统筹，最终实现文化产业发展与人、社会、自然的精神关系协调统一。

在文化产业规划编制中，对具有战略意义的规划的战略目标的制定，应该包括总体目标、产业体系构建、品牌建设、发展模式等内容，并且从定性和定量两个角度进行界定，从而保障目标的设定既具有前瞻性又具有可操作性。为了保证规划的前后一致性，规划中要做好产业集聚、产业链经营、品牌运营、资本运作、平台运营等发展模式的设计。以上战略目标与发展模式的探讨，还要基于区域发展实际、产业发展基础等前提条件，既不能盲目创意创新超出可操作的范畴，更不可将规划变成复制城市的程式化工具。

四 强化产业系统的融合适应性

"十三五"时期，文化产业伴随业态集聚和要素规模的扩大，"文旅体商农"的交互融合更加呈现非线性、非均衡性等复杂系统属性。这种融合态势体现在两个方面：一是产业内部各行业间的渗透融合。工艺美术、新闻出版、演艺娱乐、创意设计、影视动漫、节庆会展等产业内部各行业间实现多元渗透、融合，产业链条不断向上下游两端延展，实现产业核心价值承接转移。文化创意产业在增强全民族文化创造活力、有效传承与创新优秀传统文化方面发挥着举足轻重的作用。像美国、日本及欧洲的一些发达国家，早已将文化创意产业视为支柱产业和提升国家软实力、提高综合国力的法宝。二是文化产业与外部相关产业的双向深度融合。通过元素嫁接、技术嵌入等手段对文化资源进行提升与创新，促进文化产业从外部相关性上对产业链条进行衍生、重组和市场开拓，增加具有知识产权和高附加值的文化产品与服务供给，实现单一型产业向复合型产业发展。

"文化+"的提出将有效促进文化与另外一些产业的融合，一方面会大幅提升现有产业发展实力，另一方面也会带动促进新业态的不断衍生。

在产业经济学中，产业规模、产业门类、产业布局、产业组织以及产业载体等构成产业体系，而文化产业规划也涵盖了这些内容。体验经济时代下，"情怀驱动购买""体验场景构筑"等新模式在文化产业方面表现得越来越突出。构建现代文化产业体系，也应将扩大和引导文化消费考虑在内，遵循市场运行规律，立足供给侧和需求侧，以消费者多样化和多层次的精神文化需求为导向，将产业增收、环境改善、观念提升、文化体悟等方面纳入综合考查范围，设计符合体验需求、放大有效供给、提升文化消费、具有区域特色的产业板块。

综上所述，将生态文明建设带入文化产业规划实践中，既符合我国"十三五"规划的创新、协调、绿色、开放、共享的五大发展理念，也将更好地服务于当前我国面临的产业结构调整和产业布局升级的问题。在五大理念引导下，在实践中充分运用文化体悟思想以期能够对区域特色文化资源进行有效开发利用，实现可持续发展目标，重建人与社会和自然的关系和秩序，有效、全面提升文化产业规划、文化产业项目建设及管理的水平。

第五节 新技术赋能下的智慧规划体系

《中共中央关于制定国民经济和社会发展第十四个五年规划和二〇三五年远景目标的建议》中提出，要强化国家战略科技力量，打好关键核心技术攻坚战，提高创新链整体效能，加强基础研究、注重原始创新，完善共性基础技术供给体系。以大数据、数字化、物联网为代表的新一轮科技革命的深入发展，为未来产业规划的技术赋能提供了重要机遇。

一 大数据战略资源的规划导入与应用

王启豪（2018）认为，产业大数据对于理解一个地区的产业变化趋势、产业空间供应模式的转变以及产业规划的项目抓手具有重要的指导意义。

自党的十八届五中全会提出实施国家大数据战略以来，大数据基于技术应用层面的持续创新，已成为国家的基础性战略资源。2015年，国务院印发的《促进大数据发展行动纲要》提出将大数据作为提升政府治理能力的重要手段，通过高效采集、有效整合、深化应用政府数据和社会数据，提升政府决策和风险防范水平。《大数据产业发展规划（2016~2020年）》鼓励联合开展产业规划，促进区域间大数据政策协调。但当前，产业规划中仍普遍存在产业和市场数据开放共享不足、数据分析不深入、问题指向不明朗、创新应用领域不广等问题。

目前，产业规划大数据应用主要依赖数据预处理、数据分类处理、空间数据分析、数据可视化等工具的协同来实现（见图2-5-1）。在产业规划中科学应用大数据资源的路径主要有：第一，产业大数据的名录化应用。即通过工商、统计部门的数据整合清洗，全面摸清文化制造业、服务业、批发零售业的发展状况，建立较为健全的基本单位名录及其数据库系统，为文化产业业态升级提供决策依据。第二，产业大数据的空间化应用。运用大数据的思维、资源及技术方法，对产业用地结构和产业园区、专业楼宇产值、企业及从业人员数量等进行全面细微的空间测度，揭示空间大数据背后所代表的产业质量、产业集聚水平、产业空间更新特征。

图2-5-1 产业规划大数据应用示意

未来，随着政府产业大数据的统一部署及应用便利化，大数据将显著提升产业规划和研究咨询的科学性。

二 信息技术助力"多规合一"系统构建

周立博（2018）认为，随着信息技术与产业深度融合，基于信息要素的各类服务将为产业效能提升带来更大实际价值。何涛（2016）认为，"多规合一"是行政与技术、规划与管理密切结合的工作，规划单位应抓住机遇，以信息化为手段，创新工作方法，以互联网＋规划的动态服务模式，服务好、配合好政府部门的"多规合一"工作。

在地方各类规划编制和实施过程中，规划自成体系、内容冲突、缺乏衔接等问题普遍存在，因此统一规划体系的关键是实现"多规合一"，即在下位规划服从上位规划、下级规划服务上级规划、等位规划相互协调的基础上，将国民经济和社会发展规划、城乡规划、土地利用规划、产业发展规划融合，实现"一地一规一蓝图"。

由于"多规合一"所需对接的空间规模、边界、数据、项目等信息庞杂，必须通过现代信息技术打造"多规合一"协同平台，实现对规划体系的科学构建与管理。针对文化产业规划，现代信息技术可依托该协同平台实现以下功能：第一，依托数据更新和应用操作平台，实现特色文化资源分布、文保单位保护范围、公共文化服务设施及产业用地等数据的调用、交换和共享服务。第二，建立重大项目信息系统，提供文化及相关产业项目的基本信息录入、空间定位、跟踪管理、检索统计等服务。第三，依托概念模型，提供包含文化产业用地现状分析及项目辅助选址、指标性审查、综合分析等功能的辅助决策。第四，根据数据更新进度，提供文物保护、文化产业项目建设的统计分析、绩效评估与报告生成服务。第五，基于文化产业功能区、集聚区和重大项目建设要求，对城市设计的控规单元及地块层次级三维基础数据、管控要素三维数据提出约束性规范（见图2-5-2）。

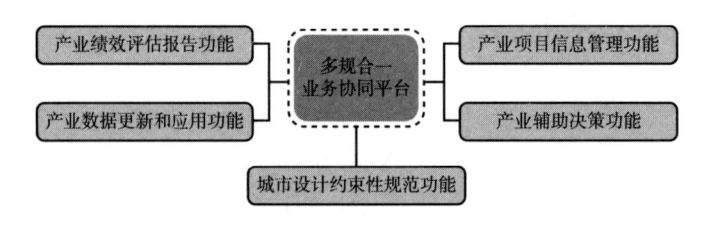

图 2-5-2 文化产业"多规合一"系统与功能示意

三 数字化技术的产业规划全流程介入

目前以数字技术为手段，以光学、电子等新兴媒介为表现形式的数字化展示互动技术系统发展迅速，凭借其全视角、富信息、高仿真、全流程的技术优势，未来将深度服务区域产业规划与运营管理等领域。

数字化技术深度介入产业规划的具体表现如下。第一，规划预推演。运用动态沙盘推演技术，通过多种技术手段与实体可移动沙盘结合，基于产业战略定位、发展指标体系、周边产业环境、产业业态体系、产业链与供应链布局方案，结合区域城市发展、土地利用及其他相关专项规划，推演规划前中后期产业发展规模、质量及人才、平台、项目等要素载体建设成效，及时解决规划方案存在的问题，降低因规划信息不对称及外部影响因素造成的规划难落地隐患。第二，规划可视化。综合运用数字光电技术，结合智能化升降系统、智能动态仿真系统、灯光互动系统、多媒体中控演示系统等高新技术，开发区域地形地貌、行政信息、资源分布、产业数据、空间布局、产业公共服务等信息可视化功能，全方位展示区域文化产业发展理念、空间布局、产业活动与特色风貌（见图2-5-3）。

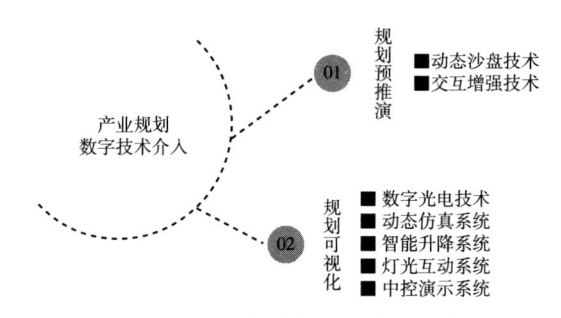

图 2-5-3　数字化技术介入产业规划示意

相关链接：《国家数字文化产业政策演进研究》

我国高度重视新兴文化业态，将数字文化产业作为文化产业转型升级的重要方向。

2009年，《文化产业振兴规划》发布，明确提出数字内容产业是新兴文化业态发展的重点。

2011年，《"十二五"规划纲要》提出"发展数字内容服务，大力发展文化创意、影视制作、出版发行、印刷复制、演艺娱乐、数字内容和动漫等重点文化产业"。

2014年，《国务院关于推进文化创意和设计服务与相关产业融合发展的若干意见》提出促进文化产业与科技的融合，包括移动互联网在内的数字文化产业、动漫、手游等文创企业都将获得政府支持。

特别是"十三五"以来，我国高度重视数字文化产业，制定数字文化产业相关的系列政策，对数字文化产业发展走向提出顶层设计，并逐步清晰具象化的重点布局和引导。

2015年7月，国务院印发《关于积极推进"互联网+"行动的指导意见》，提出要使"互联网+"成为经济社会创新发展的重要驱动力量，并推出"互联网+创业创新"、"互联网+协同制造"、"互联网+现代农业"等11项重点行动计划，"互联网+文化"也是其中的一个重要维度并逐渐成为热议话题。

2016 年 11 月，国务院正式公布《"十三五"国家战略性新兴产业发展规划》。与数字文化产业紧密结合的数字创意产业，首次被纳入国家战略性新兴产业发展规划，成为重点培育的 5 个产值规模达 10 万亿元级的新支柱产业之一。

2017 年 1 月 22 日，中共中央政治局就深入推进供给侧结构性改革进行第三十八次集体学习，强调推进供给侧结构性改革是我国经济发展进入新常态的必然选择。文化供给侧结构性改革是供给侧结构性改革的重要维度，数字文化产业也必须遵循供给侧结构性改革的战略思维。

2017 年 4 月 11 日，文化部立足文化部职能范围，发布《关于推动数字文化产业创新发展的指导意见》，整体规划提出优化数字文化产业供给、优秀文化资源数字化、与相关产业融合发展、扩大和引导数字文化消费四个主要发展方向，并对动漫、游戏、网络文化、数字文化装备、数字艺术展示等主要产业领域进行重点布局和引导。

2017 年 8 月 24 日，国务院印发《关于进一步扩大和升级信息消费持续释放内需潜力的指导意见》，再度提出大力发展数字创意产业，并透露将制定相关政策，促进数字创意产业的进一步发展。

2017 年 10 月 18 日，党的十九大报告提出要"健全现代文化产业体系和市场体系，创新生产经营机制，完善文化经济政策，培育新型文化业态"。

2017 年 12 月 8 日，中共中央政治局就实施国家大数据战略进行第二次集体学习，强调要构建以数据为关键要素的数字经济，推进"互联网＋文化"。这是国家高层对实施国家大数据战略、加快建设数字中国的战略部署，为推动数字文化产业和实体经济深度融合指明了方向。

《中华人民共和国文化产业促进法》明确提出"国家鼓励和支持培育基于大数据、云计算、物联网、人工智能等新技术的新型文化业态，发展数字创意、网络视听、数字出版、数字娱乐、绿色印刷等新兴文化产业，推动与相关新兴产业相互融合"。

2020年10月29日《中共中央关于制定国民经济和社会发展第十四个五年规划和二〇三五年远景目标的建议》明确提出，实施文化产业数字化战略，加快发展新型文化企业、文化业态、文化消费模式。

[资料来源：文化产业山东省文化科技重点实验室（山东大学）《国家数字文化产业政策演进研究》]

四 智能物联的产业载体规划落地

文化产业规划落地实施的抓手之一是以园区为代表的产业载体。因此，在顶层设计环节应重视发挥科技在产业载体产业链构建中的重要作用，确保在微观建设运营中各类业态、企业的有序导入。

因此，文化产业载体规划中有着两个重要任务：一是建立智能化管理架构。在文化产业园区基础设施层面，以建筑能源智能管理系统（BEMS）为核心，依托物联网（IOT）、人工智能控制器（AIC）技术设备和分布智能、动态调度架构，实现园区设备互联互通。在管理技术层面，建立可量化的能效指标体系，实现文创园区能源管控与办公自动化、运营管理系统的无缝链接。二是搭建智慧化服务平台。结合上述智能管理系统，配套开发园区信息管理、物联设备管理、智能提醒发送和数据报表生成等功能模块，并编程实现用户注册、登录、企业管理、租赁管理、企业用电月度报表等功能，实现设备数据采集、挖掘和实时可视化呈现，全面监测园区企业经营效益水平（见图2-5-4）。

此外，伴随文化旅游产业的深入融合，文化场馆和旅游景区的智慧化、便利化需求逐步凸显，围绕该领域的智慧建设顾问服务、定制化智能控制系统、景区智慧建设系统、智慧管理平台等建设与运营服务市场趋于活跃。在文化旅游载体建设运营环节，相关部门和企业通过技术输

```
智能化管理架构              智慧化服务平台
建筑能源智能管理系统          园区信息管理
       +                    +
物联网+人工智能控制器         物联设备管理
       +                    +
分布智能、动态调度架构         智能提醒发送
                            +
                           数据报表生成
```

图 2-5-4 智能物联技术的产业载体规划利用示意

出、资金投入、服务外包、资源共享等方式广泛参与智慧文旅项目建设，互联网企业、OTA 企业与政府部门之间也逐步通过采取数据互换的方式进行数据共享，与产业载体规划环节形成了相互衔接的良好态势。

相关链接：《台儿庄古城文化产业园服务平台体系建设方案》

为进一步提高台儿庄古城文化产业园建设运营水平，服务产业动能转换、国家级示范园区创建、区域经济文化融合高地建设等园区战略，台儿庄古城文化产业园建设管理办公室联合山东大学文化产业研究院，共同打造一站式、专业化的园区服务平台体系。初拟合作方案如下。

一、建设目标

（一）提高公共服务效能，打造产业动能转换标杆型园区

构建以文化企业需求为导向的公共服务平台体系，充分发挥专业机构、专业平台的资源整合和服务优势，有利于进一步降低企业产品开发和市场拓展成本，提升园区招商引资引智竞争力。在平台体系构建和企业提质增效的良性循环中，稳步推进台儿庄古城文化产业的新旧动能转换进程，持续提升产业发展环境。

（二）树立平台示范效应，助力国家级文化产业示范园区建设

打造具有示范和引领效应的专业服务平台体系，全面响应国家级示范园区公共服务体系相关建设要求，高起点、高标准推进园区创建及验收工作，有助于提高园区文化产业规模化、集约化、专业化水平。同时，也为园区争取纳入国家文化产业项目服务平台及相关重点项目库奠定坚实基础。

（三）推动资源链接转化，建设区域性经济文化融合高地

以园区服务平台体系为载体，链接创意、技术、资本、人才、信息等一批优质要素资源，通过发挥市场机制作用，提高各种资源要素的配置水平和利用效率，高效服务台儿庄运河文化、非遗文化、大战文化等典型文化资源的创造性转化和创新性发展，塑造区域"经济文化融合发展高地"的成功典范。

二、建设方式

按照《关于进一步完善国家级文化产业示范园区创建工作的通知》《山东省文化产业园区转型升级实施方案》要求，贯彻"转变职能、简化程序、提高效率、服务到位"的平台建设理念，由台儿庄古城文化产业园建设管理办公室作为授权管理单位，通过市场化购买服务方式，委托山东大学文化产业研究院制定平台体系专项建设方案，并指导平台系统开发、设备采购、设施改造及平台运营工作。

三、服务与建设内容

文化产业山东省文化科技重点实验室（山东大学）、山东大学文化产业研究院作为第三方专业机构，提供以下服务并指导相关建设工作。

（一）编制《台儿庄古城文化产业园服务平台体系建设方案》

基于对台儿庄古城文化产业园平台构建基础、企业诉求的全面细致摸底，结合国内先进地区、典型园区的文化产业平台建设经验，全面响应国家级文化产业示范园区平台构建要求，明确提出园区服务平台体系的顶层设计与构建范式、建设与服务目标、空间与功能布局、软硬件系

统建设与预算、平台运营与管理导则、实施计划与保障措施等，作为园区平台建设、运营、管理的纲领性文件。

（二）服务"线上+线下"六大服务平台建设及主持管理运营

按照"线上+线下"相结合的服务模式，建设公共服务、展览展示、人才培训等实体服务平台，开发创业信息、投融资、版权贸易等一体化的线上服务平台。

（1）公共服务平台。结合台儿庄区"放管服"改革和"一次办好"全覆盖工程，在园区设立集工商、税务、国土等于一体的行政服务窗口，引入法律服务、财务审计、人力资源等咨询服务机构入驻。

（2）创业服务平台。实时整理发布国家、省区市各级创业政策信息、产学研合作信息、合伙人招募信息。开设"创业导师工作站""创课堂"板块，引入创业辅导专家与课程资源，组织大学生创业沙龙、创业大讲堂、创业训练营活动。

（3）投融资信息平台。实时提供文化及相关领域最新投资信息、融资信息和政策资讯，开设"虚拟路演大厅""线上知识培训""专家交流咨询"板块，为园区企业和项目提供投融资信息共享、合作、互动服务。

（4）展示交易平台。以实体空间为载体，打造"园区殿堂""创新体验中心""文创秀场"，展示园区发展历程、荣誉成就、领导关怀、规划建设、创新发展、文创产品等内容；以网络平台为载体，展示园区企业风采、产品信息、运维大数据并提供相关产品交易功能。

（5）人才培训平台。依托线上平台，打造"文化产业知识更新数据库"，实时提供人才培养精品课程及专业知识，开展在线学习、自我测评与认证提升。依托实体空间，组织专家开展座谈诊断、讲座培训、企业内训、学习观摩等培训活动。

（6）版权贸易平台。依托线上平台，开设"版权服务""版权学堂""版权动态"板块，提供版权登记、撤销、变更、转让服务和资讯交流、版权贸易服务。依托实体空间，打造综合型版权展示交易场所，服务版权资本化运营。

四、预期成效

（1）构建园区高效便捷服务体系。着眼于长期服务需求，山东大学文化产业研究院作为智库服务单位，按照专业化、标准化、前瞻性的服务准则，确保在园区文创研发、生产服务、展示交易、人才培训、创业服务、融资需求、版权保护等环节实现全程一体化服务。

（2）塑造园区平台建设示范品牌。通过构建一站式、专业化的园区服务平台体系，创新运营管理模式，提高各种资源要素的配置水平和利用效率，为园区凝聚内生动力，打造产业动能转换标杆型园区、国家级文化产业示范园区、区域性经济文化融合高地。

[资料来源：台儿庄古城文化产业园建设管理办公室、文化产业山东省文化科技重点实验室（山东大学）《台儿庄古城文化产业园服务平台体系建设合作方案》]

第六节 一体化的规划建设运营体系

产业规划与建设运营的脱节是长期制约产业发展的关键问题之一，规划内容无抓手、规划任务无分工、规划项目无衔接、规划政策无配套等现象突出。为解决这一问题，产业主管部门、智库服务机构等相关规划主体逐步探索开展规划建设运营的一体化合作模式，即以平台化运作、产业链经营为主线，通过"产业链整合＋合作模式创新＋资本技术植入＋政策制度设计"，形成规划建设运营全程联合服务模式，为文化产业发展和落地运营提供系统解决方案。

一 规划任务与政策的同步设计

王廉（2010）认为文化创意产业的规划与政策制定应一体推进，必须从市场竞争出发设定不同的标杆，按照该城市或产业发展特点，制定引导性创意政策。产业政策作为应对市场失灵和干预经济资源配置而做出的一种制度安排，能针对性地改善或解决不完全竞争、外部效应、信息不对称、交易成本高等问题，力求实现资源的最优化配置，因此产业规划的实施需要借助一定的政策工具配合。

目前，我国文化产业政策工具从性质上可以分为产业结构型、布局型、组织型和技术型四种类型。从具体执行方式上又可分为财政工具、金融工具和行政工具。其中，财政工具主要包括拨款、奖励、补贴、税收、政府采购等，金融工具主要包括低息贷款、贷款贴息、质押担保、投资基金、股权融资、风险分担等，行政工具主要包括市场监管、投资准入、业态管控、进出口限制等（见图2-6-1）。文化产业发展工作涉及宣传、财政、发改、金融、科技、经信、商务、人社、规划、统计等多个部门，对形成部门和资源合力的诉求也较为强烈，因此文化产业规划所部署的相关任务需要多个部门的政策协助。表2-6-1为济南市文化产业规划及配套政策出台情况。

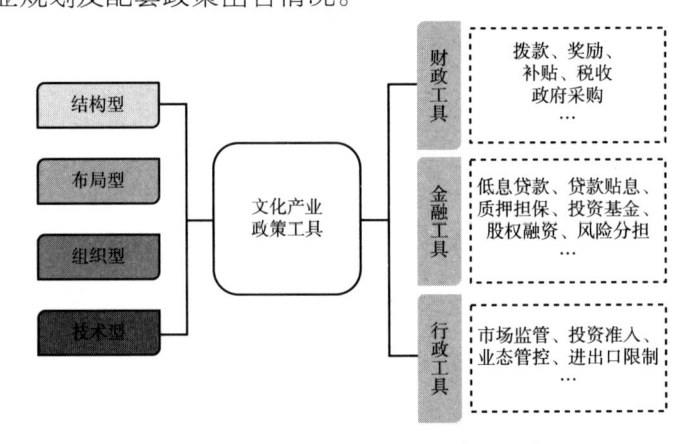

图2-6-1 与文化产业规划相配套的政策工具

表 2-6-1　济南市文化产业规划及配套政策出台情况

专项规划	配套政策
《济南市"十三五"文化产业发展规划》	《济南市关于进一步加快文化产业发展的实施意见》《济南市关于利用旧厂房发展文化创意产业的实施意见》《济南市关于加快推进文化产业科技创新的实施意见》《济南市关于加快发展文化实体经济的意见》《关于推动"文化+"相关产业融合发展的实施意见》《济南市市级文化产业发展专项资金管理暂行办法》《济南市文化产业集聚区动态管理办法》等
《济南市新旧动能转换文化产业专项规划(2020~2022年)》	《关于在新旧动能转换中做大做强文化产业若干政策措施》《济南市会展业发展三年行动计划(2018~2020年)》《济南市促进会展业发展若干措施》《关于推进济南市全域旅游高质量发展的实施方案》《济南市人民政府办公厅关于推进夜间经济发展的实施意见》《济南市实施创新驱动发展战略加快创建国家创新型城市若干政策》等

二　产业要素与资源的一体导入

伴随着文化产业发展模式由粗放型增长向提质增效和提档升级转型，传统产业要素竞争优势和驱动力逐步减弱，知识、技术、信息、数据等新型生产要素供给质量和配置效率亟待提升（见图 2-6-2）。因此，在文化产业规划中导入地方所急需的优质要素资源成为提升规划附加值的重要手段。

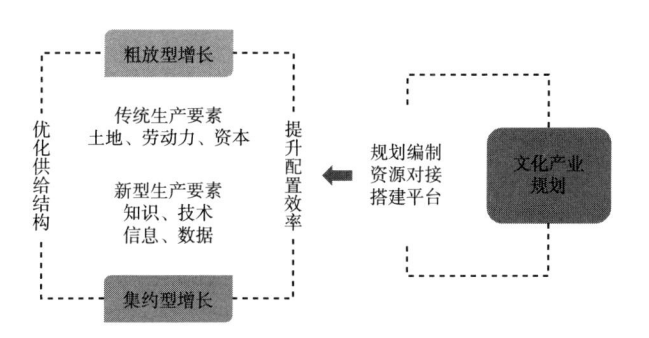

图 2-6-2　文化产业规划与产业要素资源导入

在服务产业发展过程中，诸多智库机构开始有意识地整合"政产学研金服用"要素，搭建形式多样的产业共同体和生态圈，以"共同体"

理念实现人才、资金、技术、信息等创新要素的高度整合，并通过产业规划为地方精准把脉要素资源短板，结合规划实施方案、年度计划，开展资源对接、搭建专业平台、组织专项活动、开展宣传推介等活动，促进知识、技术、信息、数据等新型生产要素的合理流动、有效集聚，充分发挥其放大社会生产力的乘数效应，大幅提高了规划的可落地性。

三 载体规划与运维的密切关联

在产业规划的中观和微观层面，"规划－设计－建设－运营－管理"的流程衔接问题最为突出，源于工程项目的 DBO（设计建设运营一体化）模式逐步应用于文化旅游产业领域（见图 2–6–3）。

图 2–6–3 文化产业载体"设计建设运营"一体化模式

DBO 模式围绕"后端"导入"前端"理念，通过规划设计、EPC 建造、产业运营、投资融资、代管培训等一体化链条托管模式，整合金融、投资、开发、运营及其他服务机构，将产业项目前期规划类服务与项目中期建设指导、项目建成后落地运营相结合。基于多数规划机构不具备运营能力，多数运营企业无法介入前期规划，因此通过开展全程联合服务，可以有效避免规划环节与后期运营脱节、与长期管理脱节的问题，有利于提高产业集聚区、功能区、园区等载体项目的运营质量和效益水平。

第三章 | 文化产业规划的体系角色

文化产业规划本身作为一种专项规划,是国家和地区规划体系中的有机组成部分,也是总体规划、空间规划在特定层面的细化和落实。因此,科学把握其在规划体系中的角色与职能,是提升文化产业规划效能的基本前提。

第一节 中国特色国家规划体系

黄征学(2019)认为,我国国家规划体系以发展规划(计划)为统领、以空间规划为基础、以区域规划和专项规划为支撑。自第六个五年计划(1981~1985年)起,我国指令性发展计划逐步向指导性发展规划转变,而"十一五"时期主体功能区规划的颁布标志着中国发展规划开始全面体系化的进程,[1] 我国规划体系随之初具雏形。2005年,《国务院关于加强国民经济和社会发展规划编制工作的若干意见》正式提出"三级三类"规划管理体系,2018年《中共中央 国务院关于统一规划体系更好发挥国家发展规划战略导向作用的意见》要求立足新形势新任务新要求,理顺国家发展规划和专

---

[1] 胡鞍钢、唐啸、鄢一龙:《中国发展规划体系:发展现状与改革创新》,《新疆师范大学学报》(哲学社会科学版)2017年第3期,第8页。

项规划、空间规划的相互关系。至此，中国特色国家规划体系趋于完善（见图3-1-1）。

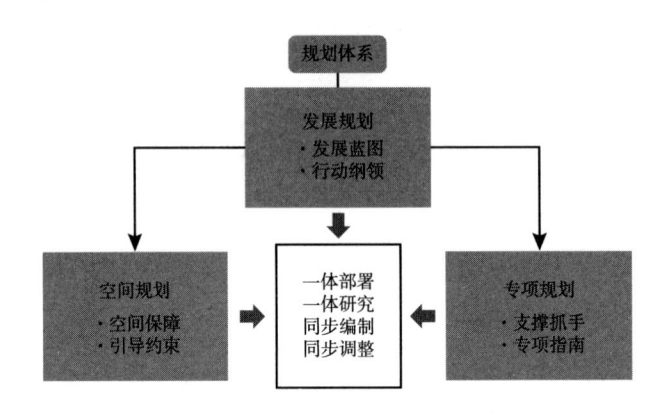

图3-1-1 中国特色国家规划体系

一 发展规划——统筹统领

发展规划通常亦称作总体规划，即国家、省市县各级国民经济和社会发展五年规划。胡鞍钢（2017）认为，我国各层级总体规划根据行政隶属关系呈现层层隶属的衔接关系。作为一种阶段性部署和安排，主要用于阐明发展战略意图、明确政府工作重点，是国家和地方经济社会的发展蓝图和行动纲领，也是政府履行经济调节、市场监管、社会管理、公共服务、生态环境保护职能的重要依据。

发展规划的主要内容包括：第一，现状评估。该部分内容是整个规划的逻辑起点和出发点，应全面回顾上一规划期经济社会发展状况，剖析存在的问题和短板，并结合国际国内形势预判发展环境。第二，总体要求。该部分通过贯彻该时期党和国家治国理政的基本方略、重要思想、发展战略，为整个规划提供思想、原则和目标引领，并围绕经济发展、资源环境、创新驱动、公共服务、人民生活等方面提出约束性指标和预期性指标。第三，重点任务。该部分是规划的核心篇章，以《山东省国民经济和社会发展第十三个五年规划纲要》为例，其规划任务包括了创新驱动、深化改革、扩大开放、优化结构、强化支撑、协调均衡、生态建设、文化传承、民生福祉等内容，全面系统地部署了经济社会各领域的重点工作。第四，保障措施。该部分涵盖为完成上述主要任务和发展目标而制定的组织领导、政策体系、人才队伍、落实督导等措施（见图3-1-2）。

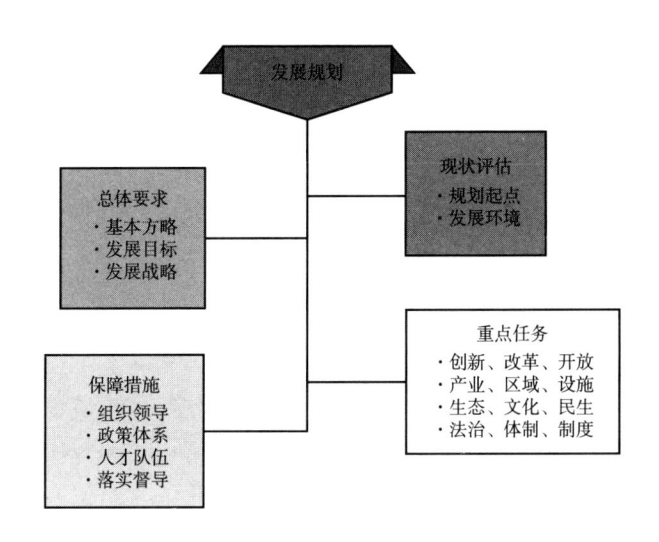

图3-1-2 发展规划常规内容

由于发展规划的期限一般为五年，规划编制前期的研究与准备工作必须严谨有序。特别是要基于前一规划期的评估结果，科学研判未来五年的周期特征、主题主线、阶段性任务及重大问题、重大项目，确保能对国家和地方经济、社会起到显著的统筹、引领、协调与推动作用。

二 空间规划——布局管控

空间规划在国家规划体系中承担着空间开发强度管控和边界划定职能，在满足城乡开发、生态保护、文物保护基础上，通过统筹协调各类空间管控手段，为发展规划和专项规划提供空间保障和引导约束。吴顺民（2020）认为，应通过研究并把握空间变化发展的运行规律，引导国土资源的开发、利用、整治，按照科学的规律有序、可持续地发展。

我国空间规划与发展规划经历了从统一、分化、冲突走向融合的历史过程。其中在分化阶段，发展计划引领增长、城市规划协调生产生活空间、土地利用规划注重耕地保护，目标的差异导致发展计划和空间性规划的演进路径逐渐分离，慢慢发展成并行的两大体系。[①] 后经多年冲突与融合并存的探索历程，中共中央、国务院于2019年发布实施《关于建立国土空间规划体系并监督实施的若干意见》，明确提出要建立国土空间规划体系并监督实施，将主体功能区规划、土地利用规划、城乡规划等空间规划融合为统一的国土空间规划，标志着我国各类空间规划将逐步实现边界更清、定位更明、融合更深。

当前，我国国土空间规划分为总体规划、相关专项规划和详细规划。其中公共文化服务设施、文物保护等涉及空间落位的专项规划受总体规划约束，并在市县及以下详细规划中加以明确布局。另外，文化及相关产业的发展空间主要按以下方式加以布局：在城镇开发边界内的产业载体建设，实行"详细规划＋规划许可"的管制方式；在城镇开发边界外的建设，按照主导用途分区，实行"详细规划＋规划许可"和"约束指标＋分区准入"的管制方式。[②] 对以国家公园为主体的自然保护地、重要海域和海岛、重要水源地、文物等实行特殊保护制度。

伴随我国国土空间规划体制的改革，相关空间规划技术标准及平台系统也将持续更新，各级各类国土空间规划编制办法和技术规程逐步明确，未来与文化发展相关的各类空间管控要素将实现精准落地，并逐步

---

① 黄征学：《国家规划体系的演进历程与融合对策》，《改革》2020年第4期，第65页。
② 朱蕾：《发达国家国土空间用途管制比较及对我国的借鉴》，《上海国土资源》2019年第4期，第47页。

融入国土空间规划"一张图"中，政府部门之间的规划数据共享及政府与社会之间的信息交互将稳步扩容（见图3-1-3）。

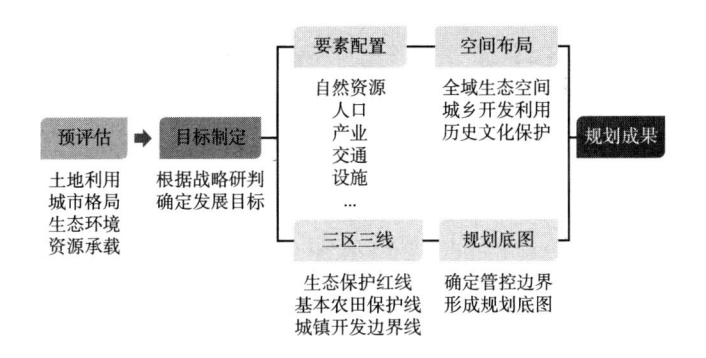

图3-1-3 国土空间规划编制流程

三 专项规划——支撑抓手

专项规划属于国家法定编制目录的一种重要规划类型，其主要面向国民经济和社会发展重点领域且需要政府发挥作用的市场失灵领域。胡鞍钢（2017）认为，专项规划是总体规划在特定领域的延伸、细化和具体体现。基于国家和区域重大项目、重点工程、专项政策和重大事项等内容具有显著的动态属性，因此专项规划成为指导特定领域发展、布局重大工程项目、合理配置公共资源、引导社会资本投向、制定相关政策的重要依据。

以国家级专项规划为例，《"十二五"国家级专项规划汇编（第一辑）》收录了国务院批准实施的42个涉及"十二五"时期的国家级专项规划，包括农业农村、产业发展、基础设施、资源环境、科技教育、社会发展等领域。《"十三五"国家级专项规划汇编》共收录了61个专项规划。其中，16个重点专项规划由国务院确定并印发，是国家"十三五"规划纲要实施的重要抓手与支撑，对于贯彻落实新发展理念、促进关键领域发展、破解重点难点问题具有重要意义；45个其他专项规划，主要涉及科技创新、农业农村、产业体系、基础设施、生态环境、民生保障等，是相关领域的重要规划（见表3-1-1）。

表3-1-1 "十三五"国家级专项规划汇编

类型	内容
重点专项规划	《"十三五"国家科技创新规划》 《全国农业现代化规划（2016～2020年）》 《"十三五"脱贫攻坚规划》 《"十三五"生态环境保护规划》 《"十三五"国家战略性新兴产业发展规划》 《"十三五"旅游业发展规划》 《"十三五"国家信息化规划》 《"十三五"卫生与健康规划》 《"十三五"促进民族地区和人口较少民族发展规划》 《"十三五"国家知识产权保护和运用规划》 《"十三五"市场监管规划》 《"十三五"推进基本公共服务均等化规划》 《"十三五"促进就业规划》 《"十三五"现代综合交通运输体系发展规划》 《国家"十三五"时期文化发展改革规划纲要》 《"十三五"国家老龄事业发展和养老体系建设规划》
其他专项规划	《国家重大科技基础设施建设"十三五"规划》等科技创新类 《全国农村经济发展"十三五"规划》等农业农村类 《信息化和工业化融合发展规划（2016～2020年）》等特色产业类 《全国城市市政基础设施建设"十三五"规划》等基础设施类 《节水型社会建设"十三五"规划》等生态环境类 《全民健身计划（2016～2020年）》等民生保障类

专项规划与其他规划的关系主要表现在，其所规划、策划的重大工程或项目应受同位发展规划的指导，同时重大工程或项目的选址和建设要受同级别国土空间规划的约束。因此，各类专项规划的编制应与本地区发展规划同步部署、同步研究、同步编制、同步调整，将发展规划在特定领域提出的重点任务细化分解为具体的指标、时间表和路线图。在具体操作中，专项规划草案应由责任部门主动与本级发展与改革部门出台的总体规划相衔接，与上级政府责任部门出台的专项规划相衔接，同时还应与本规划所涉及的其他领域规划主管部门相协调。

第二节 文化产业规划与发展规划

一 发展规划的纲领与导向地位

在各级国民经济和社会发展规划中，文化相关领域一般与精神文明建设一体布局。例如在《山东省国民经济和社会发展第十三个五年规划纲要》中，第十篇"传承发展　创建文化高地"涵盖"提高全民道德素质、弘扬优秀传统文化、大力发展文化事业、繁荣发展文化产业"等四部分内容（见图3-2-1），对全省文化及相关领域的发展起到纲领和导向作用。

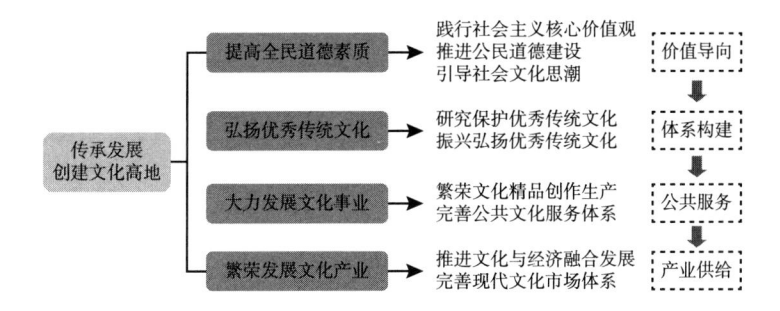

图3-2-1　《山东省国民经济和社会发展第十三个五年规划纲要》中文化相关内容

第一，在价值导向层面，该规划明确提出通过践行社会主义核心价值观、推进公民道德建设、引导社会文化思潮，加强社会主义精神文明建设，积极开展理想信念教育，推动中国梦更加深入人心，在全社会形成共同的价值追求，加快建设现代文明社会。第二，在体系构建层面，山东省作为中华文化的重要发祥地，担负着传承发展、再造辉煌的重要责任和特殊使命，应该在弘扬优秀传统文化、建设社会主义核心价值体系方面走在前列，因此明确提出要构建优秀传统文化研究阐发、普及教育、保护传承、实践养成、传播交流体系。第三，在公共服务层面，致力于通过繁荣文化精品创作生产、完善公共文化服务体系，推动基本公共服务标准化、均等化发展，不断满足人民群众日益增长的精神文化需求。第四，在产业供给层面，提出坚持规模化、集约化、专业化的方向，加快文化产业转型升级，实施"互联网+文化产业""金种子"行动计划，优化文化产业结构，壮大文化产业规模，深化文化体制改革，完善现代文化市场体系，进一步增强文化发展活力。

在明确上述内容的基础上，该规划通过专栏形式提出相关领域的重点工程，作为规划落地执行的重要载体（见表3-2-1）。

表3-2-1 《山东省国民经济和社会发展第十三个五年规划纲要》文化重点工程

专栏12　文化重点工程
文物遗产保护：曲阜片区儒家遗迹遗存传承展示工程，大汶口文化、龙山文化、东夷文化、齐文化、鲁文化和莒文化遗产保护工程，邾国故城遗址保护利用项目，海疆历史文化廊道建设工程，齐长城人文自然景观带建设工程，大运河历史文化长廊建设工程，胶济沿线近代工业遗产保护工程，文物安全天网工程，国家文物保护利用设施建设工程。
优秀传统文化传承创新：齐鲁文化大众化推广工程、尼山书院建设行动、乡村儒学和社区儒学推进计划、"乡村记忆"工程和历史文化展示工程、新乡贤文化建设、国家级非物质文化遗产保护利用设施建设工程、国家级省级非遗传承人抢救性计划、非遗传习基地建设计划、研究编制《山东省非物质文化遗产系列丛书》等。
园区平台建设：孔子学院总部体验基地、国家级干部政德教育基地、台儿庄古城非物质文化博览园、泰山中华优秀传统文化传承示范基地、中华书法博物馆、沂蒙红色旅游园区和群众路线教育基地、水浒文化产业园、山东文化创意设计中心、青岛万达东方影视基地、日照山海天旅游度假区、国家级广告创意产业园区（青岛、潍坊、烟台）、威海中韩文化旅游产业园、淄博齐都文化城和齐长城文化旅游创意园、孔子家乡文化贸易展、山东省文化产业博览交易会……

二　产业规划的下位承接与支撑

在上位和同位国民经济和社会发展规划的导向和指引下，各级产业主管部门将通过制定产业规划贯彻落实相关任务。在规划关系把握上，产业规划应当服从于本级总体规划和主体功能区规划，同时也应充分衔接上级同类型产业规划与同位其他专项规划。

同样以山东省为例，为贯彻落实《山东省国民经济和社会发展第十三个五年规划纲要》的有关部署，山东省文化厅出台《山东省文化厅"十三五"时期文化改革发展规划》，对全省"十三五"文化改革发展做出总体部署，并在细分行业、重点领域、载体建设等环节出台多项规划、方案和意见。同时，省人民政府办公厅、省新闻出版广电局、省发展和改革委员会先后出台相关专项规划，构成了全省文化产业发展规划体系（见表3-2-2）。

表3-2-2　山东省"十三五"时期出台的与文化产业相关文件

类　别	政策名称	发布时间
专项规划类	《山东省文化厅"十三五"时期文化改革发展规划》	2017.7
	《"十三五"时期山东省文化科技发展规划》	2018.3
	《山东省工艺美术行业"十三五"发展规划》	2016
	《山东省新闻出版广播影视业"十三五"发展规划》	2017.5
	《山东省"十三五"战略性新兴产业发展规划》	2017.3
	《山东省"十三五"服务业发展规划》	2017.4
意见方案类	《关于贯彻国发〔2015〕15号文件促进会展业改革发展的意见》	2016.1
	《山东省"互联网+文化产业"行动方案》	2016.2
	《山东省文化厅关于在全省开展"文化创意集市"建设实施方案》	2016.8
	《山东省文化领域供给侧结构性改革实施方案》	2017.7
	《山东省文化产业园区转型升级实施方案》	2018.1
	《山东省传承发展中华优秀传统文化工作方案》	2018.3

在《山东省文化厅"十三五"时期文化改革发展规划》中，通过部署"现代公共文化服务、优秀传统文化传承创新、现代文化产业和文化市场、齐鲁文化对外交流传播、文化服务保障"五大体系，全面承接了《山东省国民经济和社会发展第十三个五年规划纲要》关于"提高全民道德素质、弘扬优秀传统文化、大力发展文化事业、繁荣发展文化产业"的发展任务。通过规划任务分解，明确了艺术创作、公共文化服务、传

承弘扬优秀传统文化、非物质文化遗产保护传承、文化产业与现代文化市场体系、对外文化交流与文化贸易、文化科技创新、文化体制机制改革、文化人才队伍建设九大发展任务。同时，依托文化产业园区转型升级、文化消费促进、文化产业服务平台建设、数字文化产业发展、文化金融创新、文化科教融合等一批重点工程，确保规划的落地实施。

第三节　文化产业规划与空间规划

一　空间规划的前置影响与约束

产业布局作为空间规划的重要对象之一，其布局的合理性是衡量空间规划质量的重要指标。合理把握空间与产业间的关系，对于研究如何实现良性的产城互动和协调发展具有重要意义。

空间作为城乡发展的基本载体，其多元化、多维化特征将决定在此落位的产业生态及发展态势。因此，实施产业空间规划的基本前提是对区域空间特征进行合理评估，针对区位交通、地形地貌、生态环境、资源要素、用地类型、基础设施等内外部属性特征（见图3-3-1），实施目标产业的落地匹配分析和成长性预判，并基于动态发展诉求，实现产业空间的合理改造和高效利用。

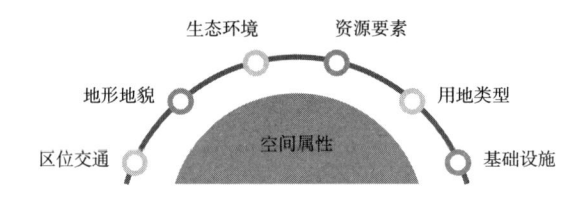

图3-3-1　影响产业规划的空间属性因素

作为产业规划的前置条件，区域空间基于内外部属性特征影响着产业发展方向、系统构建和载体落位。首先，某一区域所处的区位交通、地形地貌、生态环境、资源要素等条件，决定了该区域主导产业的布局方向和产业链的组构重心。以济南新旧动能转换先行区为例，该区文化产业规划的空间范围是济南市域的黄河以北部分区域，包括先行区直管区及济阳县的济北、济阳、回河街道及天桥区的桑梓店街道。济南新旧动能转换先行区区位优势显著，北接京津冀，南通长三角，处于京沪经济走廊的中心位置；交通网络成熟，东临遥墙国际机场，距离周边高铁站20分钟车程。坐拥黄河、小清河、大寺河、徒骇河、鹊山水库等水系资源，黄河"悬河"特色显著；鹊山、华山、药山等山地资源及众多林地、湿地资源富集，发展文化产业的优势显著。同时，鉴于该区在空间属性中存在一定的制约和影响因素，最终确定济南新旧动能转换先行区的文化定位为济南迈向黄河时代的文化寻根地、国家级黄河文化生态保护试验区，产业定位为省会城市群创意经济潜力增长极、环渤海地区开放型文化经济新高地（见表3-3-1）。

表3-3-1 济南新旧动能转换先行区文化产业发展的基础分析

优势	具有优良的生态基底，黄河、大寺河、水库、湿地及周围自然环境良好
	既定的商贸、智慧物流产业等项目布局与文化产业存在天然耦合性
	产业发展空间广阔，土地平坦，建设用地充裕，便于整体规划
	历史遗存丰富，民间记忆保留完整，有丰富的民俗活动
	城市阳台与黄河毗邻，更容易体现文化底蕴和对外开放的姿态
	政府主导的公建项目，具有先行先试特权，制度约束小
	黄河示范段文化资源富集、典型，适于作为黄河文化生态保护核心区
	省市级文化设施疏解意向确定
劣势	医教文体等公共服务设施短缺、覆盖面小，且质量不高
	乡村建筑、基础设施面貌较为脏乱，人口分散
	可利用设施少，公共配套服务设施不易统筹设置，90%需要重建
	启动区域文化产业基础薄弱，急需文化内涵填充提升
	历史遗存规模小，布局分散
	近期成型的项目分散，缺少联系
	黄河南北两岸人民心理认同有待增强
	公共文化设施启动运营阶段成本高，综合效益需待产业成熟后加以实现

续表

机遇	党的十九大提出坚定文化自信,实施中华优秀传统文化传承发展工程
	新一轮科技革命和产业变革孕育"四新"经济"弯道超车"机会
	国家重大战略的实施,有助于营造高端新兴产业发展的良好环境
	黄河文化所具备的区域影响力、国际影响力
	产业承载潜力大,是济南新智造、新服务等高端新兴产业发展的理想地
	济南打造会展名城、国际内陆港标杆,对会展、文化贸易的发展意义重大
	全国尚未有黄河主题文化生态保护区,主题具有唯一性
	济南中心城区人口需要疏解,市民文化和休闲生活进入新的升级节点
	中职教育的集约办学趋势与高校的迁入
挑战	各个专项规划之间有可能出现空间落位冲突的问题
	济南缺乏更精致、更前卫的地域文化表达形式
	先行区与黄河南岸更具代表性的泉、湖、古城资源如何统筹利用
	文化企业招引与设施平台搭建的时序控制
	文化产业平台如何与四新、四化平台实现资源共享
	文化金融合作定位与市区CBD、汉峪金谷形成同质竞争
	先行区大规模村落拆迁易导致地方记忆中断

二 产业规划的要素布局与配置

产业空间规划的宗旨是解决产业在何处发展的问题,应基于有机生长的理念,制定既适宜产业发展又充分尊重现有用地条件的产业空间方案,既寻求当下高契合度的空间尺度和集散形态,又要为产业未来发展提供充足的冗余空间。

在产业空间规划的具体实施过程中,应首先对企业集聚度、项目承载力、用地体量、空间可达性、周边产业链等需求形成清晰认知(见图3-3-2),重点考虑对产业强链、补链具有突出作用的龙头企业和重大项目的空间落位。首先,在不影响生态环境和城市承载力的前提下满足产业基本空间需求;其次,要结合产业特色及区域综合环境,尽可能实现生产、生活、生态的有机统一。

同样以济南新旧动能转换先行区为例,由于先行区面临沿黄资源节约集约利用的问题,根据组团发展、错位协同、有序集聚、三态共生的

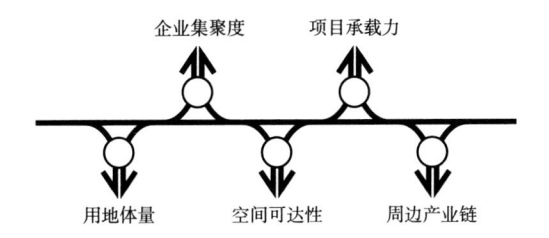

图 3-3-2　影响产业规划的要素布局因素

布局原则，充分衔接先行区国土空间、生态空间、城乡空间及三次产业空间布局体系，结合文化产业空间布局原则和发展规律，确定先行区文化产业空间布局为培育"文创+科创"新动能引领核，构建"一轴+一带"线状要素串联格局，统筹"两团+两翼"动能转换梯度协同，强化"小镇+田园"动能转换外围支撑，开拓科学合理、分工明确、特色突出、集聚效应凸显、产城高度协同的文化产业空间格局。

在具体片区规划中，位于先行区大桥组团的中心区和引爆区在总体规划中被定位为"创新动力极核、文化交往平台、公共服务走廊、生态建设高地"，为了促进组团内居住、产业、服务等主导功能空间功能的多元化，实现内部功能适度混合，增加用地属性的兼容性，允许兼容适当比例的其他用地功能，因此针对性布局了文化地标、文化总部、创意设计、智慧文博、数字内容、新媒体、信息服务七大功能板块，并配套落地一批产业先导平台和外围产业融合项目。

文化产业空间规划的衡量标准是经济层面的产出效率和社会层面的综合效益，因此如果产业在当前或以往空间利用状态下的产出率较低，则说明产业用地的规划不尽合理，这就需要在新的规划周期加以重新布局，其要点在于：第一，应结合空间内外部属性特征，寻找适合行政区划内各片区、功能区的主导产业种类。第二，重视产城融合趋势，根据产业业态与生活的密切程度，因地制宜推动产业与城市各功能单元的独立或融合，应合理把握两者的空间关系。第三，不同产业部门对地块体量、容积率甚至空间形态要求均不相同，在考虑产业布局和效益考核时应灵活处理相关事宜。第四，应用冗余空间理念，基于未来发展趋势实现一定体量的空间预留。

第四节　文化产业规划与专项规划

一　专项规划间的协同与衔接关系

因专项规划涉及的领域较为广泛，各规划间的协同与衔接关系较为复杂。在具体编制过程中，须围绕规划目标、重点任务、空间管控、开发边界、项目选址、配套政策等内容，实现"一对一""一对多"的衔接与协同。即专项规划的编制要基于行政权限和上下关系，规划内容要体现本领域特点和重点任务，发展目标应实现约束性和指导性的最大量化，在此基础上满足重点突出、布局合理、措施可行的要求（见图3-4-1）。

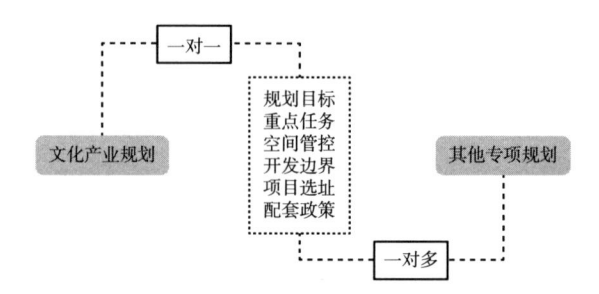

图3-4-1　文化产业专项规划间的协同与衔接关系

当前，伴随国家和省市各级对国土空间规划体系的愈加重视，"一盘棋"的国土空间规划对各类专项规划的指导约束作用也逐步凸显。首先，国土空间规划要统筹和综合平衡各相关专项领域的空间需求，即相关专项规划要遵循国土空间总体规划，不得违背总体规划强制性内容。如生态底线是国土空间规划及各类专项规划最重要的基础，生态红线一经确定，不仅要形成铁律加以保障，而且应细化各项指标，做到公开透明。其次，对于产业规划而言，要统筹发挥各类资源的最大潜能，应通过各类产业功能区的划定，推动产业与资源、设施的"点对点"对接，在产业布局和项目安排中避免重复建设、同质竞争。同时，产业布局原则亦应遵循生态红线和载体承载力的限定，如产业园区的落地建设应首先明确主体责任、功能定位，对资金投入、进驻企业、带动就业人数、规模产值等具体情况进行科学论证，合理评估产业承载能力和发展目标，为下一步扶持培育产业载体夯实基础。

二 产业规划的同位联动与对接

对于文化产业规划而言，需要联动和对接的专项规划分为内部、外部和交集领域三种类型（见表3-4-1）。

表3-4-1 与文化产业密切相关的专项规划类型

涉及领域	主要类型	专项规划
内部领域	文化事业	文化广电新闻出版、公共文化服务体系、文物保护等专项规划
	文化保护传承	文化生态保护区、文化传承示范区、文化经济带等专项规划
	具体行业	会展业、影视业、新媒体、创意设计业、工艺美术业等专项规划
外部领域	相关产业	现代服务业、战略性新兴产业、大数据与新一代信息技术产业、数字经济、智能制造产业、人工智能产业、服务外包产业、金融业等专项规划
	标准体系	知识产权保护和运用、基本公共服务均等化、标准化体系等专项规划
	产城一体	重大工程、新型智慧城市、数字城市、重点功能区、特色小镇及夜间经济等专项规划
交集领域	产业融合	文化旅游、文化科技等专项规划

（一）内部领域

在内部领域，文化产业专项规划主要涉及文化事业、文化保护传承、产业融合、具体行业等内容，基本覆盖文化及相关领域的各个方面。文化产业肩负着社会效益与经济效益相统一的特殊使命，因此文化产业专项规划首先必须与文化事业规划相统一、相融通，协同推进现代公共文化服务体系建设、文化惠民工程、文艺创作、广播影视监管及传播、新闻出版管理、文化遗产保护与利用等重点任务。其次，文化产业内部的具体行业间的衔接也日益紧密，会展、影视、动漫、新媒体、创意设计等行业之间呈现技术融合和跨界应用的趋势。最后，文化保护传承是发展地方特色文化产业的出发点和归宿点。在文化生态保护区、文化传承示范区、文化经济带等专项规划中，应结合重大项目、工程、事项和专项政策，加强文化产业与文化遗产保护、传统文化阐发展示、人文生态构建等重点任务的协同推进。

在国家当前的规划体系中，文物保护规划是目前唯一被明确要求列入国土空间规划体系中的文化相关规划，相信伴随文化发展工作的不断推进，文化领域规划的话语权将不断强化。

（二）外部领域

在外部领域，文化产业专项规划主要涉及相关产业、标准体系、产城一体等内容，这与文化产业的耦合性、延展性紧密相关。第一，文化产业规划与现代服务业、新兴产业、数字经济等相关产业规划的衔接度最为紧密，衔接关系通常包括上位和同位两种类型。一是上位衔接类型，如在现代服务业规划中，文化产业自身及其所辖诸多行业被纳入地区生产性服务业或生活性服务业。二是同位衔接类型，如在智能制造业规划中，提出推动以印刷、文具、乐器等传统文化用品生产企业优化生产流程和生产模式，培育以游乐游艺设备、可穿戴智能文化设备、家用视听设备等信息服务终端制造业等举措，同样是文化制造业的重点发展方向。第二，文化产业规划与行业标准、制度体系密切相关，其中行业标准化体系是地区发展文化产业的重要标尺，知识产权保护及利用法规制度是激发产业发展活力、构建现代文化市场体系的重要保障。第三，文化产业规划是编制地区重大工程、重点功能区、特色小镇及智慧城市、数字城市、夜间经济等专项规划的重要内容，是构成地方产城一体化发展及文化软实力建设的精神动力。

（三）交集领域

在交集领域，文化与旅游、科技产业的融合专项规划也至关重要，产业融合加速了产业规划理念和内容的调整变化。

1. 文化旅游产业融合专项规划

在规划层面助推文旅深度融合的重点任务主要有以下几点。

第一，一体推进文旅供给侧结构性改革。一是加强文旅特色资源开发，加强文旅资源普查、梳理、挖掘、提升特色文旅资源，推动文化资源宜游化保护性开发，促进文化资源向旅游资源的转化；加强旅游客源与文化资源相互对接，实现文旅资源对接。二是丰富产品供给，以产品端为关键突破点，增加创意产品、体验产品、定制产品，加强技术革新和内涵转化，优化产品组合模式，提高产品供给品质、扩大供给范围。三是优化文旅供给环境，按照全域供给、立体供给、弹性供给理念，推动文旅公共服务体制、节假日制度、消费促进机制等的改革创新；加强对文旅融合精品示范项目的引导、扶持力度，满足市场个性化、多样化、品质化需求。

第二，统筹推进文化旅游六大层面融合。在理念层面，树立以文促旅、以旅彰文、和合共生的发展导向；在职能层面，推进政策、法规、资源、平台、工程、项目、活动等的融合；在产业层面，促进业态融合、产品融合，推进行业标准体系、空间载体平台管控运营的融合；在市场层面，促进市场主体融合、监管融合，统一完善服务质量评价体系和消费引导与反馈体系；在服务层面，统筹公共服务设施建设管理、机构功能设置、资源配置；在交流层面，加强渠道和载体整合，推动文明交流互鉴、传播先进文化。

第三，加强文旅融合顶层设计与科学管理。推动各级政府以"十四五"为契机，提前开展相关研究，谋划融合发展新思路，出台促进文旅融合发展的相关规划和针对性政策，完善文化和旅游领域政策、法规、规划、标准的清理、对接、修订等工作。加强产业融合指标体系建设、数据监测与动态反馈，引导各地建立符合本地区资源特质和产业实际的融合发展指标和评估体系，制定文旅融合发展数据统计和绩效评估办法；依托智慧文旅服务系统，构建区域性文化和旅游大数据平台，丰富文化旅游统计数据，为优化文旅产品服务、加强市场管理提供依据。

2. 文化科技产业融合专项规划

在规划层面助推文化科技融合的重点环节有：第一，文化演变中的科技场景。重点研究新科技带来的人类行为文化、认知文化、社交文化和商业文明的深刻变革，其中包括社会诚信体系的重构及二次元、泛娱乐等各种业态，虚拟世界、人工智能等在重构中出现的现实与虚拟、主体与客体、自我与他者的新逻辑和新框架。第二，科技创新中的文化叙事。重点研究文化科技企业如何在产品中注入生动的故事，在企业生产力层面植入文化的力量，实现企业科技研发与文化 IP 的联动打造，引发消费者的情感共鸣，提升文化科技企业品牌价值。第三，文化供需中的科技裂变。重点研究科技为文化生产、传播、营销、消费等各个环节带来的颠覆性变化，从而形成新兴的公共文化服务模式和创新的文化创意产业业态。

因此，结合未来文化产业科技创新能力的提升趋势，文化产业规划应重点关注以下趋势。

一是传播人格化及智能化。传播领域的智媒时代，科技将打破传统媒体的桎梏，实现完全智能化内容创作、跨媒体语义理解和多媒体内容精细编辑，通过大数据分析精准地向用户推荐文化内容，适时调整传播模式和策略，提升用户服务体验。科技在网络新闻、文学等图文内容的创作与编辑方面将广泛应用，如将 AI 应用于新闻报道，根据主题主动从互联网采集内容数据，对内容数据进行自动化的鉴定、审核与筛选，智能分类聚合。对应用数字化交付手段所产生的数据进行智能化分析，持续优化媒体服务模式，为用户带来更多价值。利用人工智能算法实时监测文化内容传播路径，实时调整传播策略以及内容生产策略，形成从传播监控到内容生产的闭环。

二是泛娱乐化及体验盛宴。5G时代，文化产业要顺应形势并借力信息革命成果，在运用新技术、培育新业态、拓展新模式上实现突破，将科技成果渗透到文化创作、生产、传播和消费的各个环节，不断丰富文化、娱乐表现形式。泛娱乐是基于IP多领域衍生出的经济形态，覆盖各种文化、娱乐等领域，泛娱乐产业核心是基于数字技术、移动互联网等带来的数字内容跨媒体传播，使IP内容的粉丝黏性、粉丝导流及文化版权的多产业链共生，使文化、娱乐消费者参与生产，并以BAT为代表的互联网巨头的社交、连接入口提供生态支撑。未来，企业将在构建体验经济生态上展开竞争，包括交互体验类文化产品生产、交互体验类硬件设备、交互体验类文化媒介、交互体验类创意服务、交互体验类装备制造等领域。虚拟现实、增强现实、全息成像、裸眼三维图形显示、交互娱乐引擎开发、互动影视等沉浸式技术发展、设备普及和内容创新发展，[①] 将继续打造下一代沉浸式移动文化体验，使视听感官交互体验全面升级，并向消费购物、教育等产业衍生，开启新一轮文化体验盛宴。

三是新内容生产管理革命。网络文化内容生产由UCG（用户生产内容）向PGC（专业生产内容）和PUGC（专业和用户共同生产内容）发展，未来互联网将向垂直纵深领域延伸，更加注重专业细分领域的内容生产和粉丝连接，将产生更多的PGC和PUGC的内容生产模式，专业化内容生产不仅满足浅层次的社交需要，也将更多满足自我价值实现和建立权威的需要。从管理营销领域来看，人工智能具备大数据存储能力和强大并行运算能力，通过对大数据的分析，可以提升信息存储能力、提高信息管理效率和快速追踪数据之间的相互联系，如利用人工智

---

① 蔡晓璐：《文化与科技走向深度融合》，《中国社会科学报》2018年4月20日。

能提出别有新意的博物馆藏品组合，使其进行机器学习和深度神经网络试验，将人工智能应用于馆内藏品的管理。在营销领域，智能化大数据分析技术可以帮助文化企业更有针对性地进行内容宣传，利用用户画像技术实现目标对象的分类并精准营销。

四是引领综合系统设计浪潮。聚焦工业、制造业的底层基础技术研发，夯实工业、制造业的底盘，同时要迅速发展创意设计，扭转工业设计领域的短板，工业设计的未来不再是功能设计，而是审美设计和人性设计的总和，这将是未来中国工业和制造业从代工走向中国创造和中国智造的关键。设计是真正能在技术与艺术之间架起的桥梁，能够引起用户痛点共鸣，并迅速占有市场，科技将真正推动设计美学在互联网时代崛起。技术引领下，创意设计服务不再是基于单个设计师的设计工作，而是各种设计工种协同作战、整合服务，成为新的基于共同目标的协同创意和设计服务标准化流程。

五是文化事业进入消费领域。随着文化消费的崛起，大众文化服务供给方式将进一步向文化消费和文化市场延伸。文化事业创新、优化要始终坚持心中有情怀、眼中有受众、胸中有匠心，在新格局和新趋势下，更强调体制、机制与技术的融合，强调满足大众文化的新需求，在5G时代，借助新技术带来的新机遇，研究新消费、新趋势，激发新供给。展览展示、文创产品设计、数字授权、公共教育等新兴模式推动文化资源不断进入文化消费圈层，文化事业与文化产业的界限将进一步打通，文化事业单位将为文化产业的发展注入更加丰富的内容素材和资源。

文化科技的发展将引领新一轮技术、产业投资机遇，在绿色低碳产业、高端装备制造、数字创意产业等方面有更加广阔的前景。引领新消费经济模式，带动文化消费产品结构升级、文化消费模式加速创新，在文化品质生活、科技互动体验、产品个性定制、模式便捷高效、方式绿色健康等方面做出更多贡献。不断加速文化服务基础设施升级，为文化等相关产业发展带来巨大机遇，通过5G、人工智能、工业互联网、物联网等新兴技术构建"新型基础设施建设"体系，支撑文化服务设施网络化、数字化、智能化升级发展，夯实文化产业发展基础。

"十四五"时期，文化科技领域将加快融合创新的发展步伐，在规划前置环节做好统筹引导，将有效发挥科技对文化产业传播、业态、管理、结构等各个方面的显著提升作用。

第四章 产业规划的分析工具

产业规划编制中常用的分析工具包括：以 SWOT、PEST、SLEPT 为代表的发展环境分析工具，以 SCP 分析模型、波特钻石理论为代表的经济产业分析工具，以波特价值链分析法、产业生命周期分析法为代表的发展战略分析工具。

第一节 发展环境分析工具

一 SWOT 分析法

(一) SWOT 分析法简述

SWOT（Strengths Weaknesses Opportunities Threats）分析法，又称态势分析法、优劣势分析法。其中，S 代表优势（Strengths）、W 代表劣势（Weaknesses）、O 代表机会（Opportunities）、T 代表威胁（Threats）。

SWOT 分析法基于对自身内部要素的优势和劣势、外部环境的机会和威胁等加以分析，建构 SWOT 分析矩阵，进一步列举出相关的优势因素、劣势因素以及可能存在的机会与威胁，然后系统地分析出对自身发展有着重要影响的优势因素、劣势因素，综合发展环境中的重要机会与威胁力量。通过发挥优势、降低劣势影响、最大限度借助外部机会、规避威胁等举措，从而得出结论，制定自身的发展战略。[①] SWOT 分析法能对所处发展情景、自身因素进行系统、全面的分析，已经广泛地被不同领域所应用。钮振德（2001）认为，在 SWOT 类方法分析过程中应引入理性化概念，使得 SWOT 类方法过程更加客观、更具有指导意义。

（二）SWOT 分析法在产业规划中的应用

SWOT 分析法已成为产业发展领域常用的分析工具之一，通过衡量产业当前所拥有的优势、劣势以及当前和未来面临的机会与威胁，合理制定产业发展战略与具体路径（见图 4-1-1）。

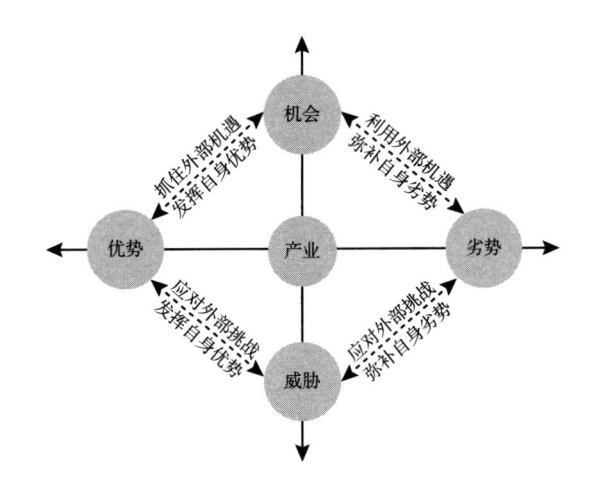

图 4-1-1 SWOT 分析法在产业规划中的应用逻辑

1. 优势（Strengths）分析

文化产业规划的优势分析重点围绕共通性和特殊性两类要素展开。共通性要素通常涵盖政策环境、科技基础；特殊性要素通常涵盖该地域的经济基础、区位地缘、生态基底、政策体系、文化资源、发展空间、消费能力等。在当前国家政策扶持、财政支持下，产业规划一片蓝图，文化产业发展前景向好，市场空间潜力巨大。并且，随着现代信息技术

[①] 袁牧、张晓光、杨明：《SWOT 分析在城市战略规划中的应用和创新》，《城市规划》2007 年第 4 期，第 54 页。

的快速发展，科技创新成为助力文化产业发展的重要动力。依托高端科技，战略性新兴产业不断完善，产业基础不断夯实。加之，中华文化源远流长，底蕴浓厚，文化资源优势凸显。

2. 劣势（Weaknesses）分析

文化产业规划的劣势主要聚焦于科技创新、法治建设、产业升级、人才培养等综合要素的分析。在具体分析中，优势与劣势常表现为此消彼长的关系，这就需要在制定产业发展策略之前，尽可能准确评估该地区发展某产业的优劣势因子和响应权重，从而评定对产业发展的综合影响程度。另外，对可能出现优劣势反转的因素应加以关注和分析。

3. 机会（Opportunities）分析

产业规划中的机会分析主要涉及产业本体机会与区域发展机会。其中，产业本体机会分析主要涵盖产业发展向好趋势、产业扶持政策、产业技术体系等，区域发展机会主要涵盖该地区有利于产业发展的经济、社会、文化、生态各领域条件或预期性事件。在具体分析中，二者亦存在要素叠加可能，如区域性政策机会、区域性资源机会等。

4. 威胁（Threats）分析

产业规划中的威胁分析主要涉及国际政治格局及经贸市场变化、国内或区域政策变更、产业资源破坏或流失、区域同质化竞争与市场保护、投融资环境变化等因素。虽然产业威胁因素与区域发展威胁因素存在交集，但也容易受到后者的不同程度影响。在具体分析中，应尽可能全面考量各威胁因素间的相互联系，同时评估在规划制定过程中可能对威胁因素产生的长期影响。

二　PEST 分析法

（一）PEST 分析法简述

PEST 分析法是对所处外部宏观环境分析的基本工具，指影响某事物发展的宏观力量，其通过对政治（Political）、经济（Economic）、社会（Social）、技术（Technology）四方面要素对其宏观环境进行分析把握。[①] 在分析文化产业规划与战略制定过程中，通常可以通过这四要素对当前我国文化产业所面临的现状进行分析。

(二) PEST 分析法在产业规划中的应用

PEST 分析法最初是针对企业战略发展提出的，但随着其理论工具的不断演化发展，逐步应用于产业分析与宏观评估，为分析产业发展环境提供了更为系统的思维方法，能够综合直观地了解当前产业发展形势，指导产业规划保持前瞻性与时效性，充分把握发展趋势（见图 4 – 1 – 2）。

PEST
- 政治
  - ◆ 社会制度
  - ◆ 政治体系、政党性质
  - ◆ 政策方针、法律法规
- 经济
  - ◆ 经济制度、经济结构、产业布局、经济水平
  - ◆ 收入水平、就业状况、消费倾向
  - ◆ 投融资、区域产业异质性
- 社会
  - ◆ 人口规模、种族、年龄结构、群体收入
  - ◆ 社会风气、地域文化、城市精神
  - ◆ 产业认知、公众积极性
- 技术
  - ◆ 新技术、新工艺
  - ◆ 新材料、新设备
  - ◆ 技术人才、技术平台

图 4 – 1 – 2　PEST 分析法在产业规划中的应用逻辑

1. 政治环境要素（Politics Factors）

政治环境涵盖一个国家的社会制度、政治体系、政党性质、政策方针以及相应法律法规等。不同国家有着不同的政治环境、社会性质，即使同一国家的不同阶段、不同时期其政治环境也在不断地呈现动态的发展变化。而国家政策法规对某一产业或行业发展具有调节、指导作用。这就要求在对文化产业进行规划的过程中，应置于时代性当中，把握当下国家政策发展趋向，借助有利的环境支持，进行基础分析与研判，推

[①] 熊勇清：《管理学 100 年》，湖南科学技术出版社，2013，第 243 ~ 245 页。

动文化产业规范可持续发展。

2. 经济环境要素（Economy Factors）

经济环境包括宏观与微观两个层面。宏观经济环境是指一个国家的经济制度、经济结构、产业布局、经济发展水平等。而微观经济环境主要是指一定区域内消费者收入水平、就业状况、消费倾向等指标。产业规划是文化产业发展中的关键一环，决定着未来文化产业的发展走向。而经济环境则决定和影响着文化产业规划战略的制定。当前经济全球化，产业间相互依存，更要求在产业规划这一环趋利避害、规避风险。

3. 社会环境要素（Society Factors）

社会环境主要由人口规模、种族、年龄结构、群体收入与社会风气、地域文化、城市精神、产业认知等诸多复杂元素构成，在社会成员中主要体现于价值观念、文化传统、民族特征、教育水平等。其中人口规模则直接关系一个国家或地区的市场产业容量。而年龄结构、消费结构、区域风俗等对文化产业的发展具有潜在的影响作用，影响着对文化产业未来前景的规划。

4. 技术环境要素（Technology Factors）

技术环境包括产业发展相关的新技术、新工艺、新材料、新设备以及技术人才、技术平台等要素。与产业发展相关的科技研发、成果转化与应用推广各环节之间是环环相扣、紧密连接的，最终通过影响产品形态、生产模式、服务理念，提升文化产业质量效益，如以5G、大数据为代表的新技术将对文化产业产生革命性的重大影响。与此同时，社会科学技术水平是构成技术环境的基本因素，也是衡量技术环境发展进程的重要指标。

三 SLEPT 分析法

（一）SLEPT 分析法简述

相对 PEST 分析法而言，SLEPT 分析法是从宏观角度切入，并且分析角度更为全面细化。SLEPT 分析法是通过对社会（Social）、政治（Political）、经济（Economic）、法律（Legal）、技术（Technology）这五大要素进行整合分析，以达到对外部宏观环境一定程度的认知，是作为战略分析中的重要工具之一。①

借助社会、政治、经济、法律、技术这五要素可以对我国文化产业的宏观层面有一个清晰系统的认识，有助于建立起关于我国文化产业的 SLEPT 分析框架，明确我国文化产业目前发展面临的机遇与挑战因素，从而把握宏观动态趋势，对文化产业规划、战略制定具有深远意义。

（二）SLEPT 分析法在产业规划中的应用

SLEPT 分析法是 PEST 分析法的一种扩展演化形式，均是从外部宏观环境对社会（Social）、政治（Political）、经济（Economic）、技术（Technology）进行系统分析、宏观的把握，在此对于这四要素对文化产业的分析不再过多赘述。但与 PEST 分析法不同，SLEPT 分析法从宏观层面将法律（Legal）要素单独列出作为一大要素，可见法律要素（Legal）的重要地位不可忽略（见图 4-1-3）。

我国是社会主义民主法治国家，坚持依法治国，其法律理念和价值与文化产业是相契合的。这也为我国进一步制定文化产业发展战略、发展文化产业生态打下了坚实的法理基础。我国文化产业是追求社会效益和经济效益"双效"统一的典型产业，也是市场风险和政策风险"双高"一体的典型产业，且目前处在起步发展的初级阶段，产业发展中难以避免地会出现市场失灵状况和市场不能解决的问题，致使我国文化产业的发展缺乏有力的法律保障，成为制约文化产业发展的一大影响因素。

自 2016 年国家《公共文化服务保障法》出台后，2019 年 6 月 28

---

① 马海群、汪宏帅：《我国政府开放数据战略的 SLEPT 分析及战略部署》，《情报科学》2016 年第 3 期，第 4~5 页。

社会 Social
政治 Political
经济 Economic
技术 Technology
法律 Legal

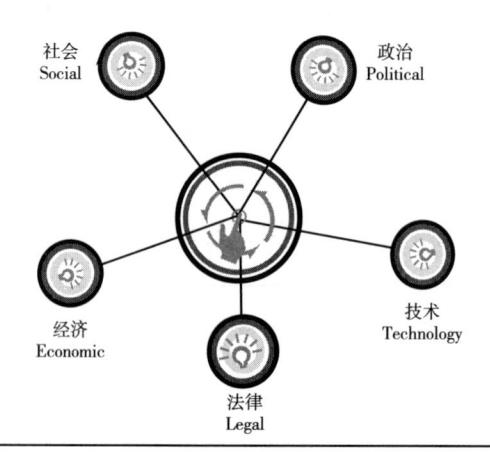

出版类、演出市场管理类、广播影视类、文化娱乐与休闲服务类、网络文化市场管理类、广告类、知识产权类、文物保护类等法律法规

图 4-1-3　SLEPT 分析法在产业规划中的应用逻辑

日《文化产业促进法（草案征求意见稿）》面向全社会公开征求意见成为业界关注焦点。这标志着我国文化产业领域有一部基础性法律即将诞生。《文化产业促进法》是国家层面出台的文化产业领域的纲领性文件，彰显了国家对文化产业的重视和认可；立足"促进"，一是坚持文化政策和产业政策的双重取向，二是注重充分发挥市场作用和更好发挥政府作用。该法的出台将极大地弥补现有法律体系中关于文化法的空白，它明确了地方政府开展文化基础设施建设方面的义务，让更好的公共文化服务惠及民众。

第二节　经济产业分析工具

一　SCP 分析模型

（一）SCP 分析模型简述

20 世纪 30 年代，由美国哈佛大学产业经济学家谢勒（Scherer）、贝恩（Bain）等教授共同提出了著名的 SCP（structure-conduct-performance，即结构-行为-绩效）模型。SCP 模型概念具体指市场整体结构决定了企业或者行业在市场中的行为，而企业或者行业行为又决定了在市场运作中各个环节的经济成效。[①] 贝恩强调，不同产业都有各自的规模经济要求，从而呈现市场结构特征差异。并且市场竞争与规模经济之间的关系直接影响到产业集聚程度，而产业集聚发展到一定程度形成垄断，则会进入壁垒让超额利润常态化。

赵民（2000）认为，如果行业面临剧烈的外部冲击，或业内即将发生足以引起竞争结构改变的重大变化，这就需要引入"SCP 模型"，对企业经营环境进行动态分析，以便准确地把握业界走势，制定适宜的发展战略。该模型作为现代产业经济学分析工具，可以从宏观整体系统地把握市场结构（Structure）、市场行为（Conduct）、市场绩效（Performance）。

（二）SCP 分析模型在产业规划中的应用

文化产业本身结构复杂，内部诸要素相互交叉不易区分，且目前处于新兴发展阶段，产业关联以及产业内部尚不稳定。借助 SCP 分析模型，充分利用产业组织理论分析文化产业的企业竞争与市场效率。该模型认为，产业结构决定了产业间的竞争，同时也决定了企业个体的策略行为及战略规划，最终决定了企业绩效。通过对市场行为、市场绩效以及市场结构三要素进行测量分析，从而总结提出产业组织发展政策，更好服务产业规划（见图 4-2-1）。

1. 市场结构（Structure）

主要是指外部中观环境的发展变化对文化产业可能产生的影响，包括行业间竞争的变化、产业消费需求导向的变化、营销模式的变化等。衡量我国文化产业市场结构的指标一般有产业地域与相关行业集中度、

---

① 李晓鹏、张国彪：《中国的产业规划》，中国发展出版社，2018，第 96 页。

文化产品结构，前者在一定程度上表明产业发展的规模和集聚程度，是决定产业结构的重要方面，后者体现了传统与新兴文化产品的比重。

2. 市场行为（Conduct）

主要是指企业个体针对市场环境的冲击和产业结构的变化，采取的可能的应对措施，包括企业对相关业务板块的整合、运营模式的转变、管理方式的革新等一系列调整。我国文化产业的市场行为可以归纳为文化生产社会化协作水平、文化推广的理念与模式以及文化消费三个层次的演化发展。

3. 经营绩效（Performance）

主要是指在文化产业的市场结构、市场行为等外部环境不断演化发展的情况下，企业也随之在市场占比、生产成本、经营效益等方面的变化趋势。文化产业的市场效益一定程度上反映了某一阶段文化产业市场结构与市场行为条件下企业运作的成效，折射出市场竞争状态。企业盈利也成为定量地反映经营绩效的有效指标。

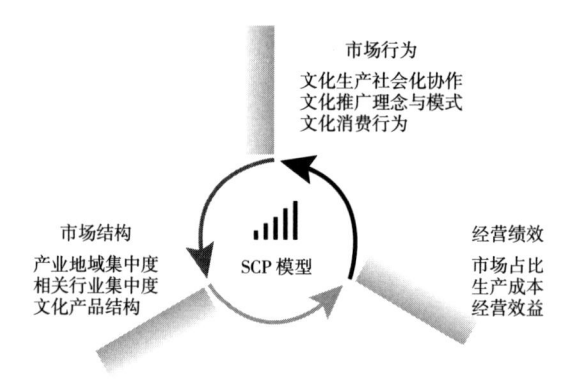

图 4-2-1　SCP 分析法在产业规划中的应用逻辑

二　波特钻石理论

（一）波特钻石模型简述

美国产业竞争研究专家迈克尔·波特（Michael Porter）于 20 世纪 90 年代初在"五力分析模型"的基础上研究出用于分析产业国际竞争

力的框架与方法——波特钻石模型（PMD）。该理论模型认为，衡量一个国家的某一产业是否具备国际竞争力，主要受到生产要素、需求条件、相关及支持性产业、企业策略、政府行为、机遇等六大要素影响，其中生产要素、需求条件、相关及支持性产业、企业战略四大要素对产业国际竞争力的影响起决定性作用。[①] 曹鹤（2012）认为，波特钻石模型是获得产业竞争优势的基本理论，且得到了广泛的应用。

（二）波特钻石模型在产业规划中的应用分析

波特钻石模型的一级指标为生产要素、需求条件、相关和支持性产业以及企业战略（见图4-2-2）。下设二级指标分别为公共文化资源、人力资源、资本资源、基础设施资源，人均收入、消费行为，产业环境、旅游业、教育业、金融业，企业素质。三级指标包括企业市场融资、文化场馆数艺术团数、产业从业人员占比、每百人拥有藏书量，城市居民人均收入与人均文化消费支出，第三产业增加值、旅游收入、每万人拥有高校学生数、金融服务业增加值，企业数量、规模以上企业数量。

主要从生产要素、需求条件、相关和支持性产业、企业战略四大决定性要素分析区域文化产业竞争力，继而分解出三级指标，从而确立文化产业竞争力指标体系，与相关文化政策形成映射关系。

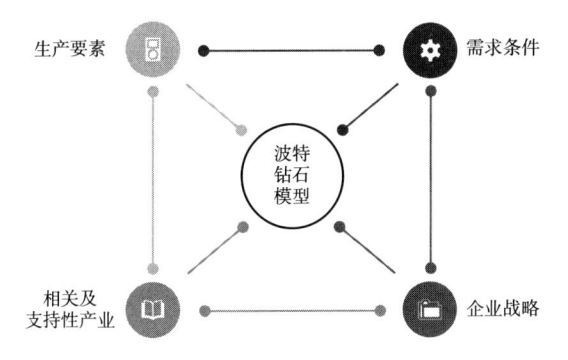

图4-2-2 波特钻石模型在产业规划中的应用逻辑

[①] 〔美〕迈克尔·波特：《国家竞争优势》，李明轩、邱如美译，华夏出版社，2002，第65页。

1. 生产要素

波特认为，产业竞争最关键的要素是生产要素。特定产业若想确立长久竞争优势，发展专业生产要素与高级生产要素是必不可少的。一个国家在某产业竞争过程中进行物质生产所需的一切资料供给与环境资源称为生产要素，而文化产业的供给涵盖了多元文化企业向社会大众提供的文化服务与产品总和。其中，资本资源、人力资源、天然资源、基础设施等成为影响文化产业供给的主要资源。我国当前在文化产业供给方面呈现文化精品不足、低端输出过剩现象。供给的偏差成为制约产业发展的重要因素，其原因之一在于文化资本存量不足，高素质人才培育有待提升。

2. 需求条件

市场需求成为拉动文化产业发展的第一动力，国内需求是影响产业竞争力的重要因素。社会大众对文化产业提供的文化服务与产品需求度称为文化产业的需求条件。社会经济的发展，人均 GDP 的提升以及文化消费行为的增加等一系列生产消费关系是文化产业发展的最直接因素。而目前我国文化产业表现为消费不充分以及消费能力外流倾向。

3. 相关及支持性产业

通常是指为该产业提供支持、与该产业相关联的其他产业形成互补关系的产业，例如该产业的上下环节。相关及支持性产业与产业本身是休戚与共的，波特的理论研究也再次印证了产业集群现象不容忽视。对于文化产业竞争优势而言，一套完备而良好的产业链是文化产业持续长远发展的重要基石，相关及支持性产业的健全完善度则直接影响文化产业的竞争优势。当前"互联网＋"战略催生了多元数字文化新业态，正是科技的支持，文化与科技的创新融合，使得文化产业优势更为凸显，带动相关及支持性产业形成规模效益。

4. 企业战略

企业是产业构成的基本单元，是关系产业发展的基本元素。企业战略涵盖了企业的竞争环境、组织架构、管理运营模式、战略方案等，对企业的发展具有深远意义。企业目标的定位、战略方案的筛选都对企业战略实施产生重要影响。文化企业若想提升自身竞争优势，必须依据本国国情、产业环境、民族文化，结合自身组织架构、发展进程，规避风险系统，制定各种可行性战略，提升自身行业竞争力，推动文化功能效益，进而带动文化产业行业的竞争性。

第三节　发展战略分析工具

一　波特价值链分析法

(一) 波特价值链分析法简述

哈佛大学教授迈克尔·波特在1985年提出价值链（Value Chain）概念，认为每个企业个体都处于产业链的一环，企业要维持稳步上升，赢得竞争优势，不仅取决于企业内部价值链，更取决于整个产业的价值系统，即产业价值链（Industrial Value Chain）。这是一种产业经济学的概念，是特定企业同其供应商、销售商以及消费者之间价值链的联结。企业间的价值链关系，在产业链以及企业竞争中所涉及的一系列经济利益生产活动，通过价值层面的剖析研究，称为产业价值链（Industrial Value Chain）。[1]

无论何种产业都要具备完整的价值链，而形成一个完备的产业价值链则包含原料加工、中间生产、成品包装、产品宣传、产品销售再到服务等多个环节组合，实现产品的供给、销售、服务的功能价值，由点及线，保证产业价值链过程中的信息流、物流、资金流、人流的渠道畅通，达到一种动态的协调平衡状态，最终实现有序互动、互补共赢。产

---

[1] 蓝庆新：《区域产业规划方法与案例研究》，知识产权出版社，2011，第100～103页。

业价值链具有鲜明的整体性，关联度较高，每个环节都具有不可替代性，因而一旦产业价值链某一环节出现问题，则会影响整个产业价值链的良性循环。在当今全球化趋势下，产业价值链应重点分析其全球价值链中的协作效应优势，深入分析其产业价值链各环节的战略布局。

（二）波特价值链在文化产业规划中的具体应用

在进行文化产业规划中，运用波特产业价值链理论，就文化产业的价值产业链角度进行分析，以建链、强链、补链、延链为导向，引导各环节提升产业附加值，发展构建以价值链为驱动，以创新、产品为主导，以人才、政策为支撑的文化产业链，指导其结构链、组织链、价值链、人才链等所集成的文化产业生态链布局，以求产业的上中下游顺畅协作，形成链式效应与集群效应（见图4-3-1）。

图4-3-1 波特价值链在产业规划中的应用逻辑

价值链经历生产－商品－价值的流变，每个环节都在赋予其价值，呈现价值形态的轨迹，并且对于价值的动态变化也从企业内部的产业链放眼于全球生产体系。市场、技术、产品等价值模块与业务、研发、服务等空间拓展具有一定协同性，即通过一系列活动整合、有机加工，将文化产业中关键资源嵌入产业价值生态链的潜力环节，强化产业链间的衔接互补，实现产业生态链的共赢格局。

文化产业链的成长由政策、技术、需求、投资等外生动力以及产业内、企业间的竞争与合作等多种形式的内生动力共同作用发展而来。这与全球价值产业链的分工与转型升级路径不尽相同，全球价值产业链的细化分工推动产业效能优化升级，进程中知识外溢与竞争环境的改善带动了文化产业的创新发展。并且通过产业价值链视角分析，文化产业链集点、线、面研究于一体的多元互动，始终围绕价值创造、传递、创新全过程，以确定产业关键环节与核心竞争力，从而促进产业成长与价值链拓展与优化。

二 产业生命周期分析法

(一) 产业生命周期概述

产业生命周期理论（Industry Life Cycle）由产品生命周期概念发展而来。1982 年 Gort 和 Klepper 通过对 46 种产品进行了长达 73 年的时间序列数据分析，提出了第一个具有产业经济学意义的 G-K 产业生命周期模型，标志着产业生命周期理论的诞生。G-K 产业生命周期模型主要指任何产业都会经历由成长到衰退的演变过程，从产业新兴到退出参与社会经济活动的全过程所历经的时间，一般划分为初创阶段、成长阶段、成熟阶段以及衰退阶段四个周期。[①]

该理论强调产业生命周期的不同阶段对创新来源与创新特征的影响。就产业发展路径研究而言，整个产业的竞争过程，企业控制成本，价格随之下降，并携创新产品、工艺进入市场，在产业间占据市场优势。这种由产品衍生出的相关产品，在达到一定市场占有率时，逐渐发展形成产业链。纵观产业生命周期研究，其本质是各产业依据在发展进程中竞争环境、经营效益以及产值等要素在不同阶段周期所呈现特征的识别。

(二) 产业生命周期理论在产业规划的具体应用

产业生命周期理论在产业规划中的应用逻辑如图 4 - 3 - 2 所示。

---

① Gort, Michael & Klepper, Steven, "Time Paths in the Diffusion of Product Innovations," Economic Journal 1982, 92 (367): 630 - 653.

1. 区域维度的产业生命周期

文化产业作为一种新兴的朝阳产业类型，其发展同样会经历产业生命周期的不同阶段。但由于文化产业自身的特殊性，其生命周期一般表现为初创形成期、迅速成长期、转型升级期、提质增效期。在文化产业规划过程中，生命周期理论常应用于区域发展与行业发展两种维度。

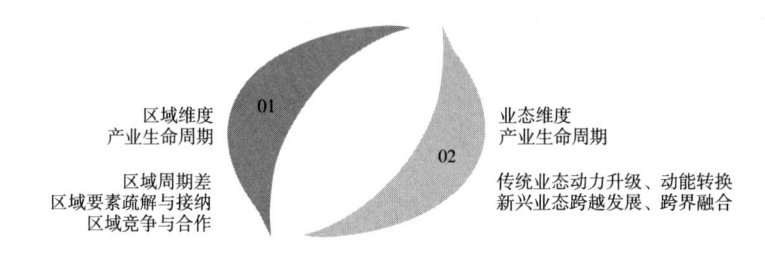

区域维度
产业生命周期
区域周期差
区域要素疏解与接纳
区域竞争与合作

01

02

业态维度
产业生命周期
传统业态动力升级、动能转换
新兴业态跨越发展、跨界融合

图 4-3-2　产业生命周期理论在产业规划中的应用逻辑

目前我国文化产业整体处于转型升级期、提质增效期，但就全国区域发展态势而言，仍呈现东强西弱的不平衡格局，即东西部产业处于不同的周期阶段。东部以长三角领跑，以东南、环渤海地区为代表的文化产业占据专业化程度高与空间集聚的绝对优势，已转向产业升级、动能转换与高质量发展，因此在该区域产业规划中，应进一步强化对文化生产服务质量和效率的追求，提高研发成果转化效率，优化完善文化产业创新生态系统。而中西部欠发达地区的文化产业发展速度较慢、规模质量不甚理想，在该区域规划中，应在厘清地方特色优势资源基础上，加快文化与旅游、农业、工业等特色产业融合，培育产业内生动力，依托内外部产业协同与市场开放，引聚资金、人才、技术等优质产业要素，进一步强链、补链。

2. 业态维度的产业生命周期

当前，我国文化产业正处于融合大发展时期，业态在总体上有了跨越式发展，行业发展进程也呈现不同阶段特征。一方面，传统文化业态呈现动力升级和动能转换的周期形态。亟须依托规划引导作用，将数字化、智能化、网络化概念与技术嵌入工艺美术、文化制造、印刷出版等传统业态,加快升级生产技术和设备系统,淘汰落后产能;顺应现代文化生活和审美需求,提高个性化、定制化产品供给能力。另一方面,新兴文化业态整体呈现跨越发展和跨界融合的周期形态。新闻信息服务、创意设计服务、文化投资运营、文化传播渠道、文化娱乐休闲服务等多种产业业态进入高速成长期,亦需通过科学的顶层设计,合理引导其进行内容创新、业态创新、模式创新,不断完善新兴业态服务链条,持续释放新型业态对文化产业体系的创新引领作用。

在我国经济进入增长提速换挡期、结构调整阵痛期、前期刺激政策消化期"三期叠加"的时代背景下,产业规划应充分把握产业生命周期理论,因地制宜加快推进文化产业从规模速度型粗放增长转向质量效率型集约增长。

第五章 文化消费市场分析与预测

编制文化产业规划的最终目的是更好地满足人们对文化的需求,引导区域内的文化产业产出的文化艺术产品和服务在数量、种类等方面与人们的文化艺术需求相匹配,所以预测消费者文化需求的种类、数量等各种测度,是文化产业规划制定的重要前置性工作,在经济学中,我们将文化消费的测量、影响因素等文化偏好称为"文化品位",文化消费市场分析及预测则是对文化品位形成与变化的深度探讨。

第一节 文化需求与文化消费

一 文化需求的含义及概述

李炎(2012)认为,特色文化产业发展适应不同区域的实际需求,是区域经济社会发展的重要支撑产业。我们可以根据文化需求的定义,明确文化需求的测量方法,由经济学的基本原理可以得出影响需求的各种要素,在经济学中影响需求的因素包括消费者的收入、消费者的偏好、自身及相关商品的价格、消费者对产品价格变化的预期等,但是文化需求还有着其特殊的影响因素。通常我们所说的文化需求是指市场形成的文化购买力,文化消费不仅可以通过市场购买力来实现,同时还具有其他的实现途径,使文化消费有着独特的特点和决定因素。

文化需求是指当其他条件都不变时，在一定的艺术文化产品价格下，消费者愿意购买并能够支付的艺术品和文化服务的数量。消费者形成对艺术文化产品及文化服务的需求需要具备两个条件，即消费者在主观上愿意消费艺术文化产品及服务、消费者在客观上具备这种消费的能力。

　　主观上的意愿就是对文化艺术品的偏好。文化消费者的偏好是影响文化需求的主要原因，在经济学上，一般假定消费者的偏好是既定的，不关注偏好的形成和变化，但是在文化产业研究中，把文化偏好作为主要研究的内容，因为文化偏好不仅影响文化产业的生产和需求，反过来，文化的生产和需求也影响了文化偏好，文化偏好在文化消费中处于不断变化的状态。客观上具有支付能力是指消费者的收入能够买得起艺术文化产品及服务。通常来说，消费者的收入有多种用途，除了满足生存需要之外，剩余的收入都可以供消费者满足享受和发展的需求，消费者计划用来购买艺术文化产品的收入足够充裕时，才能真正形成艺术文化的需求。

　　艺术文化需求是价格的函数。由一般消费者选择理论可知，假定艺术文化的消费者追求商品效用的最大化，且艺术文化产品和服务的边际效用递减，则在既定的购买支出和价格条件下，消费者能够唯一确定艺术文化产品和服务的需求量。在正常情况下，经济学中的需求定理是成立的，即艺术文化产品的价格越高，其消费者的需求越低。

二　文化消费的含义及概述

　　文化需求主要关注消费者在市场这一测度下的需求，基于文化产品的公共商品性质，尤其是随着现代信息技术和科技的不断发展，消费者可以不通过市场购买即可以购买并消费文化产品。范周（2011）认为，文化生产推动文化消费增长，而文化消费可推广到更大的范围以便造成新的需要。当消费者必须购买产品才能消费时，需求量和消费量通常是一致的。但是在文化产业领域，需求和消费在多数场合下是有区别的，需求主要指消费者的购买活动，消费主要指消费者的使用过程，消费未必是在购买之后进行，但是消费却是购买的动因。

1. 文化消费的概念和种类

在文化产业领域，文化消费主要是指人们为了满足自己的精神文化需求而采取各种方式（有偿或无偿）对文化产品及文化劳务的占有、欣赏、享受及使用的过程。文化产品及服务的文化价值能够满足消费者对精神文化的需求，消费者能够消费不同类型和数量的文化产品归于消费者对文化产品及服务蕴含的文化价值有不同的认可。广义的文化消费包含消费者的出席、观看、阅读、聆听、参加或者购买文化产品或服务。

根据消费对象的物理形态，可以将文化消费分为文化产品的消费和文化服务的消费。其中，文化产品的消费包括文化用品、书报、音像制品、电子信息的消费，工艺品消费和其他文化产品消费。文化服务消费的对象不具备物化形态，包括教育消费、网络消费、旅游消费、娱乐消费和其他文化服务消费。

按照对消费者欣赏能力的不同标准，将文化消费分为大众消费和高雅消费。大众文化产品容易被普通消费者所接受，对消费者的欣赏能力没有特别的要求，如流行音乐、现场娱乐等。拥有较高欣赏能力的消费者才能进行高雅艺术的消费，包括歌剧、古典音乐、爵士乐等。

2. 文化消费的特点

文化消费具有同普通商品不同的特点，主要有以下几个方面。

第一，文化价值是文化消费的主要影响因素。文化价值通过影响文化产品的价格，从而进一步影响文化消费。对于文化价值较大的文化产品及服务，消费者一般对价格因素具有极低的敏感性，从而产生较多的消费。比如名气较大的流行音乐歌手演唱会门票，即使价格较高，消费者也会愿意购买。

第二，休闲时间是文化艺术及服务的互补品。文化艺术品的消费是高度消耗时间的一种消费形式，拥有充裕的休闲时间是文化消费能否实现的重要互补品，这意味着，休闲时间的影响比价格的影响可能更大。对于一些高雅艺术，如歌剧、爵士乐、古典舞蹈等体验型文化消费一般需要较大的连续时间，同时闲暇时间和表演时间吻合。

第三，文化消费产品服务自身价格弹性较大。文化产品和服务具有与一般消费品不同的价格弹性特征。一般来说，不同文化产品的价格弹性也不尽相同，比如大众艺术和高雅艺术的自身价格弹性不同。对于大众文化来说，文化产品对不同消费者的较少歧视以及消费者对不同大众文化产品的较少歧视意味着替代品更容易获得，因此需求的自身价格弹性较大，需求曲线更加平滑。与普通商品相比，高雅文化产品的自身价格弹性较小。对于高雅艺术来讲，产品的质量特征是决定消费者消费决策的重要因素，可以预期已经进入市场的消费者的需求价格弹性较低，即艺术品的质量比价格更加重要。

第四，消费者偏好有动态变化及时间依赖性。消费者对文化产品的偏好会随着时间的改变而不断发生变化，即处于动态变化中。消费者偏好的变化受个人的经历、受教育的程度及其之前消费的文化产品数量等因素的影响，这种动态的变化一般没有规律性，具有时间依赖性的消费者取代了简单的无时间依赖性的效用最大化的消费者。文化的消费可以解释为一种过程，这种过程既是现实的满足，又是知识和经验的积累，这种积累导致未来进一步的消费。

第五，文化消费受多种因素交叉效应的影响。交叉效应即几种因素联合起来对消费量产生的影响，而其中单独的一种因素影响较小甚至没有影响。文化消费的产品和服务不是取决于一种因素，而是取决于诸多因素的交叉效应。比如消费者职业、收入、闲暇时间、受教育程度等因素的交叉效应。经济学家对这种观点也进行了专门的实证研究，一些早期的研究结果显示，和普通人相比，高雅艺术的观众具有更高的教育、更好的职业和更高的收入。

第二节 文化消费市场数据收集与分析

一 文化消费市场数据指标体系

建立文化消费市场数据指标体系首先应该分析影响文化消费的主要因素，文化消费影响因素分析是以消费行为学说为基础，通常在不同的消费学理论下，可以建立不同的消费市场数据指标体系。一些经典的观点，如凯恩斯认为，消费主要取决于收入这一主要因素；美国经济学家杜生贝认为，人们的消费支出除了受到收入的影响之外，还受到周围人群的消费行为和自身过往消费行为的影响；美国经济学家莫利安尼提出，现期消费不仅与现期收入有关，还与消费者以后的预期收入、资产情况、年龄大小等有关。综合各类文献得出，影响文化消费的主要因素有：居民收入、消费结构、文化及其他消费项目的价格、预期收入、医疗社保等制度的完善、居民资产存量、居民闲暇时间、爱好等。国内学界根据相关数据对未来趋势做出了系统研判。如姚刚（2008）认为，长期来看文化消费的比例将增加，文娱服务消费将主导文化消费的长期变化。

构建文化消费市场数据指标的目的是把握文化消费市场的现状和发展趋势，为文化产业规划中文化消费政策的制定提供依据，因此应全面考虑影响文化消费的因素，以满足文化政策制定者及相关文化消费信息使用者的实际需求，进而逐步完成文化消费市场数据指标体系的构建。

1. 文化消费内容指标的设计

我们可以参考美国劳动局《时间利用调查》以及中国统计局《2008 年时间利用调查资料汇编》对文化消费内容指标的设计（见表 5-2-1）。

表 5-2-1 文化消费内容指标的设计

大类	小类
教育培训类	正规教育活动
	与正规教育有关的活动
	业余学习与非正规教育
	参与与职业有关的专业培训和学习
	与就业活动相关的学习和培训
社会活动与志愿服务	宗教活动
	节庆活动
	社会志愿活动
娱乐休闲与社交活动	使用媒体活动
	体育锻炼与健身运动
	业余爱好、游戏和消遣活动
	外出参观、看电影和演出
	社交活动
	文化旅游

2. 文化消费市场数据统计指标的设计

文化消费市场数据统计指标的构建如下：明确文化消费市场数据统计的总指标即目标指标——建立层次结构——筛选指标——确定文化消费市场数据统计一级指标——设计文化消费市场数据统计二级指标——细化与筛选指标——设计文化消费市场数据统计三级指标——建立文化消费市场数据统计指标体系。

总指标是对文化消费市场数据统计进行的综合描述和整体反映。一级指标即文化消费市场数据统计总指标与系统影响要素之间的对应关系，包括文化消费环境、文化消费时间、文化消费水平、文化消费支出、文化消费群体、文化消费产品及文化消费服务 7 个一级指标。二级指标是为分析文化消费市场数据统计一级指标而与各构成要素之间建立的对应关系。三级指标则是对二级指标进行的解释说明和定量分析。

综上所述，文化消费市场数据统计指标体系涵盖范围广，可操作性强，易于量化分析，构建如表 5-2-2 所示指标体系，在文化产业规划编制中能够合理评价地域内文化消费市场现状，同时对拉动文化消费需求、引领文化消费方向也有一定的借鉴意义。

表 5-2-2 文化消费市场数据统计指标体系

总指标	一级指标	二级指标	三级指标
文化消费度	文化消费环境	文化产业地位	文化产业增加值
			文化产业比重
		经济发展水平	人均 GDP
			居民人均可支配收入
			居民人均消费
		文化消费环境支撑体系	文化消费政策数量
			文化消费政策数量增长率
	文化消费时间	文化消费时间占用	文化消费时间占用总量
			文化消费时间占有率
			人均文化消费时间占用量
		文化消费时间分配	文化消费内容时间分配结构比
			文化消费年龄时间分配结构比
			文化消费职业时间分配结构比
		文化消费时间利用质量	文化消费时间质量系数
	文化消费水平	文化消费质量	高雅艺术消费率
			高雅艺术与通俗艺术消费比
		文化消费成熟度	家庭收入文化消费率
			家庭收入文化消费增长率
	文化消费支出	文化消费支出量	文化消费支出总量
			文化消费支出增长量
			文化消费支出比例
			文化消费支出增长率
		文化消费结构	类别文化消费量
			文化消费支出结构比
		文化消费价格变动	文化消费平均价格
			文化消费价格指数
	文化消费群体	文化消费群体年龄结构	文化消费群体年龄构成
			文化消费群体年龄结构比
		文化消费群体职业结构	文化消费群体职业构成
			文化消费群体职业结构比
		文化消费群体学历结构	文化消费群体学历构成
			文化消费群体学历构成比

续表

总指标	一级指标	二级指标	三级指标
文化消费度	文化消费产品	文化消费耐用品	文化消费耐用品百户拥有量
			文化消费耐用品人均拥有量
		文化消费设施	文化消费设施满足率
			文化消费设施投资增长率与人口增长率的比率
	文化消费服务	文化消费服务业规模	文化消费服务从业人数
			文化消费服务从业人数比率
		文化消费服务设施分布	文化消费服务设施平均服务人数
			文化消费服务设施平均服务地域

资料来源：国凤兰、刘庆志：《文化消费统计指标体系的设计》，《统计与决策》2015年第8期。

二 文化消费数据采集与分析

（一）文化消费环境

1. 文化产业地位

文化产业的地位与文化消费息息相关，文化产业的不断发展能够促进文化消费的增加，文化消费需求的增加对文化产业的发展和提升具有显著影响，而文化产业的发展地位又是影响文化消费环境的重要因素之一，所以主要通过公开发布的文化产业增加值指标和文化产业比重指标进行数据的采集和统计。

2. 经济发展水平

人均GDP、居民人均可支配收入以及居民人均消费等是反映国家经济发展水平的主要指标。因上述指标均为国家统计的常用指标，所以在数据采集上，不需额外处理。

3. 文化消费环境支撑体系

对于特定区域来说，与文化产业发展有关的政策措施是促进文化消费的重要保障，而产业政策的完善程度，能够通过区域内政策的数量和增长率来统计。

(二) 文化消费时间

文化消费时间是衡量文化消费的重要因素，消费者对于消费时间的分配和利用存在较大差异，所以，对文化消费的统计能够反映文化消费所占用的时间。

1. 文化消费时间占用

文化消费时间的占用总量，即一定时期内居民文化消费占用时间的总和，它反映了文化消费物质基础与社会条件的相适应程度。"人均文化消费时间占用量指在一定时期内居民文化消费时间占用总量与人口数的比率，人均文化消费时间占用量增加能够反映社会的进步、生活水平及生活能力的提高。文化消费时间占用率指一定时期内居民文化消费时间总量占全部生活时间的比重，文化消费时间占用率的高低受社会经济和消费发展水平的影响。"[1] 在数据的采集上，这一指标可以表明社会经济的发展程度和社会对文化消费的认识程度。

2. 文化消费时间分配

某种类型的文化消费活动或群体占用时间与一定时期内居民全部的文化消费时间占用的比重被称作文化消费时间分配结构比。按照内容性质，文化消费活动主要包括业余学习、文体活动、娱乐、旅游、社交等。按照群体年龄结构又分为老年人、中年人和青年人。另外，还可以按照性别、文化程度、职业等进行分类。在数据的采集上，文化消费时间分配结构比可以按照内容、年龄和时间进行量性计算。时间分配的量化测量可优化文化消费的时间结构，这将有利于人们文化素质的提高，进而为文化产业规划决策提供可靠依据。

(三) 文化消费水平

1. 文化消费质量

消费质量代表区域内文化消费的层次性与成熟度，文化消费质量通

---

[1] 国凤兰、刘庆志：《文化消费统计指标体系的设计》，《统计与决策》2015年第8期，第36~40页。

常用高雅文化的消费率来衡量。"高雅文化消费率是一定时期内全部居民高雅文化消费的总量占全部文化消费总量的比率。"①

2. 文化消费成熟度

文化消费的成熟度即居民积极主动的消费意愿。反映文化消费成熟度的可量化指标主要有家庭收入文化消费率和家庭收入文化消费增长率。其中，家庭收入文化消费率指"一定时期内一个家庭的文化消费支出占家庭可支配收入的比例，能够很大程度地反映一个家庭对文化消费的参与程度。增长率指在一定时期内居民家庭文化消费增长额占同期家庭收入增长额的比率"②，稳定的增长率能够反映家庭对文化消费的常态程度和成熟程度。

（四）文化消费支出

1. 文化消费支出量

文化消费支出是文化消费活动得以实现的基本条件之一。文化消费货币量及其比例能够反映文化消费货币支出的构成状况，主要包括支出总量、支出比例以及增长量和增长率。"支出总量是指区域内居民文化消费支出的总金额，支出比例则是衡量文化消费的重要程度，它是区域内居民文化消费支出的总量占同期居民消费总量的比例。支出增长量反映了居民文化消费的发展趋势，它是区域内居民文化消费支出比上年支出量的增加额，增长率则反映了文化消费的增长比率。"③

2. 文化消费结构

反映文化消费结构的指标主要有类别文化消费量和文化消费支出结构比。在数据的采集上，应直观反映社会文化消费的类别需求状况，因此，亦

---

① 国凤兰、刘庆志：《文化消费统计指标体系的设计》，《统计与决策》2015 年第 8 期，第 36~40 页。
② 国凤兰、刘庆志：《文化消费统计指标体系的设计》，《统计与决策》2015 年第 8 期，第 36~40 页。
③ 国凤兰、刘庆志：《文化消费统计指标体系的设计》，《统计与决策》2015 年第 8 期，第 36~40 页。

分类计算精神需求文化消费支出和教育文化消费支出占全部文化消费支出的比重。而类别文化消费量是指各种类别文化消费货币支出的绝对量，能够反映文化消费类别支出的实际情况。支出结构比指每一类文化消费支出占全部文化消费的比重，它是反映社会风气和精神文明的重要指标。

3. 文化消费价格变动

文化消费价格变动包括文化消费平均价格和文化消费价格指数。在数据的采集上，平均价格指一定时期内市场单位文化消费产品和服务支付的货币。价格指数是反映文化市场价格动态的指标，它同居民消费价格指数编制方法相近，可通过收支调查等方式获得。

（五）文化消费群体

因年龄差异、受教育水平不同等多种因素，区域内的不同居民对文化消费有着不同的需求，而对于文化消费群体的统计，将成为文化消费普及、层次需求等方面的决策依据。在数据的采集上，应建立文化消费群体年龄构成、文化消费群体年龄结构比、文化消费群体职业构成及文化消费群体职业结构比等统计指标。

（六）文化消费产品

文化消费产品一般包括文化消费耐用品和文化消费设施。文化消费耐用品主要考查耐用品（如电视机、电脑、数码设备等）百户拥有量和人均拥有量，以上数据能够反映区域内居民文化消费水平情况，并能够反映居民文化消费供需平衡及趋势。文化消费设施（如业余学校、图书馆、美术馆、博物馆、游乐场、公园等）可以从文化消费设施满足程度及使用情况等方面反映，通过文化消费设施满足率、文化消费设施投资增长率与人口增长率的比率获得。满足率通过场地设施容量与人口比率计算，这是反映文化消费设施供给与需求平衡对人口增长需求的满足程度的重要指标。

（七）文化消费服务

对文化消费服务的考查，可以从文化消费服务业规模和服务设施分布情况入手。应注意对文化消费服务从业人数及从业人数比率、文化消费服务固定资产总值及增长率等数据的采集。而对设施分布状况信息的采集，可通过消费服务设施平均服务人数和平均服务地域等指标进行数据获取。

第三节　文化需求的预测理论与相关技术

一　文化需求变化的影响要素

除价格因素以外，影响消费者对艺术品需求的因素主要有以下几点。

1. 消费者的收入

消费者购买文化产品需要支出一定金额的货币，而收入正是消费支出的基础。各种商品的需求都受收入水平的影响，但是不同的商品受收入影响的程度不同。能够反映收入对需求影响的是消费函数，一种商品的消费函数是指在其他条件不变的情况下，消费者在各种收入水平标准上购买的这种商品的数量。马斯洛的需求层次理论表明，文化消费属于上层的享受型消费，文化消费只有在收入水平达到一定程度的时候才会发生，而且当收入水平提高时，对文化产品的消费数量也会增多。通常情况下，中等收入水平的家庭观看现场表演的次数比贫困家庭多，而家庭比较富裕的消费者观看现场表演的次数会更多。

2. 相关产品的价格

在经济学上，产品的需求与其他相关产品的价格有着密不可分的关系。在文化消费领域，文化产品和服务的消费不仅受本身价格的影响，而且受其他相关产品价格的影响，相关产品一般包括艺术文化产品的替代品和互补品。任何一种产品都有其替代品，文化产品亦不例外，替代品对于消费者获得效应来说，是可以相互替代的。当一种文化产品的替代品价格下降时，对这种文化产品的消费量就会随之下降。互补品是只有同时消费时才能给消费者带来效用的商品，当一种文化商品的互补品价格上涨时，对这种文化商品的消费量将随之降低。文化消费产品和服务并不是生活必需品，即一种商品不是某种文化产品的替代品或互补品，这种商品价格的变化，依然会对文化产品的消费产生影响，这是由于当这种商品的价格上涨时，消费者的相对收入没有相应增加，消费者能够购买的文化产品的数量只能减少。

3. 文化品位

经济学家通常用品位代表消费者艺术文化的偏好。品位是影响文化需求的一个重要因素，当消费者更偏好一种文化产品时，他倾向于消费更多这种文化产品。经济学一般假定消费者的偏好是一成不变的，研究当商品的价格或消费者收入变化时需求量的变化。多数人相信，要增加消费者对艺术的消费，就要使更多的消费者偏好艺术，因此文化经济学要阐释文化品位是怎么形成和变化的。文化消费中的艺术偏好被看作一种逐渐养成的品位，即只有首先接触艺术，才能逐渐喜欢艺术，而这种接触一般要在特定的环境下经过很长的时间，社会为了增加对艺术的消费，必须帮助人们培养艺术品位，毕竟消费者艺术品位的形成是刺激文化消费至关重要的因素。

4. 闲暇时间

闲暇时间是人们在工作时间之外，除去满足生理需要和家庭劳动等生活必要的时间之后，剩余的个人可以自由支配的时间。与普通商品的消费相比，文化消费需要花费的闲暇时间更多，文化产品多数属于享受型产品，多数文化消费安排在闲暇的时间进行。在其他条件不变的情况下，一个消费者的闲暇时间越多，他消费的文化产品和服务就越多。消费者的工资水平和闲暇时间之间存在此消彼长的关系，工资水平越高，消费文化产品的成本就越高，从而会减少文化消费的数量，而收入的上升导致的文化艺术产品及服务的消费增加，会在一定程度上被闲暇时间的机会成本上升所抵消。有学者利用美国 1929～1973 年的数据进行计量分析，结果显示全部的收入弹性为 2.7，其中被闲暇时间的机会成本上升抵消了 1.6，纯收入弹性为 1.1。

5. 教育程度

消费者受教育程度不同，对文化产品的需求也不同，教育主要通过影响消费者对一些艺术品的理解能力来影响文化消费。教育对不同类型艺术文化产品的需求量的影响不同，一些文化产品和服务的消费不需要非常特别的理解能力，则他们受教育程度的影响较小。一些文化产品的消费受教育的程度影响较大，比如高雅的艺术形式。教育程度对文化需求的影响和"理性消费"模式非常吻合，一般情况下，专业人士的收入与其受教育程度的相关系数要高于管理者们和其他高收入人群的收入及其受教育程度的相关系数。一个人的收入越高，他每小时的艺术消费投资和文化资本投资就越多。因此，专业人士的艺术消费分为两部分，一部分是普通教育资本，另一部分是闲暇时的文化消费。

二 文化需求的量性及弹性分析

当影响文化需求的因素发生变化时，消费者消费的文化产品和服务的种类与数量也发生着变化，从量性分析上讲，影响文化需求的不同因素发生的变化，能够反映在需求函数的不同变化上。

(一) 文化需求的量性分析

1. 需求量的变化

一般来说，当消费者的收入、偏好、闲暇、受教育程度等不变，只有文化产品的价格发生变化时，其引起的消费者需求的文化产品数量的变化，叫作需求量的变化。需求量的变化在函数图像上反映为代表需求量的点沿着需求曲线上下移动。

2. 需求的变化

如果文化产品的价格没有变化，消费者的收入、偏好、其他商品的价格、闲暇、受教育程度、职业等发生变化，消费者需求的文化产品和服务的数量也会发生变化，这种变化叫作需求变化。需求的变化反映在需求曲线上，即当价格外的其他因素发生变化时，能够使整条需求曲线发生移动。如果收入增加了，消费者的文化需求增加，需求曲线向右移动，反之，需求曲线向左移动。类似如果其他商品的价格及消费者的偏好、闲暇、受教育程度、职业等发生变化，整条需求曲线也会向左或者向右移动。需求曲线的移动，将改变艺术品市场的均衡价格，如果消费者的收入增加，工作时间缩短，受教育程度提高，那么消费者对艺术表演的需求曲线将向右移动，艺术品的均衡价格也将提高。在现实中，经常发生几种因素同时变化的情况，这时对艺术需求的影响是这几种因素变化的综合结果，需要根据比较静态研究方法具体分析。

（二）文化需求的弹性分析

1. 文化需求的价格弹性

文化需求的价格弹性是指当艺术品的价格变化 1% 时，文化产品需求量变化的百分数，艺术需求的价格弹性越大，说明当价格上涨时文化需求的下降越多。文化产品的需求价格弹性受文化价值的影响，文化产品的文化价值影响了消费者的偏好，进一步影响了需求对价格的反应程度。对于文化价值较大的文化产品，消费者对其价格可能并不敏感，其价格弹性较小，从而消费者消费较多的文化价值较高的文化产品。对市场的细分程度也影响艺术需求的价格弹性，艺术品的有效替代品越容易获得，其价格弹性也就越大，市场划分得越细，替代品越容易获得，所以细分市场上的艺术品的价格弹性就越大。

当需求的价格弹性大于 1 时，价格下降，总销售额会上升，因为销售数量增加引起的销售收入上升可以抵消因为价格下降而引起的销售收入下降。同样，当需求的价格弹性小于 1 时，价格下降，也会引起销售收入的下降。因此，追求收入最大化的销售者应该根据需求的价格弹性调整销售价格，当需求价格弹性小于 1 时提高价格，当需求价格弹性大于 1 时降低价格。

2. 文化需求的收入弹性

需求的收入弹性衡量的是在价格和其他因素保持不变的情况下，需求量对收入的变化反应程度，一般用收入变化 1%，需求量变化的百分数表示。从长期来看，对艺术文化需求的增加与教育有关，而教育又是收入的决定因素，因此，通过这种途径，文化需求和消费者的收入存在着正相关关系。针对现场表演艺术进修的文化需求实证研究即证明了以上观点。根据以历史时期为顺序的时间序列测量需求收入弹性，得到的收入弹性说明了消费者的收入差距对艺术需求的影响。

需求收入弹性的大小主要取决于商品是必需品还是奢侈品，一般来说，必需品在贫困家庭中的支出份额较重，随着收入的增加，奢侈品在支出份额中的比重逐渐增加，必需品的比重逐渐减少。通过分析，也可以将必需品定义为需求收入弹性小于 1 的商品，奢侈品定义为需求收入弹性大于 1 的商品。一种较为特殊的必需品是需求收入弹性小于 0 的商品，这种商品的需求量随着收入的增加而减少，被称为劣质品。文化需求收入弹性的大小对于文化消费在消费者预算中的比例影响巨大，如果文化商品的收入弹性大于 1，消费者文化消费支出的增长就快于收入的增长，结果就是文化消费支出在收入中的比例增加。文化消费的收入弹性与文化的增长之间存在联系，文化需求的收入弹性大于 1，消费者文化支出的增长快于收入的增长，意味着文化产出一定比整个经济总产出速度快，因此在经济发展过程中文化的发展快于各产业的平均发展速度。

3. 文化需求的交叉价格弹性

交叉价格弹性是指其他产品的价格变化对某种文化产品需求量产生的影响。很多艺术品的需求不但取决于自身价格，而且取决于其他产品的价格。商品 2 的价格变化 1% 时，引起商品 1 需求量变化的百分比被称为商品 1 对商品 2 的交叉价格弹性。交叉价格弹性大于 0 时，商品 1

和2是替代品的关系；交叉价格弹性小于0时，商品1和2是互补品。

从现场观看表演艺术的观众来看，在一个大城市中也许有许多可供选择的替代品，不同的剧团提供的表演具有替代性，不同艺术形式也具有替代性。同时，也存在现场表演的互补品，由于消费者要前往演出地点观看现场演出，交通、停车等成为现场表演的互补品，如果这些互补品的价格大幅度上升，消费者对现场表演的需求会相应减少。

4. 文化需求价格弹性值的测量

文化产品的需求价格弹性取决于替代产品的质量及可获得性。如果将现场表演视为一种娱乐形式或者是一种休闲方式，我们可以找到其大量的替代品，包括书籍、报纸杂志、电影、电视、广播、唱片、体育比赛、参与性的娱乐活动等。我们可以将闲暇时参与的任何事都看作是现场表演的替代品，如此大量的替代品共同构成了对消费者闲暇时间和消费能力的竞争，因此现场表演的价格弹性应当较大。现场表演的需求价格弹性同样受到消费者品位的影响，对现场表演的偏好是一种既得品位，即人们接触现场表演的时间越长，则其偏好就越强。这种既得品位使得其他商品很难代替现场表演，那些能够欣赏芭蕾、歌剧或戏剧的人，都会对现场表演着迷，随着现场表演的偏好越来越强，消费者对门票价格的考虑越来越少，即现场表演的需求变得缺乏价格弹性了。从另一个角度看，对于不喜欢现场表演的人来说，仅仅通过降低门票的价格来吸引他们是不可能的，对于他们来说，既得品位的作用使得现场表演的需求价格弹性较小。

多数研究表明，参加现场表演艺术的需求是无价格弹性的。除了既得品位之外，现场表演艺术的需求价格弹性较低的原因还有：①多数表演艺术机构属于非营利部门。②公司面对的需求价格弹性和行业面对的需求价格弹性不同，公司面临的需求曲线比行业面临的需求曲线更有弹性，因为公司产品的替代品更容易获得，所以除非公司具有垄断地位，否则其他当地表演的公司的演出将成为可供消费者选择的替代品。这样有可能整个行业的需求价格弹性较小，但是公司的需求价格弹性较大，当行业中的其他公司的价格不变时，单独一家表演公司提高其门票价格，门票收入可能会减少而不是增加。只有当所有的表演公司同时提高门票的价格，每个公司的门票收入才会增加。

第四节　文化消费者的消费偏好及其行为

一　消费偏好的概念及特点

文化消费者的消费偏好是影响文化需求的主要因素，在经济学中，一般假定消费偏好是既定的，不去关注偏好的形成和变化。但在文化经济学中，消费偏好则是主要研究内容，消费偏好不仅影响文化的生产和需求，反之，文化生产和需求也影响着文化消费者的消费偏好。在文化研究领域，通常将消费偏好称为文化品位。

(一)文化品位的定义

文化品位即文化消费者的消费偏好，是消费者在文化环境的影响下逐步确立的认知倾向，是消费群体对某一事物的共同追求。文化品位是一种活动倾向，它会促使消费者重复性消费行为的发生。文化品位源于文化的长期刺激或影响，表现为消费者在购买行为中的特定倾向，这里的文化主要指的是风俗习惯、价值观、道德、宗教等。多数情况下，消费者在选择产品时既强调文化心理的满足，又十分注重产品和服务的效用。由此，消费者主要包括注重商品价值选择的利益偏好消费者以及注重价格象征意义的文化品位消费者两种类型。

(二)文化品位的特点

第一，文化品位的普遍性。文化品位往往是群体表现出来的共同行为倾向，因此具有普遍性。消费者的文化品位是基于对文化环境的长期刺激产生的，这种心理反应不是某一个体的认知倾向。第二，文化品位的差异性。文化品位严格限于某一特定人群，不同范围或亚文化层次的消费者，其文化品位有很大的差别。第三，文化品位具有稳定性。文化品位持续的时间或长或短，但消费者表现出的这类行为倾向是不易改变的。

二 新文化地理视角下的文化消费

随着当今社会从工业社会向后工业社会转变，文化消费活动开始成为人们社会文化生活中的主角，消费是联结经济和文化的重要社会活动，它交叉应用了经济、社会、政治、文化等多个领域和学科。相对于主流的社会科学对文化消费的研究，地理视角下对文化消费的研究还相对滞后，但是在全球化背景下，物质和消费的流动、产品和消费网络的构建、区域协同化等主题都涉及传统地理学所关注的空间、尺度、网络等知识和理论，同时，随着物质地理等学科的兴起，物质文化、消费和品牌等也开始成为经济和社会文化地理学者研究的热点。

经济地理学者早期主要研究消费关注零售行业的空间性特征、企业战略和其布局特征，近30年来开始从研究市场和定位转而研究社会消费行为及相关要素，包括消费品牌及品牌文化中的地理过程和策略。新社会文化地理学同样关注消费领域，"物"作为核心和载体，受新文化地理学的关注，在这一基础下探讨消费与地方文化之间的关系，同时，在文化经济的视域下，新社会文化地理学能够深层次探讨社会生产过程中的经济文化生活，渗透出市场消费背景下的文化机制及价值。消费"物"的行为作为一种文化，其背后蕴含着较为复杂的地方关系、社会关系及文化政治等复杂的要素。Nicky Gregson提出，社会文化地理学研究的对象应加强对"物"的研究，而不应该仅仅局限于意义、认同、表征和意识方面的研究倾向，这样会使社会文化地理研究在学术支撑上出现空档化。Jackson和Miller也曾提出物质的消费能够帮助我们更好的解释基于地理视角的更为抽象的社会过程，故以新文化地理学为视角，强调了"物质性"的特征，这也是基于人们的通常习惯和生活经验，以"物"为线索研究消费、商品及区域文化，相比过去较为平面的符号及意义研究，已经更加全方位和立体化。

(一) 文化消费的日常实践与研究

消费地理的研究之前较少关注空间"文化"，社会文化地理学有着研究物质文化的学术传统，新文化地理在"文化转向"的影响下，对符号及意义的关注较强，对物质的关注较弱。文化地理学家开始从日常生活实践中观察文化的意义，出现了"再物质化""非表征理论"等研究领域，文化消费是人们日常生活实践的重要方面，文化消费的内容和空间维度在不断扩大，这其中蕴含着消费地理、符号地理及空间尺度等方面的研究，消费嵌入在文化视域中，物质生产及消费的事实实际上是文化的重要形式，消费嵌入的社会关系和文化生活有着物质本身维度的性质。Keamers 曾提出物质世界与"主观"文化世界是统一的，他认为物质系统与文化系统原本就是互为补充、密不可分的，对物质世界的描述需关注文化及社会关系构成的复杂系统。Crang 通过对人们文化消费实践的研究提出"人-物-地"之间的互动关系及社会文化意义，文化消费是物质消费的重要组成部分，探究文化消费实践能够构造我们的生活世界，"物"不仅仅是功能性或工具性的，在文化消费的意义上同样具有意识形态上的控制力和影响力，文化消费能够建构和塑造我们的社会关系，还能够被自身构建的社会关系深刻影响，即文化消费是大众的选择，同时又操控着大众。Gregson 等以家庭消费为例，描述了人们如何通过文化消费来创造家庭关系，对家庭中文化物质消费进行了研究，探讨物品的使用及隐喻家庭关系的构建。文化消费的深层解析是关注消费背后的商品链和消费网络，以及流动过程中的空间差异及由此带来的经济、文化影响，物质地理强调世界被多重感知。

(二) 物质转向和新文化地理视角下的文化消费

新文化地理视域下，通过对物质系统与物质文化的细致分析和解读，能够明晰物质与非物质、经济生活与社会文化活动、消费与感情等流动的多重尺度关系。近年来，品牌研究是新文化地理视角下研究的新领域，其中涉及文化消费研究领域中场所、商品链、空间及位置实践的研究。文化产品被生产为产品和文化品牌，进而产生消费的过程，从本质上是一个时空转换的过程，其涉及了地理学上的空间和时间尺度的连接和流动。文化产品的生命周期必然会卷入具有地理属性的时间和空间中，文化产品不同形式的价值和诠释都将沉淀，故文化产品实质上是具有地理时空意义上的物质客体。

相当一部分文化消费品都有相当的地方属性，在营销学研究的领域通常会涉及品牌资产与其代表的地理位置关系，其原产国及原产地的文化特质是重要的商品属性之一。文化产品的空间关系包含了诸多多元而丰富的产品属性，尤其是在文化消费复杂的空间流动视域下，其蕴含的地理文化意义需要更加细致的空间历史分析。文化地理学强调物质产品的社会生活历时态民族志研究，亦有采用商品传记的方式阐释产品及品牌的空间发展形态。文化消费品在流动过程中的地方嵌入标识对发展的影响格外重要，有的文化消费品塑造的文化品牌同地方的资源、历史及文化等保持了密切的联系，从而能够形成独特的品牌。产品在流动中跨越时空而带来的价值和意义，不断丰富着人们对文化异质和多维度的认知，地理文化语境在文化消费的再魅化中发挥着不可估量的作用。文化的结构性融合机制可以用文化地理学解释，文化消费市场产品的特殊性意味着供给不能成为脱嵌和标准化的产品，社会－文化是一种反脱嵌的力量，它能够使文化消费品不能完全脱离本地的文化内涵，从而使产品和本地社会情境充分融合。

三　数字经济时代文化消费升级研究

在文化消费周期中，产品或服务经过创作、生产、传播、展示、消费各环节，每个环节和步骤都受数字经济的技术驱动，数据的广泛应用促成了文化消费各个环节的改革和创新。

（一）数据驱动下的企业圈层作用

促进企业文化产品内涵创新。以数据技术驱动的文化消费个性化程度不断加强，文化消费的模仿性消费逐渐消失，大容量、全样本的大数据能够准确推测消费行为，使用数据预测成为企业产品生产的前置活动。文化企业通过系统整理和科学分析消费数据，能够准确把握消费者偏好，可进一步挖掘更深层次的文化诉求，预测市场的发展趋势，减少企业在产品生产中的信息不对称问题，向市场退出满足消费者差异化需求的产品。

延长企业文化产品产业链条。文化企业可通过大数据分析提炼消费群体的文化品位和消费趋势，进而通过消费趋势进行产品的多次开发，对文化IP进行重塑和提升，在文化品牌和IP下不断演进产品的商业形态，实现产品及开发的结构性融合，从而延长文化产品的产业链条，最大限度发挥范围经济效应。

实现企业文化产业精准营销。文化企业生产计划决策都要建立在对市场的充分分析及预测的基础上进行，大数据能够帮助企业精准掌握消费诉求，确保对消费者定位的科学性和准确性，进而在数据驱动下提高文化产品与服务供需匹配程度，提高交易概率。

（二）数字经济下的消费圈层作用

提高消费者满意程度。数字经济下信息的开放程度较高，消费者可以通过互联网平台搜索所需信息、相关评价等作为消费的决策依据，还可以通过企业推送获取相关信息。在数字经济的优势驱动下，能够最大限度提升消费透明度，提升消费决策准确性。同时，文化消费是区别于一般物质消费的特殊消费形式，文化消费遵循边际效用递增规律，甚至能够产生"消费致瘾性"。生产企业能够基于大数据营销推广为消费者营造文化消费氛围，从而不断增加消费数量增加资本，提升水平。

增强消费者主动消费能力。在数字经济下，消费者能够通过各种网络平台突破时空的限制产生互动，消费者自媒体形式逐渐成为消费表达的趋势，UGC（原创用户生成内容）成为文化生产的重要补充形式。数字经济使生产和消费变得边界模糊，二者逐渐形成融合趋势，借助数字化平台，消费者更具主动性，可融入生产、创意等各个环节，而其主动消费能力能够帮助生产者及时发现消费"痛点"，从而快速寻求破题之道。

（三）数字技术下的政府决策支持

有效破解市场失灵问题。大数据时代，消费者的文化消费行为能够记录在数据库中得以保存，对数据的分析能够揭示消费者的文化消费偏好，客观反映消费者的预期，政府能够根据数据情况不断优化区域内的整体资源配置，使市场能够更好地对接并生产出满足消费者需求的产品和服务。在市场上还有一部分文化产品具有公共物品的属性，政府能够从大数据的挖掘中调整市场失灵的现象，以确定市场空白，不断完善区域内的公共文化服务供给能力，纠正政府在调节过程中的问题，进一步优化服务供给方式。

实现适度监管市场效能。数据经济下，文化消费理念能够根植于广大人民群众的思想观念，文化消费区别于其他的物质消费形式，在建设文化强国、增强文化自信的过程中，政府能够利用数据的监管监控作用对群众的文化消费活动进行进一步的引导、监控，同时能够及时克制不良文化的侵蚀，为区域内的文化大繁荣大发展保驾护航。

第六章 文化产业资源调查与评价

第一节 文化产业资源分类

一 文化资源与文化产业资源

文化产业的兴起,使学界对文化资源的研究更加深入具体,产业资源和文化资源之间的争议也成为学界共同关注的话题之一,传统的思维模式常常将文化资源等同于文化产业资源,其实两者在根本上是存在区别的。吕庆华(2006)认为,文化资源是产业开发的基础,产业开发是文化资源的延伸,文化资源的产业开发形成现实的文化产业。

文化资源与文化产业资源皆以"文化"作为资源内核。我们常说的文化资源是指一种相对软性的资源形态,是人们在从事文化生产活动中能够利用的一类资源的统称,这类资源具有相应的文化要素及品相,资源的结构存在复杂性,即人们从事以"创意"思维为核心,并与各种形态资源相互组合形成文化产业或服务从而进行经济活动。文化产业资源一般需要一定的物质载体,与文化产业相关的各种维度如产业链条、产业集群等都需要与其相关的"文化价值""文化意义"来体现,即同文化资源一样,均无法脱离"文化"的精神内核,两种资源具有共同的心理情感和价值理念。

文化资源与文化产业资源在分类逻辑上具有相似性。从分类逻辑上看，文化资源与产业资源涉及的范围都十分广泛，因为文化能够渗透到人们生活的各个方面，从自然资源到人文资源，从有形资源到无形资源，故从分类形式上看，文化资源和产业资源在分类上都有一定的形态归属性，即都可以按照相应的文化载体给予梳理，人们再利用文化资源进行文化生产，其结果必然是既有静态的自然属性、又有动态的社会价值，这即是文化产生的两种效应。

二 资源学角度的文化产业资源分类

资源是一个较为宽泛的概念，通常是指具有生产价值、不能够直接用于生活消费的生产性资产，资源常常讲究利用与开发，其与生产的关系较为密切。与文化产业相关的"生产素材"即是文化资源的价值指向。早期的资源一般指自然与生活资源，随着人类活动的复杂化程度提高，如今，知识、经验、创新等都能成为生产的重要因素，文化产业资源既包括各类实体资源（即早期资源），更包括各类软性资源。

综合资源科学理论，我国的文化产业资源极为丰富，归于我国丰厚的文化积累。从渊源上看，我国的文化积累有哲学与文学艺术两大源流，其中每条源流都蕴含着极其丰富的精神内涵和价值意义。按照资源的分类标准，文化资源可以从形式、时空、类别、内容等标准上划分。从形式上讲，可以分为物质性文化资源和非物质性文化资源，物质性文化资源包括历史遗存、民居、民艺等，非物质性文化资源包括文字、音乐、舞蹈、习俗、节庆等。从时空上划分可以分为古代、近代、现代、当代等。从类别逻辑上可以划分为民族性、地域性、产业性等。从内容上划分可以分为历史文化资源、民族文化资源、宗教文化资源、艺术文化资源等。

与文化产业资源相对应的资源分类，可以划分为传媒产业、艺术产业、体育产业、版权产业、创意产业等资源。传媒产业，即以新闻出版、广播影视、音像等为主要载体，借助文化传媒介质的经济形态产业，按照介质的类型可以分为纸质与影音、线上与线下等。艺术产业，即艺术以满足人们精神需求为主，通常包括艺术品经营、演出业与文化娱乐业等。创意产业，其包含的范围较为广泛，知识、管理、创意设计等都可以作为产业发展的资源，传统及数字化文化产品是创意产业的重要门类。

从文化产业的生产资源属性来看，文化产业的资源不能完全从自然资源的属性出发，应该更多地兼顾它的社会属性，从文化产业的效益来看，资源的社会效益属性表现得更加明显。故文化产业资源又可以划分为自然资源、人文资源、资本资源、技术资源、人力资源和市场资源。

自然资源。指自然界天然存在的资源，是文化产业的基本载体，多数自然资源都可以开发成旅游景点，随着文化旅游产业融合的不断加速，自然资源能够更多地承载文化产业发展需求。

人文资源。在人类活动的各种文化现象中，有一部分能够直接用于文化产业，这部分资源被称为人文资源。这部分资源是文化产业发展的核心所在，其凝结了人类劳动成果和思维思想的精华，故人文资源是最具开发价值的产业资源。人文资源是人们为了完善自身及赖以生存的环境而在改造、利用自然及维系规范的实践中创造的物质、精神及制度文化的综合。从存在的形态来看，人文资源可以分为有形的物质资源和无形的精神资源。有形的物质资源包括：具有历史文化内涵的遗址和文物；具有价值的特色工艺等文化资源；文化设施及设备等。精神资源包括优秀的精神传统、文化技能及创新的文化职能等。

资本资源。指能够获取盈利的经济价值，资本包括全部的所有者权益和负债，资本资源是文化产业发展的重要保障，文化产业的开发和文化资源的挖掘都离不开资本保障，它是文化产业投资运作的动力。

技术资源。技术资源主要包括文化产业生产所需的能源、原料、技术和设备等，文化科技领域是文化产业中技术含量较高的领域，文化科技是近年来文化产业发展的驱动因素，它使文化产业在丰富程度、内容表现上更加立体生动，富有体验性，文化与科技的良性互动是文化产业高质量发展的重要举措。

人力资源。人才在文化产业发展中的地位举足轻重，人的知识、创意等"活性"资源能够决定文化产业发展水平的高低，人力资源既是经济性资源又是战略性资源，其包括基础性、经验性和创意性三种能力。

市场资源。市场是流通、消费两个环节的综合，文化产业的开发生产都取决于文化市场目标，文化市场是文化产业生存的空间，尊重市场需求，依据文化消费规律和市场逻辑，充分发挥资源价值，保障文化产业效益。

第二节　文化产业资源利用价值评价

一　文化产业资源价值评估体系

(一) 文化产业资源评估的意义

在文化产业规划的编制环节中，一个必不可少的环节即是文化产业资源的价值评估。面对具有多元特征和丰富类型的文化产业资源，笔者通过分析解读国内外相关的案例，以构建各类产业资源评估指标体系。申维辰（2005）从资源品相要素、价值要素、效用要素、发展预期和传承能力五个全新角度建立了文化资源评估体系。

文化产业规划能够依据各类文化产业资源的特征，通过创新建设、有序更新、政策引导等方式对文化产业资源进行科学处理、有效保护和产业化发展，规划编制的前置工作就是要对文化产业资源进行全面、真实而又合理的评估，其评估意义可以表现为三个方面：第一，通过科学、合理的评估能够对文化产业资源进行深度的认知，更好地理解资源的内涵和价值，全面把握能够转化为产业的信息，这是文化产业资源顺利开发的前提；第二，建立合理的文化产业资源评估体系架构，量化文化产业资源各项标准，使产业规划的管理及编制部门能够在相同的体例下互相沟通交流，同时，评估体系的构建也是规划编制各方主体在文化产业资源属性上相互达成共识的过程；第三，文化产业资源本身就是一个复杂的系统，其包含了各种有形和无形的资源要素及不同的价值属性，通过构建合理的文化产业资源评估体系，能够更加有利于产业资源的分级分类，对不同等级的产业资源实施不同的保护及开发策略。

（二）文化产业资源评估的技术路线

本书强调的文化产业资源评估是根据产业的空间类型而展开的，通常以非法定保护类资源为主，其法定保护类资源一般在法律上有各种等级的划分，评估强调研究与实践的结合，强调定量与定性的交融，强调分类保护与多元对策的结合。具体应该遵循以下原则：第一，由于文化产业资源特征各异，所属类型较为丰富，在进行资源评估的过程中应全面把握文化产业资源的普遍性特点，同时在个性的把握上，要分别针对各类资源的类别，制定不同的评估标准。第二，对于具有空间载体性质的文化产业资源，要特别注意文化资源的载体价值，将载体放置在真实的环境中评价考量，同时指标的设定还要考量文化产业资源与城市格局之间的关系，体现其在城市环境中的定位和作用，从而真实地摸清对文化产业资源认知的深度。第三，评估指标体系的构建需要考虑可操作性及公众参与性，既能够顾全文化产业资源的主体地位和数量规模，又可以解决评估时耗时多和工作量大的现实困难；另外，高效的操作也便于更多公众参与。

(三) 文化产业资源评估体系的搭建

本书基于对文化产业资源的空间形态和格局特征进行分类，非传统意义上的分类方式。在评估对象的拓展上，将原有的评估资源拓展至所有的空间形态下，同时还要考虑无形的文化产业资源，以确保文化产业资源的全面覆盖。在框架的设定上，针对不同大类的文化产业资源，应该尽可能多地设定指标体系，指标因子要充分考虑其系统性，不但要多考虑资源本体的评估，更要注重资源的载体和所处环境的评估，同时要反映指标因子同区域城市格局的关联。在指标体系的构建上，应充分应用数字技术，即从数据信息的储存、编辑、分析到文化产业资源的综合评估，都可以通过数字化手段，运用科学的技术手段，经过空间分析和可视化的表达方式，为文化产业规划提供决策辅助工具。

历史文化城镇保护评价体系主要分为物质文化遗产评价和非物质文化遗产评价。其中，物质文化遗产主要有自然资源、空间形态、建筑特色二级指标；非物质文化遗产主要有历史影响、民俗文化二级指标。对于每项二级指标，都对应有具体的三级指标。《中国历史文化名镇（村）评价指标体系》（试行）显示，其指标体系的构建较为完善和复杂，包括价值特色和保护措施两个方面。其中，价值特色主要有历史久远度、文物价值、历史名人、历史建筑、核心区风貌等各项细化指标；保护措施主要有规划编制、保护修复、保障机制各项细化指标，每一项细化指标也都有对应的分项指标和具体分值，具有很强的可操作性。

文化产业资源评估体系的构建，可以按照框架设定、指标遴选、等级划分三个环节进行。框架设定可以初步建立一套由多级指标、多项因子构成的评分体系；指标遴选可以确定适宜的指标体系及因子；等级划分要求针对资源的不同等级进行划分（见表 6-2-1）。

表6-2-1 文化产业资源评估体系

资源类型	一级指标及其权重	二级因子
自然资源25%	景观价值35%	空间环境风貌的连续性
		文化、艺术或科学价值
		生态环境综合质量
		景观品质与特色
	环境区位30%	与城市开放空间的关系
		是否形成地标景观
		在文化空间网络中的地位
	历史价值35%	反映历史时代特征
		与历史事件相关
		与历史人物相关
		在历史格局中的地位
人文资源20%	遗址建筑艺术&科学价值25%	设计者是否著名
		反映特定历史时期的艺术创作及建筑技术
		反映某种典型风格和特殊建筑类型
	文物等艺术&科学价值25%	是否具有审美、欣赏、借鉴及史料价值
		是否能够反映典型历史时期的科学技术和生产力水平
	特色工艺等25%	是否具有一定的地域特色
		是否具有较高的流传价值
		是否具有较高的思想文化价值
	文化设施设备等25%	是否能够满足需求
		是否具有广泛的大众参与性
资本资源10%	政府资本50%	是否具有健全的资金体系
		是否具有一定的资金规模
	社会资本50%	社会资本介入是否具有充分积极性
人力资源15%	劳动力状况	从业者是否具有相当的文化素质
		从业者是否具有一定的技术水平
市场资源30%	市场区位50%	是否具有一定的文化消费人口
		文化消费环境的营造情况
		文化消费的经济状况
	目标消费群50%	人群数量情况
		人群文化状况
		消费观念评估
		消费诉求程度

二 文化产业资源的分类规划利用

从全球来看，文化产业资源可以大致分为在地型、在场型以及在线型三类。

在地型文化产业资源指某一区域内固有的、不能够移动的自然资源和文化遗产，通常具有一次性和不可复制性，比如金字塔、故宫、三峡等展现历史自然的文化景观。我国文化产业主要属于在地型文化产业，依托我国丰富的文化资源，重视提炼自然空间中文化资源的效能与价值。

在地型文化产业的特点在于其能够利用在地文化资源的独特和比较优势，进而形成在地文化产业的主导门类和产业类型，在我国，在地型文化产业多数属于遗产类，尤其是在广大的中西部地区表现得尤为突出，逐渐形成了区域特有的核心竞争力。在地型文化产业和旅游业的关系十分密切，可以形成文化与旅游融合发展模式，这也是我国许多地区发展文化产业的普遍方式。同时，在地型文化产业还促进了我国文化制造业的发展，带动了文化相关产业的出口贸易。在地型文化产业对资源有着直接的依赖性，能够较为直观地将资源价值呈现出来，所以多数文化产业附加值较低，大部分属于资源的一次性开发或初级开发，产业形态与在场型和在线型文化产业规划、开发、利用有着明显的不同。

在场型文化产业指能够突破地域的局限，能够在异地产生效益的文化产业，在场型文化产业的典型特征是能够体验和生动表达，如演艺娱乐、影视制作、出版发行、文博会展等。

在线型文化产业指利用数字网络技术，突破空间的限制，能够通过互联网将文化产品内容传播到各个地方的文化产业类型，其典型的特征是能够创新和复制，如数字出版、数字电视、数字杂志、动漫等数字文化产业，在线型文化产业可以凭借网络渠道，打破传统文化体制下的条块分割、地区垄断、资源分散的瓶颈，展现出巨大的市场空间，逐渐成为文化产业的主导力量。在线型文化产业作为新媒体技术手段下展现文化新业态的产物，近年来资源比重不断上升，特别是随着5G时代的到来，消费者对在线型文化资源的品质与数量要求大幅度提高，提升在线业务、制定适应新商业环境的营销策略成为在线型文化产业资源规划利用的重要研究方向。在线型文化产业资源领域涌现出许多新业态，线上文化产业、公共文化服务等在为人们提供良好文化体验的同时，文化消费比重也逐步上升。

2020年由于新冠肺炎疫情的影响使得部分在场型及在线型文化产业行业如电影、演出、节庆会展等暂时停顿，居家在线型文化行业逆势上升，如动漫游戏、网络视听新媒体、线上培训等一批基于互联网的数字文化产业迎来了爆炸式增长。总的来讲，在文化活动方面，诸多在场型文化产业资源搬到线上，如"云博物馆""云旅游""云音乐会"等业态形式愈发火爆，涌现了一系列线上文化产品。在文化生产方面，线上办公新形式迅速普及，数字化技术带来了新的消费习惯，线上办公、教育、培训、工业生产等文化业态迎来更加深刻的发展机遇，创新了文化企业的办公方式。

第三节　文化产业资源的规划开发思路

一　文化产业资源开发的常规路径

1. 文化历史资源的整合与利用

文化历史资源包括有形文化历史资源和无形文化历史资源，一般文化历史资源能够通过相对应的行业属性进行产业化开发，资源是文化产业重要的发展基础，其常见的匹配属性的行业包括旅游、艺术、影视、出版等，对应形成旅游业、艺术业、影视业及出版业等。

以旅游业开发为例，其资源包括文化历史遗迹资源、文化历史建筑资源、文学艺术资源、文化民俗风情和宗教资源等；以艺术业开发为例，开发形势包括表演艺术业开发、工艺品业开发、戏剧业开发等。

2. 文化创意资源的整合与开发

文化创意资源包含两个核心的要素，即知识与创意，核心要素反映在产业开发上主要表现为两个重要的门类，即版权业和创意产业。版权业是一种较为外显的文化创意资源，其通过授权经营的方式形成一个重要的文化产业门类。创意产业能够渗透到文化及其他相关产业中，其在产业链条的最前端形成，是创意创造性开发而形成的文化及相关产业的门类，运营模式的最大特点即是创新，创意在某种程度上能够决定文化产业的发展方向。

二　文化产业资源开发的特色方式

文化产业的高质量发展，必须依托地域内厚重的文化资源、迎合现代人的审美特点和富有时代性的营销手段和方法，这样才能形成从资源到产业的发展闭环。"资源+创意驱动"是文化产业的发展战略之一，区域文化产业的发展需要对文化资源进行系统梳理，科学分层分级，提炼能够反映当地特色的文化 IP，通过"创意+大众文化""故事+技术创新""场景+社群运营""平台+生态打造"四个方面实现文化产业资源的特色化开发。

1. "创意+大众文化"

地域特色文化资源的开发需要创意，而高级的创意往往都是小众的，如何将小众化的高级创意转化为大众能够接受的文化是文化资源开发的重要环节。将小众的创意和大众生产内容结合起来，能够解决地方特色文化资源创意设计的基本问题，如审美观念和消费理念的大众化传播、大众对高级创意的理解不深及 IP 创意的底蕴不足。通过将小众高级创意同大众文化的结合，还能够使创意过程与营销推广结合起来，在创意环节中，通过广泛获取大众意见、征集思路等互动方式，能够让大众更好地接受和理解创意背后的文化底蕴。

2."故事+技术创新"

文化资源的特色开发必须能够"讲好故事",按照"独特、新奇"的特征强化故事内容的创意创新力,构建文化产业的多元价值体系。"讲好故事"要具备以下三个方面的特征:第一,能够引起大众的共鸣。文化资源用故事方式予以讲述,其包含了厚重的历史文化和历史遗存,诸多要素已经与现代生活方式和审美特点不相适应,产业的开发需要对故事和内容进行深入的挖掘和再造,使之能够引起大众的共鸣。第二,能够实现事物的人格魅力。在地方文化产业资源的开发中,人物是故事承载的核心,也是能否吸引流量的关键要素,塑造有温度、有魅力的文化承载人物,往往是文化 IP 的核心所在。第三,技术创新实现故事的延续与立体。"讲好故事"是一个不断完善、逐步更新、迭代创新的过程,这样才能不断保持人的新鲜感,技术是实现故事延续创新的重要手段之一,技术通过全方位的表达方式比如 3D、全息、VR、5G 等,为特色文化产业资源的创新化、时尚感和体验性提供良好的发展空间。

3."场景+社群运营"

文化产业的开发需要营造相应的氛围和场景,这是促进产业发展、提高文化消费的关键环节,通过特色化的场景建设,使地方文化与产品、服务特性相贴合,凸显体验化消费时代的特征,场景的营造也是提高文化产业资源开发美学意义上的重要目标。通过场景的打造,能够吸引游客、受众等人的持续关注,从而形成长期稳定的社群组织。"场景+社群运营"的方式,形成具有文化 IP 性质的社群,社群的运营具备两个特点:第一,具有文化的认同感。社群有着独特的文化态度和相同的价值观念,可以通过仪式感的打造等方式提升大众对共同文化和态度的认同,提升社群的归属感和认同感。第二,提升文化供给的品质,建立多元化参与互动方式,通过参与互动建立与用户的黏性,提高社群的活跃度。

4. "平台+生态打造"

文化产业资源的开发要经过吸引流量、孕育发酵、产业变现三个阶段。在成功吸引流量的基础上，要靠"平台+生态体系"的打造实现产业的发展和变现，如果地方文化产业资源自身影响力还不够突出，不足以吸引流量，则更加需要搭建平台发力，政府在搭建平台中起着十分重要的作用。文化产业资源开发的不同阶段应该借助不同的发展平台，如传播、学术、社群等各种平台。文化产业资源开发的最终目标在于形成自身的产业生态系统，生态系统能够实现自循环，在这一系统中，平台、企业、创意者、消费者、政府等各个主体能够和谐相处，围绕地方文化产业资源开发形成动漫、游戏、出版、文化、艺术品、教育等相关产业并共同发展。

中篇 文化产业规划之"他山之石"

第七章 文化产业规制的国际经验

目前，国际上产业规制的范畴已逐步扩展到价值基准、前瞻研究、规划体系、目标考评、推进计划、参与人群等多个方面。同时，得益于对产业发展规律、趋势和生态的深入理解，国外在文化产业规划管理中已构筑形成完善的管理系统和评价实施体系，提高了规划各个环节的契合度与匹配度，为我国提高文化产业规划水平提供了诸多有益的经验借鉴。

第一节 新加坡产业转型蓝图设计

新加坡作为全球国土面积狭小、资源短缺的典型国家，却利用三次阶段性产业升级，实现了从劳动密集型、技术密集型和资本密集型向知识型经济为主的转向，其产业规划的独特视角和引导策略在其中起到了重要作用。

一 "未来经济"驱动产业迭代

2015年，新加坡政府宣布成立"未来经济"委员会，委员会将加快推动未来的"工作、企业、资源、科技、市场"向创新经济体的转型。该委员会提出，将从全新角度审视全国经济生产力，从产业及市场的未来增长、企业的能力及创新、就业机会及技能、市区发展及基础建设，以及与世界的衔接性等五大方面着手未来经济的策略规划。首任委员会主席由时任新加坡财政部长担任，其成员来自法律、金融、电信、石油、物流、工会等不同领域，拥有不同背景、经验和专长，代表了广泛的利益相关群体。

2017年2月，新加坡"未来经济"委员会提出七大战略，制定出未来5~10年的经济发展规划。战略一：通过为多个产业定制转型规划，以开放集群模式加强行业合作发展，构建并落实全国产业转型蓝图；战略二：通过加强国际贸易与投资合作，领衔设立全球性创新联盟，深化并扩展国际联系；战略三：深度推进人才再培育，提高国人技能精深水平；战略四：构建创新生态系统，强化企业创新与自我生长能力；战略五：提高数字化应用能力，深化数据资源分析与利用，提高数据资产转化率；战略六：打造处处有机遇的蓬勃互通都市；战略七：携手合作促进创新与增长，构建鼓励创新和冒险的管理环境（见图7-1-1）。依托上述七大战略，未来十年新加坡经济增长目标为每年增长2%~3%。

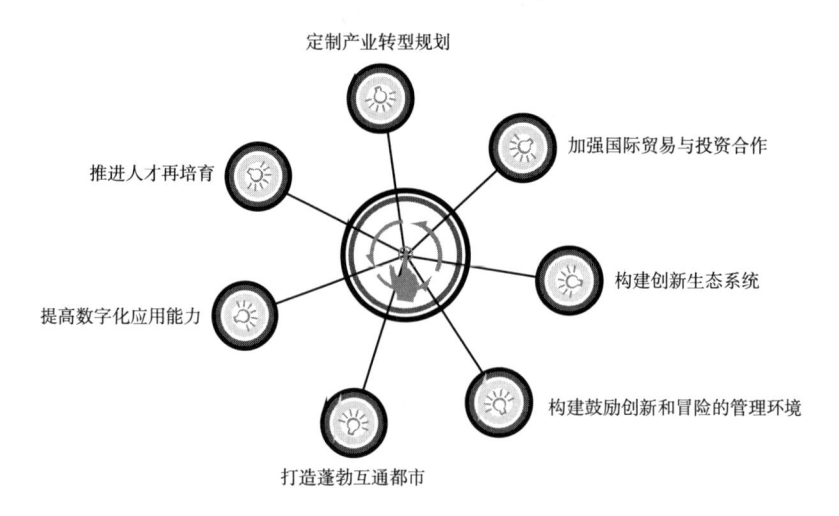

图7-1-1 新加坡"未来经济"七大战略

在新加坡"未来经济"七大战略中，落实产业"转型路线图"成为重中之重的工作任务。虽然23个产业主要涉及能源化工、精密工程、海事工程、航空业等制造业和贸易、交通运输、房地产、医疗保健、金融、教育等服务业，但在其具体行业划分中，规划编制创新性突破传统产业分类框架，将众多行业整合成为制造业、环境建设、贸易与联系、国内必要服务、专业服务和生活相关服务六个产业组团。其中，为满足对产业关联性和规划实施便利化的需求，新加坡将高度发达的艺术与文化业、设计业、媒体业有机融入相关制造业、服务业体系，提升了产业生态层级和融合程度。

二 知识导向型的产业规划逻辑

新加坡高度重视知识型资源的创造及在产业间的流动效率，并将其作为产业结构变革的根本动力。在新加坡知识导向型产业体系培育过程中，知识要素的生产和流通有力地提升了创新能力，加速了新技术、新业态、新产品的更新速率，最终不断推进产业结构的循环变革。

在知识密集型产业培育过程中，新加坡通过知识型产业的规划引导，确保了适度超前规划和及时应变调整。自1997年成立竞争力委员会起，新加坡即提出发展成为一个先进且具有全球竞争力的知识经济体的长期总目标，并配套制定涵盖"将人力资源和知识资本作为主要竞争优势"等在内的八大长期战略。1998年，新加坡竞争力委员会制定了"发展知识经济蓝图"，次年新加坡经济发展局制定了"产业21计划"，逐步明确将制造业和服务业发展成为新加坡经济双引擎，并创新性地提出将新加坡建成活力与稳定的知识产业全球枢纽，以奠定新加坡发展知识经济的基础。2003年，新加坡经济检讨委员会重申新加坡应重点发展知识密集型产业，打造面向全球的具有创新精神的多元化经济（见图7-1-2）。

为确保规划的实施成效，竞争力委员会建议新加坡各级政府制定全面的政策框架和规章制度，针对每个行业成立相应的经济促进机构，以最大化整合优势资源。同时，在城市规划和产业规划过程中，强调对知识经济的土地利用、建筑功能的规划指引，及时为知识经济发展变化提供制度保障。如规定"媒体产业可以占用工业、仓储和商务园地带的建筑面积"，亦可联动广播、印刷出版、多媒体、交互式电商集聚经营。

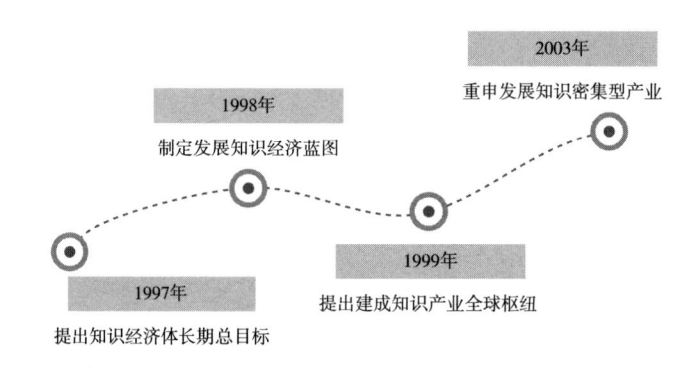

图 7-1-2 新加坡知识导向型的产业规划历程

经过 20 余年的发展，通过对知识要素的内化互动和应用革新，知识和信息成为新加坡经济体系中越来越重要的生产要素，显著替代了土地、劳动力、资本等传统生产要素。

三 产业蓝图的高效制定与执行

为确保产业蓝图的科学制定与实施，新加坡政府重点围绕责任主体、参与群体、制度冗余等环节推进相关工作。

第一，成立未来经济署并责成其负责产业蓝图的制定与执行。未来经济署整合技能、创新与生产力等理事会权力资源，成立6个专门小组负责相关产业组团的蓝图制定：一是基于新加坡未来全域产业、空间、支撑系统的布局和规模做出规划安排；二是密切协同城市重建局、建屋发展局、公园暨康乐署等机构，协同推进产城一体规划。在具体操作中，强化问责机制，强调各政府机构之间及商会、第三方机构间的工作协调。

第二，密切政府与相关产业大中小各类企业、高校研究机构、教育培训机构及行业协会、工会组织、社会公众的深入合作。政府全面发挥桥梁纽带作用，实现上述机构、组织与个人的密切合作，在产业规划制定和落实中，政府通过联合研究机构深入研究各行业市场格局、发展趋势和市场需求，深化政产学研各界的合作关系。如在巴西班让发电厂遗址片区规划工作中，当局呼吁机构、公众表达规划设想，为这个独特的地区规划未来。

第三，根据行业紧迫需求量身定制发展规划。在科学制定每个行业的发展目标、战略路径与重点任务基础上，积极创造有利于创新商业模式的监管环境，引导和促进制定相关行业技术的国家标准。同时，特别强调制度的冗余性，即紧随时间推移和市场变化有序调整规划，确保计划的弹性和可操作性。规划执行制度严格，新加坡现已构建完成由规划法令、概念蓝图、发展指导蓝图组成的较为全面完整的规划编制体系和执行体系（见图7－1－3）。

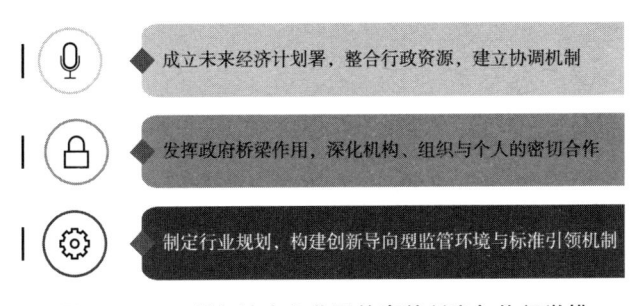

- 成立未来经济计划署，整合行政资源，建立协调机制
- 发挥政府桥梁作用，深化机构、组织与个人的密切合作
- 制定行业规划，构建创新导向型监管环境与标准引领机制

图7－1－3　新加坡产业蓝图的高效制定与执行举措

相关链接：一张蓝图如何绘到底——新加坡概念规划发展脉络

新加坡分工体制权责明晰，城市规划编制由市区重建局URA负责，

通过战略性的概念规划（concept plan）和实施性的总体规划（master plan）形成二级规划体系，进而推进土地售卖及发展管制等，反映和落实各部门的用地需求。

新加坡较早引入概念规划理念，历程悠久，脉络清晰。新加坡于20世纪50年代中期在英国的帮助下建立了以总体规划为核心的现代规划体系。20世纪60年代西欧结构规划兴起，在联合国协助下，新加坡引进结构规划的思想，创设概念规划，由此建立了概念规划和总体规划相结合的二级规划体系。到目前，共形成了1971版、1991版、2001版、2013版四版概念规划。新加坡概念规划整体呈现以下几点特色。

1. 发展方向的前瞻性

新加坡历版概念规划在发展愿景制定上，都体现出一定的前瞻性。

在1971版中超前提出在南海岸中部建设国际性经济、商业和旅游中心的设想，并超前预留了中央储水区和重大基础设施用地。1991版提出"建设卓越热带城市"，强调综合和完善。2001版提出"建设世界级繁荣城市"，强调全球化的经济竞争力。2013版则提出"为所有新加坡人创造高品质生活环境"的具体目标，强调生活质量和宜居品质。

2. 结构框架的延续性

新加坡历版概念规划的空间格局均以1971版确定的环状发展方案为基础，但在不同的发展目标指引下，其空间格局进行了相应的深化和调整。

1971版强调整体格局对生态资源的保护和组团开发，只规划了南部沿海中部的"单中心"；随着经济发展，1991版在延续强化城市中心的基础上，提出建设多个能容纳80万人就业和居住的区域中心，形成"多中心"布局；2001版则顺应提升国际竞争力的发展目标，"集中式"发展环球金融中心；2013版规划提出"分散式"商业中心布局，对于其他次级中心重新予以强化。

3. 实施策略的针对性

具体实施策略上，新加坡各版概念规划体现出不同的侧重点和针对性。

以作为重要国家战略的住房策略为例，1971版强调快速解决住房短缺问题，积极推动公共住屋；至20世纪90年代，已经满足了基本住房需求，1991版策略核心是提升住房质量及多样化；2001版重点是提升在熟悉地方选择新居的可能性，增进社区认同；随着进一步发展，2013版强调"家"和"社区"及完善的配套，不再局限于住房本身。

对于我国总体规划来说，在有限的时间和条件下，追求面面俱到的"大而全"不如针对重大问题进行问题导向的"手术式"规划和专题研究，例如住房、产业、交通、风貌、生态等问题。要注重长远效益和整体效益，加强针对性和实施性。

4. 城市设计的融入性

新加坡概念规划中均渗透着城市设计关注公共空间和场所建构的思想方法。

1971版编制中就提出"必须把这个岛屿看作是一个包含着开放空间的城市综合体"，环形城市结构中已体现出城市设计思想，并要求对城市中心的开放空间不能仅仅采用法定控制，而要进一步制定详细的城市设计。2001版则开始重视地域文脉和风貌特色的塑造，并提出情感保留区等一系列行动。

城市设计是提升城市品质、塑造城市特色风貌的有效工具。对于我国来说，应将城市设计的思想原则和工作方法有机融入总体规划等宏观层面的规划层次中，使其表述规划意图、确定空间结构、塑造特色风貌。

5. 权责体系的明晰性

制度体系建设是规划有效实施的重要基础。新加坡的规划、建设和管理相互分离，避免了规划部门与专业部门之间规划不协调的问题和各自为政的局面。

市区重建局URA作为新加坡的土地规划主管机构，全面负责与空间利用有关的规划和管理，使城市建设能够始终按计划进行，坚持规划权威性，实现全市一盘棋的有效管控和实施。

［资料来源：《一张蓝图如何绘到底——新加坡概念规划发展脉络》，https：//www.sohu.com/a/214185185_654535。］

第二节　德国产业规划与空间治理

德国在进行产业规划与空间治理方面，是世界上最具表率性与代表性的国家之一，在产业规划的编制与管理领域形成了诸多关键性的理念创举。

一　"三规一体"的衔接体系

德国是以联邦政府、联邦州政府和市（区）政府三级为行政体系的议会共和制国家。由于联邦制特殊的组织属性，形成了地方政府权力较大、中央管控力度式微的治理格局，德国在进行产业规划与空间治理的过程中，逐步形成了"三规一体"的规划体系。

德国"三规一体"的规划体系由空间总体规划、建设指导规划、专项规划组成，其中建设指导规划又涵盖土地规划、建筑规划。三类规划所依据的法律基础与规划体例、规划内容各不相同。同时，在规划效力及行政层级角度，德国划分了四级规划主体。其中，联邦、州、州辖管理区所出台的通常为指导性规划，对约束性内容设计较为宽松，主要以指出总体方向与发展指标为主，不会针对某一特定区域明确提出规划中什么要做什么不要做；市、县级区域类规划则为约束性规划（见图7-2-1）。

在德国各层级规划体系中，涉及产业相关的规划大体如下：一是由联邦议会通过的《联邦区域整治纲要》，主要任务是根据联邦各州实际情况，制定促进经济和社会综合发展的计划，提出区域产业体系、人口、土地利用和基础设施建设等各项标准。二是由州区域规划局和规划

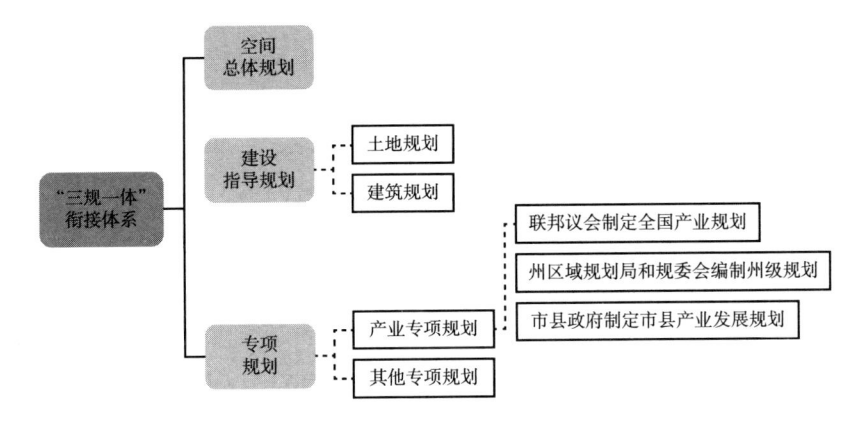

```
"三规一体"         ┌─ 空间总体规划
衔接体系   ───────┼─ 建设指导规划 ──┬─ 土地规划
                  │                 └─ 建筑规划
                  └─ 专项规划 ──┬─ 产业专项规划 ──┬─ 联邦议会制定全国产业规划
                                │                  ├─ 州区域规划局和规委会编制州级规划
                                │                  └─ 市县政府制定市县产业发展规划
                                └─ 其他专项规划
```

图 7-2-1 德国"三规一体"的规划体系

委员会编制的各州整治规划，明确重点经济开发区域。三是由市县政府制定的市县发展规划，根据本市县产业发展情况，具体配置相关工业区、商业区、居住区和生态保护区，对不同产业用地面积和建筑形式均会提出明确要求。

总的来看，德国在产业规划过程中一方面合理制定政府的规划领域，目前德国的中长期规划一般期限为五年，但每年都会根据国内经济文化的发展情况进行小范围的调整。德国《基本法》明确提出保持"经济总体平衡"和"增长"是宪法赋予的使命，为整个规划内容的实施提供了法律保障。德国在规划过程中，政府不直接参与市场运行，而是通过调整机制、预算以及货币供应量、税收、各类社会福利保障制度来进行市场调节。

二 空间与产业治理的均衡化

德国高度重视空间规划的作用，自20世纪50年代就开始了建立空间与产业治理的均衡发展观念。在产业治理过程中也将空间优化作为生态建设的重要组成内容，其本质在于将可持续发展理念提升到绿色发展的高度，为后人留下更多的生态资产。

德国宪法中要求各州政府提供空间发展的导向，并在此基础上形成综合性空间发展报告，对当地城市、交通、土地等领域的内容进行专项规划。德国的空间发展报告一般包含了空间现状、问题、开发趋势、发展方向等内容，并在此基础上为空间的规划与实施提供建议。德国在空间规划方面更加重视实操性，在尊法依法的基础上对空间结构的调整与有序开发进行协调推进。在具体规划编制方法上，德国倡导先解决土地利用，再行建设规划的程序。如德国鲁尔区依托各类不同比例尺的规划底图，实施土地利用有关的水文、坡度、坡向、环境敏感性等分析，针对性制定土地适宜性建设方案，确定各种用地区位和建筑规划。

三　规划权益关系与公众参与

德国规划理念经历了专制到自由的转变，实现了基本权框架下的建设自由与规划管理。自《基本法》颁布后，在城市化进程中，社会公共利益与私人自身利益逐步实现了平衡。另外，《建设法典》作为指导建设规划的重要法规，明确规定规划编制需合理衡量各类公共利益与个人利益间的关系，将其作为基本原则贯穿于规划编制全过程，并体现在规划结果上。如公共与私人利益的平等原则，通常在规划编制中合理甄别公私利益的重要性程度，并遵循科学的比例原则进行利益妥协。

在诸多法规制度框架约束下，德国的规划管理编制与它们的艺术、设计一样，从细节上都无一不彰显着内容的严谨性。通过设置部长会议机制、专门委员会讨论机制、征求下级意见机制、议会审查机制等，从源头开始重视规划的科学性与实践性，通过编制前的充分讨论、论证协调各方利益与矛盾，有时一个规划的出台要长达2~3年的时间，用低效来获得高效的实施。如前文所述，与我国规划管理所面临的时间紧、任务重、实施效率低的困境相比，德国则是在规划领域限定的基础上重视规划的整体性，强调一本规划、一张蓝图的管理策略。

四　创意经济纳入战略规划

为改变德国文创产业实力与其欧洲经济大国地位不相称的现状，德国在战略层面上提出了"文化创意产业倡议"，致力于提升文化产业在国家经济体系中的比重。为配合该倡议的落地实施，德国在产业规划治理的相关环节中探索了诸多有益经验。

一是在产业引导和管理层面，摆脱了单纯依靠文化部门促进产业发展的体制障碍，由经济部牵头统筹文化、司法、财政、教育、劳动和社会事务部门职能，推进创意经济发展。二是将发展创意经济纳入地区创新战略，带动提升传统产业发展质量。如通过文化创新和科技要素植入，助推德国鲁尔等老工业区的转型发展。三是通过完善法律规章和规划体系，不断适应产业和社会、技术环境变化，探索在政策上促进音乐、图书、艺术、电影、广播、表演艺术、设计、建筑事务、软件与游戏业等文化业态发展的可能性（见图7－2－2）。

图7－2－2　德国创意经济战略

相关链接：德国针对性政策为文化创意产业护航

一、制定支持优势产业特殊政策

德国一直重视电影产业的发展，在支持电影产业发展方面，德国联邦电影基金发挥了重要作用。该基金建立于2007年，截至2013年底，基金总计发放3.56亿欧元电影支持资金，资助了642部德国影片的制作和放映。

2015年12月，德国发布了"德国电影基金指南"，详细规定了基金设立目的、资助对象、申请者条件、资助金额等内容。电影基金设立的主要目的包括促进德国电影基础设施的维护和建设、提高电影基础设施的使用率等。符合基金资助的电影公司需要满足的条件有申请者须为与国际电影公司合作拍摄电影的德国电影公司、拍摄的影片长度需与剧情片长度相等。对于单部影片和系列影片有不同的资助额度规定。德国除了在联邦层面对电影产业予以支持外，各州还建立了电影基金和电影促进机构，以扶植本地区电影产业发展。

为了引导电脑游戏产业的健康发展，德国政府采取了一些规范和促进电子游戏市场发展的措施。2007年，德国联邦议会通过了题为"促进电脑游戏市场健康发展、提高游戏文化价值"的决议，呼吁联邦政府加强对游戏市场的引导，对那些文化价值高、教育意义强的电脑游戏开发公司和产品给予奖励，并设立相应奖项。按照上述标准，2009年德国首次颁发了"德国电脑游戏奖"这一专门针对电脑游戏的全国性奖项，以引导电脑游戏的开发和需求方向。

在德国图书市场上，图书的增值税税率（7%）不仅低于其他产品税率（19%），而且实行固定书价，不能任意打折。2002年，德国法律正式确定了图书市场固定价格政策。图书固定价格政策有效保证了图书市场的价格稳定、图书出版的质量和图书出版的多样化，有效保证了图书作者的版权收入，激发了作者的创作热情。此外，还保证了各类图书经销均可获得稳定利润，避免图书市场的价格竞争，保障了一些小书店和特色书店的生存。

二、构建多层次的艺术支持政策

各层次和领域的艺术家是文化创意产品最重要的创作者和供给者。为支持艺术家从事艺术创作，德国对艺术家采取了多层次的支持政策。

建立艺术家社会保险制度。申请参加艺术家社会保险的人员需要出示由艺术家协会提供的会员证明和两家以上画廊的签约合同或其他职业艺术家身份证明材料，参保人自付保费的一半，其余部分由艺术家雇主（30%）和联邦政府（20%）承担。

建立多种文化基金，资助艺术家的艺术创作。联邦政府建立了视觉艺术基金、德国文学基金、社会文化基金、联邦表演艺术基金、德国翻译基金等各种形式的基金，通过举行艺术展、收购艺术作品、颁发艺术奖项、资助艺术家出国采风等多种形式，支持艺术家的艺术创作。各个州和地方政府也设立了不同形式的艺术基金用于支持本地区艺术家的艺术创作。

设立各类文化奖项和为艺术家提供奖学金是德国支持艺术家发展的另一重要政策工具。"德国文化奖项手册"对历年德国艺术家获得奖项和奖学金的数量进行统计，1978年德国艺术家获得奖项和奖学金的项数是776项，1994年增加到2000项，2016年则增加至3000项。

三、提升民众文化消费力

德国文化产业政策还注重从需求层面提升民众的文化消费力。为了提高低收入人群、年轻人和儿童的文化消费参与程度，德国各州均采取了相应措施。

建立地方公益性社会组织——文化共济会，以帮助低收入文化艺术爱好者免费参加文化活动。德国第一家文化共济会于2009年在马尔堡建立，为低收入者提供免费欣赏文化演出和参与文化活动的机会。马尔堡文化共济会的做法很快被柏林、汉堡、德累斯顿、哥廷根、吉森等大城市效仿，甚至一些农村地区也效仿这种做法来支持低收入者参与文化活动。"文化背包"倡议帮助儿童获得演出和文化机构的低价或免费门票。该倡议由北威州于2011年12月提出，北威州政府每年为该倡议拨款300万欧元用于支持10~14岁儿童参与文化消费活动。从2009年开始，萨克森州16岁以下的年轻人可免费参观公共博物馆。

此外，德国政府提升文化消费力的一个重要杠杆就是税收政策。德国对大多数的文化产品实行7%的增值税率，对书籍、报刊、文化活动门票、电影等征收较低税率，以求减轻文化消费者的负担。

[资料来源:《德国针对性政策为文化创意产业护航》,https://www.sohu.com/a/106565819_149159。]

第三节 日本产业规划审议与评估

长期以来,日本的产业规划一直由日本经济企划厅负责并执行,为了进一步强化战略职能,经济企划厅并入内阁府,将国家规划的制定与实施分离,自此日本产业规划的审议与评估更为贴合自身产业发展的现状,在产业集群规划及产业政策评估审议中积累了诸多经验。

一 产业集群规划中的产业管治

战后日本产业发展历经四个阶段(见表7-3-1)。根据不同阶段的不同需要,在产业规划方面统筹资源合理配给,对相关法律条例进行完善补充,在经年累积中实现了从重视沿海地区重化工产业到创造新型业态。如今有在全球具有强大竞争力的区域产业集群,它见证了日本国土综合规划的改革创新与产业发展重心转移的时代历程。

表7-3-1 日本产业发展阶段概况

项目	第一阶段 1945~1970年	第二阶段 1970~1995年	第三阶段 1995~2001年	第四阶段 2001年至今
目标	沿海地区	推动产业分散化	促进新型产业成长	培育具有全球竞争力的区域产业集群
重要条例	重视重化工产业	《产业搬迁促进条例(1972)》《产业区位条例(1973)》《高科技产业区促进法案(1983)》《知识密集型产业区位法案(1988)》《区域核心城市综合发展条例(1992)》等	《特定区域产业集群暂行条例(1997)》《新商业创新设施条例(1998)》等	《中小企业新商业活动促进条例(2005)》等

资料来源:朱惠斌:《日本产业集群规划的特征及启示》,《世界地理研究》2014年第1期。

21世纪初,日本政府借鉴西方产业集群理论,分别由经济产业省、文化教育省结合全国综合规划目标,编制全国产业集群专项规划和创新集群专项规划,确定各产业领域和重点地区的发展路径及项目计划。其中产业集群专项规划涵盖全国重点地区的19个产业群落,致力于提升相关产品生产能力、开拓创新性的商业契机。

日本产业集群和创新集群专项规划以生态观为理论内核,致力于通过规划指引营建产业生态系统。主要规划内容包括：一是围绕产业需求布局功能网络,引导政府、研究机构等具有促进集群和相关功能的主体,通过交流会、研讨会和工作坊等形式,为产业提供即时的集成服务。二是通过规划配套政策,鼓励企业融入产业集群网络,鼓励各类社会服务机构参与建设创新平台,以提高产业集群内生动力。三是在规划实施环节,加强主管部门与财政机构和市场主体的协同合作,将规划和配套政策落到实处。

在中观规划层面,日本第六次国土综合规划提出了广域综合体概念,通过创新区域空间和产业引导模式,实现国土资源的均衡开发,进一步创新了产业管治模式。鼓励通过分区域的国土开发,引导各地区选择符合自身实际的产业发展道路。因此,日本产业集群规划在国土综合规划基础上,依托广域综合体建设,优化了文化及其他资源利用保护、城市和农村规模配置及产业、公共设施布局,促进了产业科学布局和外延功能的提升,充分发挥了产业规划效能(见图7-361)。

二 战略规划的审议制度

日本历来重视规划制定及相关规制决策的制度化建设,坚持规划、决策基于深度和广度的群体讨论。自20世纪中期,日本逐步在一批规划制定中引入审议程序,由日本经济审议厅起草相关规划,征求各方专家意见后提交审议会审议,最终由内阁审定通过。

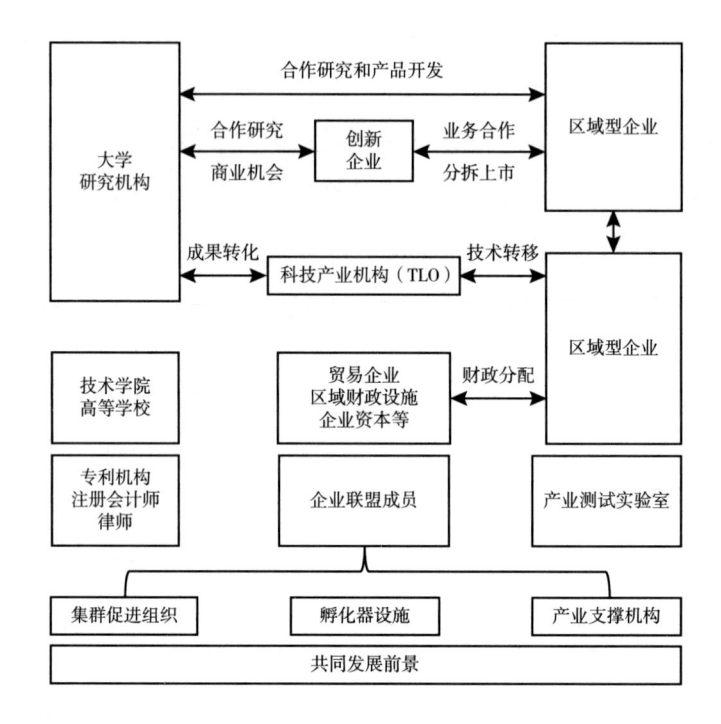

图 7-3-1　日本产业集群规划技术路线

资料来源：朱惠斌：《日本产业集群规划的特征及启示》，《世界地理研究》2014 年第 1 期。

日本政府机构中设置有经济、社会、科技、法律、教育等多领域的专家咨询委员会，下设各类分支科会，专家成员涉及政产学研各界。其职责为重大战略制定和政策出台提供相关专业信息和方向把控，并通过咨询报告的形式对规划及相关政策提出专业建议且进行考核评估。除官方和专业人士参与咨询外，日本在规划制定过程中广泛吸收民间人士意见，并确保民间人士在咨询会议成员中占有一定比例。

三　规划与产业政策的匹配性评估

日本制定实施产业规划的另一特色是重视规划后的综合评估。通过建立专业的评价制度，对规划编制及实施的基本内容、规划对象、实施主体、评估标准和评价方式等做出明确规定。该评估体系在公正交易委员会参与下，由总务省行政评价局公布具体方案，对规划评价制度及实施影响评价做出规范。

在具体操作层面，一方面日本借鉴欧盟做法，通过在总务省成立行政评估局及各处级评估单位，出台相关评估标准指南，对机构的职责、程序、技术标准、评估方法等做出详细规定，从事前决策到事后评估，对规划与产业政策的匹配性内容都有涉及，该评估标准指南在日本政府的规划评估中发挥了重要作用。另一方面日本重视规划的分类指导，严格按照规划审议流程进行管理。日本将全国广域综合开发规划分为全国性国土综合开发规划、地方性开发规划、都道府县开发规划、特定地区开发规划四大类，对经济文化在空间上的存量积累与增量配置进行差别化的协调分类。

受政坛频繁更换的影响，规划的制定期限一般没有必须完成的时间线，往往是滚动实施，新规划不断覆盖旧规划。这就要求日本政府根据不同历史时期的文化特色与发展要求，结合规划评估结果，设定不同时期的发展目标，以确保规划的周期延续性。

相关链接：文旅融合的日本文化输出规划及启示

Cool Japan 战略是近年来日本政府提出的文化软实力战略，它以向海外传播日本文化为导向，强调文创、动漫、音乐、设计、饮食和旅游等要素融合发展，通过强化政策供给（加大宣传推广和金融支持）、完善公共服务（构建海外拓展支援机构网络）、破除体制藩篱（营造官民一体化模式）等途径，培育具有国际竞争力的产品和服务，进而实现其在经济层面和社会层面设定的发展目标。

在 Cool Japan 战略框架下，日本政府围绕提升文化国际竞争力陆续推出配套政策。贯穿这些政策集群的主要思路包括：①以机能价值（品质性能）叠加感性价值（设计质感）的理念，横向整合符合战略方向的产品和服务；②突破行政与市场的界限以及各行业之间的分割藩篱，形成软实力提升的合力；③从全球引进文化输出领域专业人才，充实人力资源网络；④从海外受众视角再造产品和服务，提升文化输出接受度；⑤以国家整体形象推广为统领，充分梳理挖掘地方特色文化旅游资源，并针对海外市场需求实施品牌化营销。

在战略实施层面，日本通过专项规划统筹三大关系。

1. 内阁层面战略统筹

首先，内阁指定战略担当大臣，主要负责跨省厅的政策协调。各部门的具体业务分工为：总务省负责牵头广播内容的海外推广，外务省负责牵头在外公馆的文化宣传推广，财务省（国税厅）负责牵头日本产酒类的宣传推广，文科省（文化厅）负责牵头文化艺术海外推广，农林水产省负责牵头推动日本饮食文化"走出去"，经济产业省负责牵头内容产业的海外推广，国土交通省（观光厅）负责牵头访日旅游海外推广。日常协调事务由内阁府知识产权战略推进事务局负责。

2. 政府民间联动机制

由于Cool Japan战略涉及政府主导性和民间主体性的关系协调问题，并且横跨文化、旅游、工业制造、食品、交通等多个产业，为打破行业间利益壁垒，加强业务联协和信息共享，日本政府推动成立了"Cool Japan官民连携平台"，由内阁大臣和民间企业代表共同担任会长。平台成员则包括与战略实施相关的政府代表（内阁府及相关省厅），以及日本贸易振兴机构（JETRO）、日本国际观光振兴机构（JNTO）等专业海外推广机构，还包括来自文化、旅游以及制造业的社团组织和企业代表。此外，该平台还设立了专门咨询机构。

3. 金融支持平台

为更好推行Cool Japan战略，解决关联企业海外拓展中的融资难问题，日本政府于2013年推动设立了海外需求开拓支援机构（株式会社，通称Cool Japan基金）。该基金由日本政府和民间企业共同出资运营（政府占出资比例多数），主要服务于日本文化输出战略中的企业融资需求。

具体来看，政府部门主要负责战略宏观布局（确定目标、规划步骤、评估效果）、政策供给（产业扶持政策、金融促进政策等）、政策协调（跨行业、跨部门、跨地区事宜）和公共服务（推动基础设施完善和信息供给保障），不直接配置市场资源以及具体管理微观事务。拥有政府出资背景的相关专业机构主要推动政策落地（产业政策、金融政策的具体实施）、平台搭建（市场研究分析、产学研联动、协助企业海外布局）和活动策划（主办或组织参与各类营销推广活动）。以各类企业为主的市场主体是文化输出的主力军，同时是相关政策措施的服务对象群体，主要从事内容生产（产品的创新、设计、生产和改进）、产品分析（具体研究受众需求、商业价值和产品风险）以及业务拓展（构建海外营销网络）。

［资料来源：《文旅融合的日本文化输出规划及启示》，https：//m.sohu.com/a/228027060_447655。］

第四节　美国产业指引与政策集成

美国是反对传统规划的典型国家，但是历届政府都会根据国内外经济、政治、文化的发展现状制定相应的施政计划。

一　控制性与激励性规划并存

从规划职能属性看，美国产业规划兼顾了控制性与激励性需求，针对不同的管理内容提供与之匹配的政策需要。对产业管理中的重点内容、原则指导及公共服务管理等通常使用控制性政策来约束管理的权限与范围，如城市的增长边界、绿色地带保护、对公共设施的维护等，在管理内容上除了关注环境问题之外，还更加注意地域的管理。对涉及私人利益或需要使用经济手段调控的内容一般使用激励性政策，如再开发再利用激励、开发密度激励等，有助于国内民众的利益保护和市场经济系统的持续改善。因此，为了加快从监管到刺激性手段管理、从强制管理到协调管理的转变，实现控制性与激励性政策并存也越发重要。

在具体操作层面，根据控制性与激励性规划需求，美国各地不断完善规划基础评价和发展指标体系，将其作为规划编制的重要技术手段。通过科学的基础评价和目标引导，针对性解决不同行政级别、不同行政区的管理职能、产业协同等问题。由于规划指标体系的理论依据和现实基础不同，研究所需要的数据数量、可获取程度及精度也不同，美国也在不断完善针对不同产业、不同层级的规划指标体系。

二 地方性与区域性政策并重

由于高度发达的自由市场经济，美国联邦政府极少制定全国性的经济规划，更多依靠市场自发作用和经济政策引导。因此，美国一方面依靠空间发展战略和行业发展规划来指导企业行动和市场发展，另一方面州县政府承担了部分产业发展规划任务，成立具有代表性的规划编制机构，通过了解辖区企业和行业现状，确定未来发展方向（见图7-4-1）。

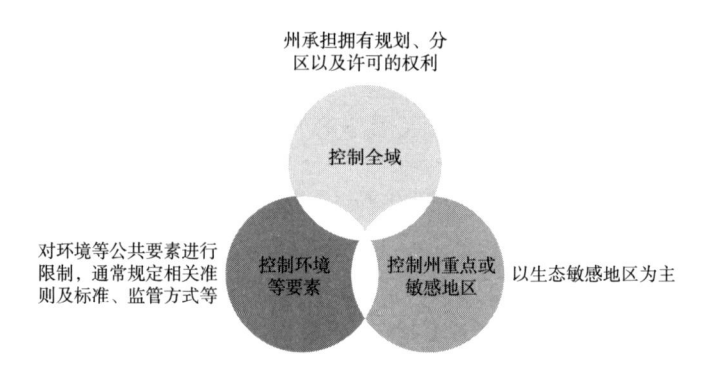

图 7-4-1　美国州空间规划立法类型

当大范围的规划政策全部由中央政府或地方政府制定和实施，地方政府的动态空间受到限制时，容易产生与地方现实不一致的政策，其结果就是选择策略变少、缺乏弹性且结果变差等。随着经济和社会的快速发展，开发规划的区域化特性越来越明显。在制定管理政策的时候，需要将单一城市的开发放在地域开发背景之下，强调地方政府之间的交流、沟通，在强调解决生态脆弱地区区域间保护、区域交通系统整合计划等问题的区域间合作的同时，促进计划的公布和实施。以美国城市增长管理法规为例，自1961年起夏威夷出台土地利用法起，就已经拥有了60年的历史。在发展初期主要是在美国的几个州一级的层面展开，是为了改善城市扩张带来的环境污染问题。主要的管理政策有城市增长边界、海岸线保护法、水资源保护法、土地功能分区等（见图7-4-2）。

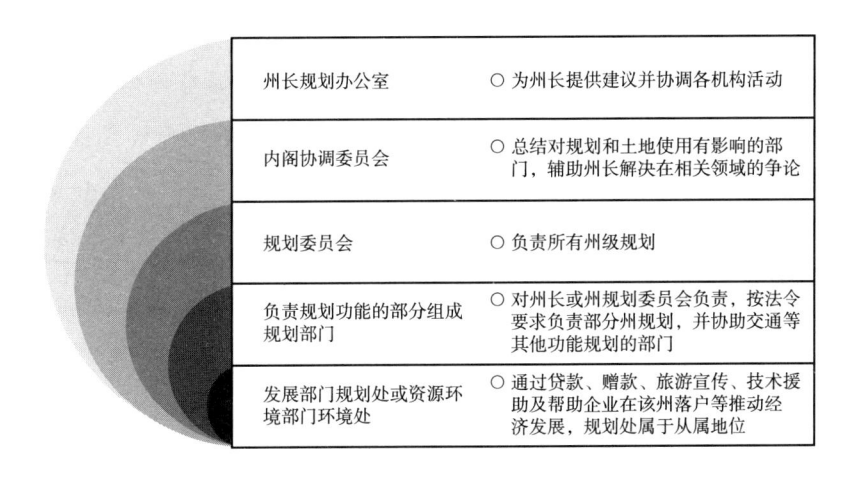

州长规划办公室	○ 为州长提供建议并协调各机构活动
内阁协调委员会	○ 总结对规划和土地使用有影响的部门，辅助州长解决在相关领域的争论
规划委员会	○ 负责所有州级规划
负责规划功能的部分组成规划部门	○ 对州长或州规划委员会负责，按法令要求负责部分州规划，并协助交通等其他功能规划的部门
发展部门规划处或资源环境部门环境处	○ 通过贷款、赠款、旅游宣传、技术援助及帮助企业在该州落户等推动经济发展，规划处属于从属地位

图7-4-2 美国州级规划机构类型

相关链接：美国文化创意产业扶持政策分析与借鉴

在美国，文化创意产业被称为"版权产业"。它主要是指生产经营具有版权属性的产品或作品，并依靠版权保护而生存发展的产业。从1996年开始，美国版权产品的出口首次超过汽车、农业等传统产业，逐渐发展成为美国经济发展的支柱产业。美国版权产业的蓬勃发展主要以全面实施版权战略为特色,其主要政策经验如下。

一是设立机构、建章立制,全面加强版权保护。美国政府为了加强版权保护,一方面设立了版权办公室、商务部国际贸易局和科技局、版权税审查庭、信息政策委员会等专门的行政机构和小组;另一方面不断完善立法工作,近百年来美国先后出台了《反垄断法》《报纸与印刷出版法》《反盗版和假冒修正法案》《反电子盗版法》《电子盗版禁止法》《跨世纪数字版权法》等十几部法律法规。同时,美国在版权保护方面还积极寻求国际合作,1998 年加入《伯尔尼公约》,为美国版权产业的发展提供了良好的外部环境和保障。

二是充分尊重市场规律,实行商业化运作。美国有着发达、健全的市场机制,在版权产业的发展中,它们比较注重发挥市场规律的作用,政府只是尽量为市场打造良好的外部环境,比如美国政府只在政策和资金等方面对新兴的产业园区给予支持,对于那些发展成熟的则让其遵循市场规律,通过产品开发、建立全球销售网络、宣传促销和捆绑销售等多种手段和方法,寻求利润最大化。

三是不断加大版权产业的科技投入和创新。大力支持互联网、数字化、通信卫星等技术发展,加大资金投入,使版权产业拥有了向全世界扩展的桥梁和纽带。此外,美国还积极利用文化霸权地位向全球市场输出它的文化价值观,并寄望通过影响人们的观念来进一步培育潜在巨大的消费市场。

[资料来源:《美国文化创意产业扶持政策分析与借鉴》,https://kuaibao.qq.com/s/20191014A0J6KF00?refer=spider。]

第五节　规律总结及其借鉴

总体来看,发达国家在市场经济体制方面发展较为完备,政府能够利用市场来配置社会资源,因而产业的空间形态规划更受到各方的重视。从发展中国家及其他市场经济国家的发展来看,日本、韩国、法国等国家都曾编制过国家发展规划,俄罗斯虽然在转为市场经济体制后放弃了规划的编制,但随着社会经济发展速度的不断提升,又开始重新启动发展战略规划的编制,虽然规划的内容与传统的规划内容已全然不同,但一切都是为了国家文化经济加快发展的编制核心却依旧没变。国外产业规划管理的规律如图 7-5-1 所示。

重视空间规划统领作用 → 构建完备的法规体系 → 通过规划平衡各方利益关系 → 重视社会公众参与权利

图 7-5-1　国外产业规划管理的规律

一是重视空间规划统领作用。不管是日本、法国等已经停止产业发展规划的国家,还是始终不进行产业发展规划编制的美国、德国、荷兰等国家,一个共同的特色就是它们的编制范围包含广泛的空间规划,譬如日本的国土规划、欧盟的空间规划、美国的区域规划等,虽然称呼有所不同,但是都对本国空间的具体安排事宜做出了详细规划。而我国传统规划中则缺乏这类基础性、战略性及全国性的空间规划,但自 1953 年起,国家计划委员会开始牵头编制国家级主体功能区规划,并进一步衍生出各类专项规划、产业规划等。

二是拥有完备的法律法规体系。国内目前在规划立法过程中的工作相对滞后,在规划编制、实施、管理等方面缺乏法律依据。而国外许多国家或地区都已经制定了与区域规划、专项规划有关的法律法规,譬如德国的《区域规划法》《联邦建筑法》、美国的《地区复兴法》、英国的《产业布局法》等,为规划的顺利实施提供了后续保障。

三是通过规划来平衡各方利益关系。国外在进行规划编制的过程中，采取了一些具有灵活机动性的办法。譬如，组建区域规划协会，制定跨行政界限的综合规划，在大区域内实现资源优化配置。在政府管理和协调中，引入市场型协调机制，针对产业弱势主体实施市场化补偿和扶持。这种规划中的灵活机动性为我国规划的管理实施提供了经验借鉴。

四是重视社会公众参与权利。与美国等发达国家相比，我国在规划实施方面缺乏民众参与度，政策体系也尚不完善。这就需要中央及各省市地方政府积极制定、颁布、实施规划促进政策，鼓励民众积极参与各项政策的制修订环节，重视民众利益的保护，通过举办政策讨论会、听证会等形式，让民众积极参与产业政策的规划制定。各级政府在制定政策的过程中，要重视本地户籍与非本地户籍民众的建议需求，保证政策制定的公平性、合理性、科学性与普适性。

第八章 | 中国文化产业规划的发展回顾

第一节 文化经济初创时期（2001~2005年）

一 战略进阶：文化产业起步

在1998年国家文化机构改革中，文化部成立文化产业司并具体负责对文化产业政策规划的制定、修改、完善与管理工作，在行政管理层面为文化产业规划和管理奠定了制度基础。2000年第十五届五中全会明确提出"完善文化产业政策，加强文化市场建设和管理，推动有关文化产业发展"，这是新中国成立以来首次在正式法律文件中提出"文化产业"的概念，自此文化产业在我国法律层面上正式得到认可，文化产业在顶层设计方面得以起步。

2002年党的十六大报告中将文化事业与文化产业两个概念提了出来，指出"要积极发展文化事业和文化产业，发展文化产业是市场经济条件下繁荣社会主义文化、满足人民群众精神文化需求的重要途径。完善文化产业政策，支持文化产业发展，增强我国文化产业的整体实力和竞争力"。这一方面是我国在文化建设方面的重要突破，能不断提高我国文化产业的理论水平；另一方面作为我国文化产业战略进阶的伊始，使得这一阶段电影、出版等传统业态领域走向了市场化的探索，出现了一大批文化类企业，在文化经济的初创期发挥了重要作用，文化产业规划开始得以出现并发展起来。2003年，在党的十六届三中全会上文化体制改革被再一次提出，并提出了创新改革发展的方向与目标。同年6月，全国文化体制机制改革试点工作会议召开，制定了推动文化体制改革运行的总体方案，创新了文化体制机制改革的前进方向，进一步优化了文化产业发展的环境。

2006年，国务院出台《关于深化文化体制改革的若干意见》，对广电、新闻出版等行业提出了创新机制、面向市场的转型要求，率先进行文化事业单位企业制改革。不仅如此，国家开始大力提倡民营资本发展文化产业，并印发了《文化及相关产业统计指标体系框架》，对文化产业的相关发展及就业形势等指标进行了归纳，对文化产业的相关内涵与外延范围进行了政策制定（见图8-1-1）。

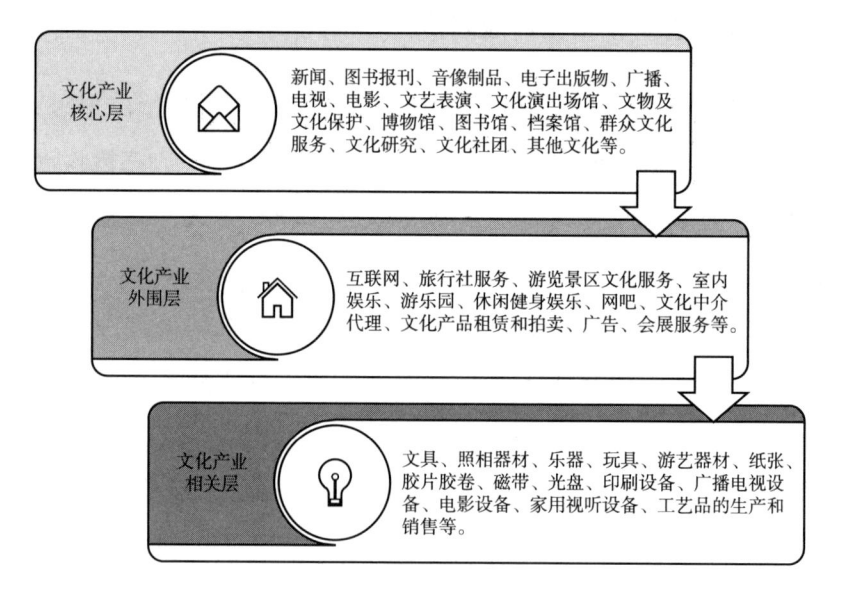

文化产业核心层：新闻、图书报刊、音像制品、电子出版物、广播、电视、电影、文艺表演、文化演出场馆、文物及文化保护、博物馆、图书馆、档案馆、群众文化服务、文化研究、文化社团、其他文化等。

文化产业外围层：互联网、旅行社服务、游览景区文化服务、室内娱乐、游乐园、休闲健身娱乐、网吧、文化中介代理、文化产品租赁和拍卖、广告、会展服务等。

文化产业相关层：文具、照相器材、乐器、玩具、游艺器材、纸张、胶片胶卷、磁带、光盘、印刷设备、广播电视设备、电影设备、家用视听设备、工艺品的生产和销售等。

图8-1-1　《文化及相关产业统计指标体系框架》分类内容

二　阶段特征：文化发展方向明确

社会主义市场经济体制的进一步完善为文化产业在体制环境、政策环境与市场环境的改善提供了背景。随着社会主义市场经济体制迈向实质性的步伐，这一阶段文化经济发展也将产生深刻且全方位的影响，整体呈现文化发展方向进一步明确的阶段特征。

一方面，社会主义市场经济秩序的规范为文化产业发展创造了一个日益完善的市场环境，知识产权法律体系更为健全，将推动文化产业创新创业发展，吸引社会投资者扩大文化产业内容的投资，为文化发展方向提供前进路径。加之国有企业改革和投融资体制改革，能够进一步健全产业组织架构，扩大文化投融资渠道，降低文化产业投资成本与风险。

另一方面，随着体制障碍和垄断格局的破除，文化产业市场份额进一步扩大，调动多元主体参与文化发展，特别是文化、广播影视、新闻出版体制改革的深化，能够推动科学合理、灵活高效的文化产业管理体制与产品生产经济机制出现，通过文化产业相关领域产业机构重组为这一时期文化经济提供多样化的发展方式，从顶层设计角度综合考虑文化发展战略与产业政策的相关问题。

三 规划内容：转变文化治理方式

第一，重视新兴服务业发展，加快国民经济结构的战略性调整。改革开放以来，国家社会经济进入了一个新阶段，2003年国内人均GDP超过了1000美元，成为经济文化发展的一个重要转折点。在此基础之上，民众总体的消费水平和结构都会出现重大变化，精神文化消费比重上升，随之拉动新兴服务业的不断发展，并由此成为文化治理方式转变的重要内容之一。服务业的兴起在思维逻辑方面对文化产业的增长方式和结构调整发挥了重要作用，同样也引起了中央与各地方政府的高度关注。

第二，重视物质领域生产，推动文化体制改革创新。作为新一轮的改革中心环节，这一时期文化体制改革在物质生产方面全面推开，不仅在各个部门、地方进行改革治理，而且面向全国进行一体化推动，促进国家文化体制的全面完善。这一时期文化产业的发展就是在文化体制改革全面铺开下进行的，即文化体制改革所代表的生产关系的改变带来了文化产业中文化生产力的解放，而文化产业的发展又进一步推动了文化体制的全面改革。

第三，重视精神文明与政治文明的双重治理。十六大的召开明确了发展文化产业是满足人民精神文化和政治文化需求的途径，因此要转变过去文化发展的方式方法，对文化带来的经济价值予以肯定，从政治层面认识到文化产业的发展对推动科学发展观以及和谐社会的构建具有历史性作用。

第二节 文化经济"百花齐放"时期（2006~2010年）

一 战略进阶：明确文化产业与事业发展方向

2006年中共中央、国务院正式下发《关于深化文化体制改革的若干意见》，明确提出要构建科学有效的宏观文化管理体制，打造具有高效率的微观文化生产服务机制，形成统一、开放、竞争、有序的现代文化市场体系与文化产业发展格局。文化体制的不断改革进一步带动了文化经济的百花齐放。这一阶段，国内出版、影视制作、发行、广电传输等传统文化企业已经完成了改革目标，并且一般国有文艺院团、首批非时政类报刊出版单位等国有经营性文化单位的改制、官办分离已经开始逐步推进。随着2009年我国第一部文化产业专项规划《文化产业振兴规划》的正式出台，文化产业正式上升为国家战略性产业，我国文化事业与文化产业发展方向进一步明确，文化经济发展迈上新阶段（见图8-2-1）。

发展重点文化产业

实施重大项目带动战略

培育骨干文化企业

加快文化产业园区和基地建设

扩大文化消费

建设现代文化市场体系

发展新兴文化业态

扩大对外文化贸易

图 8-2-1 《文化产业振兴规划》重点任务

二 阶段任务：坚持文化惠及于民

2006 年国务院出台《国家"十一五"时期文化发展规划纲要》，对这一时期文化产业发展的阶段性任务与特征做了说明。

一是强调文化体制改革要惠及于民。要坚持以人为本，要始终关注民众需求，不断满足人民群众日益增长的精神文化需求，要大力建设公共文化服务体系，不断繁荣文化事业与文化产业，从而进一步促进城乡区域间文化的协调发展，重视基层文化生活，不断推出适合于民众需求的文化作品。

二是重视文化生产。《国家"十一五"时期文化发展规划纲要》从当下文化建设的现状与条件出发，对这一阶段文化建设的目标和任务提出了新的发展重点，并对其做了量化与分解，进一步提高文化生产的针对性与可操作性，通过重点环节突破、重大工程建设支撑项目以及政府出台的相关保障措施来合理制定落实这一时期文化产业发展的各项指标与任务要求。

三是重视文化创新改革。这一时期文化体制机制改革得到进一步深化，文化产业的发展注入了新的活力，依靠文化自觉，充分调动文化产业相关领域从业人员的积极性与创造性。

2009年我国文化产业国内外市场规模大约达到8000亿元人民币，城乡居民文化消费以及公共财政文化消费支出不断提高，国家在此阶段始终坚持文化惠及于民，为文化经济发展增添助力。依据各类产业报告，2009年可以算作国内文化产业发展的"转型之年"，文化成为国民经济发展的重要手段，在顶层设计方面文化体制改革得到进一步推进，在文化产业市场中新媒体产业的兴起成为居民文化消费的主流方式，3G网络带动了一批业态联动的发展态势，文化产业市场份额不断提升，文化经济融合发展的前景开始展现，文化产业在这一阶段登上了国家战略性产业的位置（见表8-2-1）。

表8-2-1 2009年中国文化产业分层数据

数据指标	文化产业核心层	文化产业外围层	文化产业相关层
从业人员（万人）	332	248	455
资产总量（万亿元）	8331	9319	9837
营收总额（万亿元）	5775	6140	15330
增加值（%）	2512	2181	2664
较2004年增加（%）	107.6	247.6	92.6

三 规划内容：创新文化生产经营机制

随着国内第一部文化产业专项规划的正式出台，这一时期文化产业规划开始重视市场化运转，发展方向也从过去主要依靠政府宏观调控逐步开始走向以政府宏观调控为主，企业自主参与市场竞争，不断创新文化生产经营机制。

第一，国家宏观经济形势的变革为这一时期文化产业发展提供了好的前景。国家相关规划的出台为转变经济增长方式，扩大内需，协调经济、社会、政治、文化之间的关系，文化产业的发展方向提供了新的方针与趋势。其中表现最明显的就是强调对公共文化服务体系的构建，释放民众有效文化消费。具体来看，这一时期在民众文化消费中对医疗、教育、文化的消费占比存在正向性关系，当医疗消费越高时，教育与文化消费也随之增长，因此这一时期进一步推进文化公共服务体系建设将更为有效地拓展民众有效文化消费的需求。

第二，文化体制改革对文化产业的发展起到了推动作用。从文化经济初创时期提出文化产业，到 2003 年文化体制改革试点工作，再到 2006 年作为文化体制改革试点在全国推广的开局之年，文化体制改革在目标要求、模式路径、发展方向上逐步清晰，按照以公有制为主体、多种所有制经济共同发展的思路，在文化产业领域提出了"以民族文化为主体，吸收外来有益文化的市场格局"的新方向。从 2003 年国家统计数据来看，新兴文化产业业态在当时的发展速度就已经超过国有文化机构传统核心业态领域，而随着文化体制机制改革的进一步深入，这种差距也在不断扩大，政府主管部门逐步从主管政府所属的文化机构向主管全社会的文化机构转移。从这一时期文化体制改革试点工作来看，统一的文化市场正在逐步形成，存量与增量之间的体制障碍也在逐步打破，这一时期文化产业正式融入国民经济发展的大市场，刺激文化产业经济发展不断提质增效。

第三，技术进步为文化产业发展提供了支持。在文化经济百花齐放阶段，技术，进步体现得最明显的就是信息技术对文化产业的影响，特别是在国家提出要"发展和信息产业相关的文化产业"后，文化与信息产业的关系更是提高到了一个新的高度。这一时期内广电、通信领域的融合趋势越来越明显，进一步破解了不同部门之间的体制界限与障碍，使得文化产业的发展进入了一个新的阶段。不仅如此，新兴文化产业在历史发展方面存在的时间短、文化价值不高的短板也随着技术手段的不断升级而有所弥补，而这又反过来推动了文化体制改革的驱动创新。

第四，区域协调创新了文化产业的发展类型。面对国内文化产业东部发达、中西部产业水平较低的局面，如何做到区域文化经济协调发展成为重点。这一阶段全国70%以上的省份都提到建立文化大省的要求，并将其纳入"十一五"时期的规划重点，认识到文化产业能够对当地国民经济的发展和社会进步起到重大推动作用。从东部与中西部各区域文化产业经济的发展趋势来看，东部较好地区更偏向于以外向型文化产业为主，依据国际市场环境的需要做出适时调整；中西部发展水平较低的区域则是从基层抓起，通过改变区域文化产业的逻辑和发展路径从而实现对地方文化经济发展的突破创新，对区域经济特别是中西部地区的文化经济发展影响深远。

第五，农村文化的兴起拓展了文化体制改革范围。随着国家出台《关于进一步加强农村文化建设的意见》，改变了以往从公共文化建设的角度来打造农村文化产业，而是从体制创新方面强调将农村的文化建设转移到新的体制基础上，即在加强农村公共文化体系构建的同时，也要重视农村居民多样化、多层次的消费需要，从而进一步强化对农村文化市场的开放利用。这一时期文化产业生产经营领域不仅将城市考虑其中，也把农村文化市场纳入整体发展之中，更进一步加快了文化产业生产经营上下游链条的整合延伸，使其成为一套完整的发展体系，激活文化经济发展的新领域、新业态。

第三节 文化体制改革全面推进时期（2011~2015年）

一 规划导向：发展中国特色文化产业模式

党的十八大以来对文化产业的重视程度进一步加深，提出了要不断健全现代文化产业和市场体系，创新生产经营管理，培育新型文化产业业态内容，打造中国特色文化产业规划模式，推动我国文化产业进入高速发展期。在此阶段，我国文化产业发展面临以下几个方面的新导向。

一是文化创新创意创业方式不断迭代升级。自2011年伊始，全球兴起了创客文化的浪潮，十八大后，我国的创客文化将技术创新扩展到文化创新创意创业发展的活动之中，进一步推动了国内文化创意产业的发展。创客的出现扭转了我国文化产业过去长期跟跑、模仿、复制的局面，开始进入原创的新阶段。文化产业的迭代创新进一步促进了不同产业、领域等内容之间展开线上线下的合作，创新了业态内容，推动了文化经济的融合发展。

二是文化与数字技术的深度融合。随着新一轮科技革命和产业变革的孕育兴起，互联网、大数据、云计算、人工智能等数字技术日新月异。在以数据资源为重要生产要素、以全要素数字化为重要推动力的数字经济蓬勃发展背景下，文化产业新旧动能转换步伐不断加快，文化供给质量、供给结构、供给效率正迈向新台阶。当前，知识、信息、技术、数据已成为关键性生产要素，数字化新技术、新业态、新模式层出不穷，数字文化产业将成为全球新一轮数字经济创新的融合剂，将有力推动全球经济复苏。

三是文化产业集群效应不断凸显。文化产业是以文化企业为载体而发展起来的，其本身就有集群化的特征。党的十八大以来，国内文化企业快速发展，并在一定区域空间内形成了以具有突出优势的文化资源与区位条件为基础，以区域内具备发展前景的文化产业领域内的企业、园区为主体的文化产业集群网络。"文化＋"融合业态趋势的不断深化，大大提高了我国文化产业的总量与质量，加上国家出台了一系列以文化产业园区、企业为主题的专项规划，促进文化产业进一步发展成为我国经济发展的新的增长点。

二 阶段任务：完善文化行政管理体制

虽然阶段性改革任务已经完成，但仍处于深水区，新的体制机制尚处于初创时期，且面临国有文化企业转企改制、文化事业单位分类改革、现代文化市场体系初建、政府职能转变等问题，需要更进一步完善文化行政管理体制，统筹协调文化体制改革与其他领域改革的关系（见表8-3-1）。

一方面强调要全面深化改革顶层设计，打造以文化创造活力为重点的中心环节。2012年中共十八大报告中以"扎实推进社会主义文化强国建设"为题对文化建设提出了新部署，即"建设社会主义文化强国，关键是增强全民族文化创造活力"。而其中增强文化创造活力，就是要不断深化文化体制改革，完善文化行政管理体制；2013年十八届三中全会又再一次提出了要"以激发全民族文化创造活力为中心环节，进一步深化文化体制改革"，并部署完善文化管理体制、建立健全现代文化市场体系、构建现代公共文化服务体系、提高文化开放水平四项重点任务。2014年审议通过的《深化文化体制改革实施方案》（以下简称《实施方案》）对文化改革的指导思想、目标思路、主要任务与政策保障做了明确细化。该《实施方案》的出台不仅重视与政治、经济、社会等各领域的统筹协调，不断完善文化管理体系、加强文化市场体系建设、推进公益性文化事业的发展，还要对涉及深层次矛盾与难点问题进行攻坚克难，在文化体制改革中做到具体化、项目化与责任化。各项文化改革政策的出台，为这一阶段文化经济的发展提供了良好的产业基础与政策背景。

表8-3-1 《国家"十二五"时期文化改革发展规划纲要》热点解读

基本内容	关键词
2015年文化体制改革重点任务基本完成	2015年
	社会主义核心价值体系
	文化产业格局
政府将采取多种措施鼓励企业参与公共文化服务	公共文化服务
	公共财政经常性支出预算
	农村文化服务
我国将引导社会资本以多种形式投资文化产业	文化产业投资
	国有经营性文化单位转企改制
	文化产业园区

续表

基本内容	关键词
我国将吸纳基层群众参与管理国家兴办的博物馆	公益性文化事业单位 基层群众参与 党报党刊发行体制改革和电台电视台制播分离改革
我国将把创新精神贯穿文化创作全过程	文化创作生产 以人民为中心 社会实践新领域
推进城镇化建设和旧城改造要高度重视保护文化遗址	文化遗址 文化遗产资源 民族特色文化活动
建立文物鉴定准入和资格管理制度，引导、规范民间收藏	文物市场 文物收藏 历史文化名城名镇名村
鼓励具有竞争优势和经营管理能力的文化企业对外投资	拓展文化海外市场 外向型文化企业 国际文化产品和服务平台建设

另一方面实施简政放权，向现代文化治理方式转变。2013年"文化金融扶持计划"启动，为全国92个文化产业项目提供贴息支持，推动文化金融的融合发展；2013年依据中共十八届三中全会提出的"建立党和政府监管国有文化资产的管理机构，实行管人管事管资产管导向相统一"，两家文化部直属文艺院团进行了企业化改革的工作试点，并取得实质性成效，其他各地政府也积极探索经营性文化单位转企改制后的资管模式，先后通过财政、宣传等部门成立文化资产管理机构等方式，不断探索现代文化治理方略。2014年国务院印发《关于推进文化创意和设计服务与相关产业融合发展的若干意见》，将文化创意产业纳入发展实体经济，打造创新型经济的重要手段；之后又印发了《关于加快发展对外文化贸易的意见》，对文化产品的服务出口方式进行了相关规划。这一时期文化部原有的行政审批项目多数被下放或取消，国家新闻出版广电总局的相关行政职责同样被取消或下放，文化行政部门的

简政放权进一步证明了这一阶段国内文化行政管理体系由办文化向管文化、管微观向管宏观的任务转变。

三 规划内容：健全现代文化市场体系

从 2000 年中共十五届五中全会通过的《中共中央关于制定国民经济和社会发展第十个五年计划的建议》中率先正式提出"文化产业"概念，再到 2009 年《文化产业振兴计划》出台、为文化产业发展前景进行规划以来，文化产业走过了不平凡的 10 年。经过前几个阶段的积累，文化产业发展的经济、体制环境越发健全，文化在经济发展中地位得到广泛共识，文化消费需求不断升级，在大的环境背景下，新时期文化产业也在规划发展方面面临新要求。2011 年，文化部产业司动漫处副处长马力指出，要提高文化产业的工作重心，在政府层面要做好进一步的宣传造势工作，为文化产业发展提供更加良好的氛围。同时，在规划内容上更加重视地方发展，不断健全现代文化市场，全面推进文化经济的纵向深入。

第一，重视区域文化产业发展。2011 年国家整体宏观经济政策做出了调整，并连续出台多项专项内容支持地方经济发展。在文化产业规划方面也顺应时代潮流，发展区域性重点项目，打造文化产业集聚区，发挥集聚效应，调动地方经济发展积极性。中国传媒大学文化产业研究院学术委员会主任齐勇锋认为，当前国内改革发展已经到了政治、经济、文化、社会建设四位一体阶段，要按照科学发展观要求将文化产业发展与区域城市化发展、新农村建设以及旅游、体育、农业等各类业态充分结合。国内文化产业在前一个阶段发展中出现了东部地区文化资本效益下降，西部及偏远少数民族的文化资本效益反而高于东部地区，这也为这一阶段文化产业规划内容强调空间布局平衡，在缩小城市和农村、东部和西部的空间区域发展差异的同时，对传统和现代的文化资源也要做到更好地转化，打造跨区域、跨行业的文化产业新布局。

第二，重视文化核心创造力与自主性培育。这一阶段国内文化产业发展规划着眼点在于以培育文化创造力为核心，以激发公民文化创造力为重点，助力文化产业向优质化、多元化方向发展。与西方相比，我国文化产业起步较晚，自20世纪80年代以来才开始进入跳跃式增长期，前期急躁性的发展为文化产业市场带来了诸多诟病，因此与西方国家文化产业重归个体性创作主导阶段弥补市场缺陷不同，我国文化产业现阶段的核心内容更为重视个体活力和创造力的提升，从政府层面大力进行文化体制改革，减少不必要体制限制，保障公民个体文化权利，鼓励多元化的创作生产，为下一阶段文化产业专精化和迎接质的变化做好充分准备。

第三，鼓励文化企业多种规模并存。当前国内文化市场发展存在"大小并存"的局面，虽然一些外资跨国文化公司已经打入内地市场，但完全性垄断现象并未出现，仍面对大批中小型文化企业的挑战，大小并存的局面反而有助于促进竞争，保证文化市场的创新活力。文化产业领域"不应被资本绑架"成为这一阶段众多专家学者的普遍观点，文化的特殊性使得一个好的创新出现需要经年累月的积累，过度重视资本效益并不利于文化产业的长远发展。过去文化体制改革中为推动国有企业面向市场，对国有文化企业的政策倾斜较多、力度较大，虽然促进了国有文化企业走向市场，但反而缩小了民营文化企业的生存空间，无法兼顾文化多样化发展，造成市场发展不均衡的状态。因此，这一阶段健全现代文化市场体系不仅重视区域产业打造，也对创作者、中小企业与企业集团之间的关系进行了重新认知，即政策方面依旧顺应文化体制改革总趋势重点发展企业集团化，在税收金融、产业专项方面为个体创作者、中小企业提供便利，不断理顺文化产业结构，提升文化产业活力与能力。

第四节　文化自信加速建立时期（2016~2020年）

一　规划导向：重塑新型文化产业市场主体

改革开放以来，国内文化产业发展一路高歌猛进。习近平总书记2018年在全国宣传思想工作会议上指出："要推动文化产业高质量发展，健全现代文化产业体系和市场体系，推动各类文化市场主体发展壮大，培育新型文化业态和文化消费模式，以高质量文化供给增强人们的文化获得感、幸福感。要坚定不移地将文化体制改革引向深入，不断激发文化创新创造活力。"这一论述为我国文化产业转型升级、提质增效和文化市场主体地位的提高提供了基本遵循。

随着中国特色社会主义新时代的来临，我国文化产业开始迈向新的征程，具体表现为从粗放的铺摊子模式转变为高质量、精细化的发展模式。这就对文化产业规划方向提出了新的要求，即进一步加强顶层设计，强调知识产权的重要性，坚持以内容为主，突出文化产业内容的创新创意与创造性发明；强化"文化+"战略，推动大数据、互联网、云计算、人工智能等新技术发展，提高文化生产和服务能级，围绕个性化、定制化市场需求，创新文化产业业态体系、供给模式，不断提高市场经营主体竞争力，为文化产业相关内容的规划制定指明了方向。新时期，文化产业要更广泛地融合到市场经济和社会发展的重要领域，实现文化产业的辐射和带动作用。

二　阶段特征：创新文化"特色驱动"模式

十八大以来，文化产业在顶层设计层面得到更多支持，相关专项规划内容也在不断丰富创新，整体呈现以下三个方面的发展特征。

一是十八大以来文化产业发展过程中面临供给端与消费端双创发

力的态势，双轮驱动进一步带动文化产业新旧动能转换升级。从文化供给方向来看，文化产业规划政策的制定坚持以问题为导向，杜绝传统文化业态中的低端供给，淘汰过剩供给，清理僵尸供给；从文化消费来看，加快建立现代文化经济市场体系，出台各类鼓励文化产业发展的政策规划，有利于优化消费环境，建立扩大和引导文化消费的长效机制。

二是国内外文化交流的日渐紧密，以及国家系列文化安全政策规划的出台为文化繁荣拓宽了路径。在当前社会经济文化全球化发展的过程中，国家文化安全和文化产业发展与国际化贸易程度成正比。这一时期我国在重视文化"引进来"的同时，也对文化如何"走出去"进行了探索，不断提高文化安全保护的思想意识，重视知识产权的合理维护，构建以国家利益为重的文化发展观，打造全方位、科学化的文化安全预警体系，全面推进文化创新能力建设。

三是现代文化市场体系不断完善，市场配置作用进一步加强。现阶段，文化市场体系是否能够有效发挥作用关系着国内文化产业发展能否走向繁荣。一方面，多层次的文化消费市场成为满足民众个性化、多样化消费需求的重要载体，构建完备高效的文化消费市场有利于促进文化要素在市场中的高效运转；另一方面，以信用为核心的市场监管体系推动了文化市场综合执法能力的升级。

四是文化产业发展制度体系不断完善。《中华人民共和国文化产业促进法》是文化产业领域在国家层面出台的纲领性文件，是国家对文化产业重视的又一次证明。政策的出台发布为我国文化产业发展提供了更好的发展环境与法律保障，对新时期文化产业实现迭代创新意义重大。

新时期，文化产业阶段性任务从过去的"稳中求进"逐步过渡到"提升融合"。从"提升"角度来讲，《文化部"十三五"时期文化产业发展规划》提出要不断提升文化产业内部价值，强调社会效益与经济效益相统一，拓宽文化产业价值链条，发挥文化产业的集聚效应与规模优势，提升相关产业业态的整体价值，形成经济价值与文化价值的双向循环，从而实现文化产业从传统的小众产业跨越为大产业，构建大文化产业体系。从"融合"角度来看，包括了产业融合、管理融合与区域融合。文化产业的跨界融合为产业发展注入了新的动力，在此过程中，文化产业自主融合与公共文化服务、相关文化产业融合发展，为国民经济转型创新注入了新的活力。此外，自2014年国务院发布《关于推进文化创意和设计服务与相关产业融合发展的若干意见》以来，融合已成为我国文化产业发展的大势所趋。文化产业作为维系民众生活品质与区域经济软实力的重要产业形态，其经济效益与社会效益更趋向深度融合，不仅使文化市场供给更为多元，而且还提升了文化产业服务效能，更好满足民众消费需求。

总的来看，这一时期出台的特色文化产业指导意见、特色文化产业示范区、特色项目申报、特色自主文化品牌培育等方面的专项规划将形成一套较为完整的特色文化产业体系，创新文化特色驱动模式将成为这一阶段文化产业规划的重要阶段特征，具体表现为：一是涵盖了体制建设、人才培养、财政金融、产业融合、国际贸易等全方位的扶持政策，通过出台文化与金融、旅游、科技等产业融合发展的相关规划，构建了一条覆盖政府全面扶持、多部门协同的特色连通网络。二是国际化竞争加剧，"一带一路"倡议为文化产业发展提供了平台支持，特别是《文化部"一带一路"文化发展行动计划（2016～2020年）》等政策的出台健全了产业政策的完整性、科学性，为文化产业在国际文化战略部署中争得了一席之地。三是数字文化产业的发展激活了"文化+"潜能，文化创新作为这一时期提出的文化产业发展主线，2017年数字文化产业政策的出台，为文化创新驱动提供了全新思路，不断为文化产业拓展新方向。

三 规划内容:加快培育文化经济新动能

2017 年,国家出台《文化部"十三五"时期文化产业发展规划》,明确了加快培育文化经济新动能的发展要求和方向。文化产业作为国民经济发展的重要一环,要积极通过与相关产业的融合发展,将文化理念渗透到传统业态的设计、生产、营销等环节,提升文化含量与品味,创新传统产业价值链条,在培育壮大新动能、提升改造传统动能方面做出更大的贡献(见图 8 – 4 – 1)。

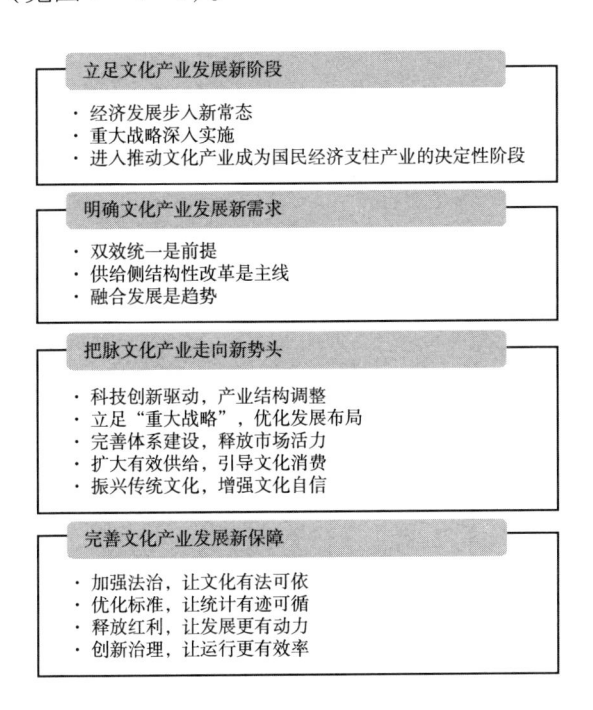

立足文化产业发展新阶段
- 经济发展步入新常态
- 重大战略深入实施
- 进入推动文化产业成为国民经济支柱产业的决定性阶段

明确文化产业发展新需求
- 双效统一是前提
- 供给侧结构性改革是主线
- 融合发展是趋势

把脉文化产业走向新势头
- 科技创新驱动,产业结构调整
- 立足"重大战略",优化发展布局
- 完善体系建设,释放市场活力
- 扩大有效供给,引导文化消费
- 振兴传统文化,增强文化自信

完善文化产业发展新保障
- 加强法治,让文化有法可依
- 优化标准,让统计有迹可循
- 释放红利,让发展更有动力
- 创新治理,让运行更有效率

图 8 – 4 – 1 《文化部"十三五"时期文化产业发展规划》编制亮点

新时期,文化产业在规划内容方面更加重视提升公共服务、基础设施、创新发展等水平,既要利用好各类财政投入不断创新提升文化产业服务效能,也要有效引导社会资本进入文化领域,形成文化"大众消费""大众投入"的社会合力,切实培育文化经济新动能。

一方面，进一步强化社会效益与经济效益的"双效"统一原则。在指导思想和基本原则中强调"坚持社会主义先进文化前进方向，坚持把社会效益放在首位、社会效益和经济效益相统一"。在具体举措中重视培育国家级文化产业示范园区、文化企业的社会效益，并将其纳入考核指标的重要内容之一。此外，还强调"把行之有效的文化经济政策法定化，健全促进社会效益和经济效益有机统一的制度规范"。另一方面，供给侧结构性改革成为这一阶段文化产业发展的又一主线，优化供给、投资拉动、深化改革、补齐短板、降本增效、转型升级成为文化领域供给侧改革的重点任务，不断激活文化单位内生动力，主动适应市场、融入市场，推动文化创意产品开发，让文化资源得到有效利用。从《文化部"十二五"时期文化产业倍增计划》提出"以结构调整为主线，提升产业规模和整体素质"，到这一时期《文化部"十三五"时期文化产业发展规划》提出"以推进供给侧结构性改革为主线，不断解放和发展文化生产力，满足多样化文化消费需求"中可以看出，供给侧结构性改革在当下提出的加快培育新动能、释放产业新活力的诉求始终作为文化产业发展方向的主线，要积极适应新时期消费心理、需求及模式的转变，不断为文化产业提质增效提供内生动力。

下篇 | 文化产业规划之"实践指南"

第九章 文化产业规划编制标准体系

第一节 法律法规层面
——《中华人民共和国文化产业促进法》

一 背景解读

自2010年起,我国文化产业发展从过去的超高速增长转变为高中速增长,进入稳定提速时期,2011~2017年,文化产业占比从21.96%下降到12.8%。国内文化产业形态发生了改变,由过去线性单一模式转变为融合发展模式,在"文化+"融合发展成为主流的同时,基于互联网与大数据技术所带来的文化产业新业态成为文化产业发展的新动能与新经济增长点。在这一系列变革发展中,传统文化业态、服务模式被逐渐边缘化,如何实现文化内容的创新创意发展成为文化企业面临的新问题,因此更加需要从国家层面出台引导政策给予文化产业发展方向新的指引,并配套相应措施给予保障。

为促进文化产业健康持续发展,满足人民美好生活的精神文化需求,建设社会主义文化强国,特制定本法。2010年4月,文化部部长蔡武向全国人大常委会报告,要加快文化产业立法进程,着手起草《文化产业促进法》。2015年9月,文化部会同中宣部等部门建立文化产业促进法起草工作机制，组建了起草领导小组、工作小组和专家咨询组；2017年1月，正式征求中央和国家机关39个部门意见；2018年3月，正式征求中央和国家机关44个部门意见；2019年6~7月，文化和旅游部将草案征求意见稿向社会公开征求意见；2019年12月，对草案征求意见稿进行修改完善，形成了草案送审稿。

党的十八届四中全会决定明确提出要制定"文化产业促进法"，而不是文化产业法或文化产业管理法，定位是非常明确的。根据这一要求，草案起草工作小组充分在"促进"上下功夫、做文章。我国文化产业虽历经多年高速发展，但仍然存在诸多短板和问题，价值导向、产业地位、市场经营、供给体系、政府责任等仍需通过立法方式加以解决。同时，作为市场主体，文化企业发展同样存在发展环境差、竞争力不足等问题，亦需要加大扶持力度。

草案送审稿共设9章、75条，包括总则、创作生产、文化企业、文化市场、人才保障、科技支撑、金融财税扶持、法律责任、附则。在篇章结构设计上，草案起草工作小组紧紧抓住促进文化产业发展的关键环节和核心要素，聚焦"促进什么""怎么促进"两个核心问题，确定在创作生产、文化企业、文化市场三个关键环节发力，在人才、科技、金融财税等方面予以扶持保障。在立法内容上，有三个方面值得重视：建立现代文化产业体系，即与科技类、制造类产业体系相联系；强调文化市场化问题，在兼顾社会责任和效应的同时，充分考虑市场；文化产业供给侧问题，即依照人民群众需求，以人民的需求为出发点和立足点。

总的来看，《中华人民共和国文化产业促进法》的制定重点表现了以下几个方面。

一是调整范围明确化。草案送审稿以国家统计局《文化及相关产业分类（2018）》为依据，明确界定了文化产业的定义和范围。其中，包括文化服务经营性活动，以及经营性活动所需的文化辅助生产和中介服务、文化装备生产和文化消费终端生产等活动。

二是经济政策协同化。草案送审稿汇总并提炼了近年来党中央、国务院及相关部门出台的有关政策意见、专项规划，围绕创作生产、文化企业、文化市场、人才保障、科技支撑、金融财税扶持等文化经济政策，按照协同集中的原则加以法定化。

三是落实中央对文化产业发展的最新部署和要求。党的十九大胜利召开以来，起草工作小组深入学习贯彻习近平新时代中国特色社会主义思想和党的十九大精神，落实全国宣传思想工作会议精神，将相关精神充分体现在草案送审稿之中。特别是对创作内容、质量管理、企业服务保障、市场秩序等进行了完善调整，着力推动文化产业高质量发展。

四是对保障国家意识形态和文化安全做出制度性安排。维护国家意识形态和文化安全，是文化产业发展的"生命线"，也是文化企业的崇高使命。为此，草案送审稿着力加强对文化产业发展方向的引导，将保障国家意识形态和文化安全作为贯穿于本法的"红线"，并在内容、技术、投资等方面做出了制度性安排。

《中华人民共和国文化产业促进法》的出台，就是将全社会关于对文化产业的共识与成功经验上升为国家意志，也更进一步证明了党的十八大以来健全中国特色社会主义文化法律体系、坚定文化自信、繁荣发展中国特色社会主义文化的总体要求。《文化产业促进法》的出台是继《中华人民共和国文物保护法》《中华人民共和国档案法》《中华人民共和国著作权法》《中华人民共和国非物质文化遗产法》《中华人民共和国公共图书馆法》《中华人民共和国公共文化服务保障法》《中华人民共和国电影产业促进法》等法律法规之后国内又一部填补文化立法空白的国家法律，对新时期文化产业发展有着更为积极有效的推动作用。

二 政策重点

《中华人民共和国文化产业促进法》从 7 个方面为文化产业的发展领域与发展路径提供了思路（见图 9-1-1）。

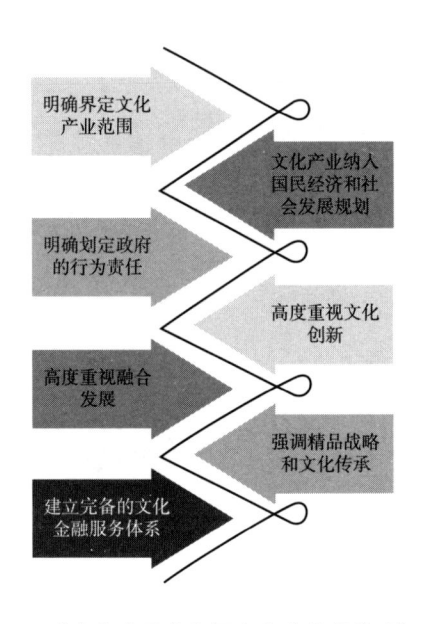

图 9-1-1　《中华人民共和国文化产业促进法》内容特征

图中要素：明确界定文化产业范围；文化产业纳入国民经济和社会发展规划；明确划定政府的行为责任；高度重视文化创新；高度重视融合发展；强调精品战略和文化传承；建立完备的文化金融服务体系。

第一，对文化产业的概念与范围第一次以法律形式进行了明确界定。从《文化产业促进法》第 2 条"调整范围"来看，"本法所称文化产业，是指以文化为核心内容而进行的创作、生产、传播、展示文化产品和提供文化服务的经营性活动，以及为实现上述经营性活动所需的文化辅助生产和中介服务、文化装备生产和文化消费终端生产等活动的集合"。界定了文化产业的范围，对过去各地市胡乱界定文化产业的现象进行了杜绝，规避了文化产业门槛不清、概念模糊造成的不利影响。

第二，文化产业正式纳入国民经济和社会发展规划。《文化产业促进法》第 4 条"规划发展"中提出："国家将促进文化产业发展纳入国民经济和社会发展规划，并制定促进文化产业发展的专项规划，发布文化产业发展指导目录，促进文化产业结构调整和布局优化。"从顶层设计角度认可了文化产业在拉动内需、促进就业、推动国民经济增长方面的重要作用，也让各级政府更深刻地了解到文化产业作为朝阳产业所带来的经济价值与文化价值，更进一步提升对文化产业发展的关注与认识，通过将本地文化特色与现代文化传播技术相融合，进一步提升文化产业所带来的经济贡献。

第三，《文化产业促进法》明确了政府各部门的行为责任。《文化产业促进法》第 6 条 "部门职责" 中提出 "国务院文化和旅游主管部门、广播电视主管部门、工业和信息化主管部门和国家网信部门、国家新闻出版（版权）主管部门、国家电影主管部门依照本法及相关法律法规和部门职责负责本领域文化产业促进工作；国务院其他有关部门在各自职责范围内负责文化产业促进相关工作。"从中央政府层面确定了负责文化产业具体事务的 6 大部门及部门职责，并对各地方职责范围内负责的 5 大部门及相关部门进行了职能明确。

第四，对文化创新的重要性又一次进行了明确。《文化产业促进法》为鼓励文化创新发展，在文化创作、科技支撑等方面都提出了多项措施，旨在从人才、科技、文化创作等方面鼓励支持研究中华文明的历史渊源、发展脉络、基本走向，立足中华文化创新不断提高文化影响力与价值创造力，加强对传统文化传承保护与开发创新，推动传统文化产业业态转型升级。

第五，重视文化融合发展。第 8 条 "融合发展" 中明确 "国家鼓励文化产业与科技及其他国民经济相关产业融合发展，拓展文化产业发展广度和深度，发挥文化产业在国民经济和社会发展中的重要作用"。经过文化产业近十几年的发展，认识到产业融合发展的重要性，将过去文化产业发展单一的线性模式变革为融合发展模式。第 24 条 "促进文旅融合" 中提倡 "国家鼓励和支持依托旅游资源创作生产丰富多彩的文化产品，提升旅游的文化内涵，推动文化产业与旅游业的深度融合"。第51条"文化科技"中提出："国家鼓励发挥科技在文化产业领域创新发展中的作用，推动文化和科技深度融合，提升文化产业科技支撑水平。"在第59条"金融服务体系"中提出："国家建立健全多层次、多元化、多渠道的文化产业金融服务体系，完善金融支持文化产业发展的相关机制，推动文化资源与金融资本有效对接。"从金融服务方面为文化产业发展提供经济便利，提高文化产业的经济效能。

第六，重视文化传承的价值与精品战略的实施。《文化产业促进法》第15条"精品战略"中提出："国家实施文化精品战略，科学编制专项创作规划，落实重大创作工程项目，举办文化精品展演展播展览展示活动，创作生产思想精深、艺术精湛、制作精良相统一的精品佳作。国家建立科学合理的文化艺术作品评价体系、文化艺术评奖机制，鼓励开展文化艺术评论。"重视文化产业的内容性与创新性，而不再是过去一味只强调数量而生产粗制滥造的产品，开始有意识地重视文化原创性与精品生产，并通过设立一系列奖项机制来约束文化产业内容生产。

第七，构建完善的文化金融服务体系。由于文化产业具有投资周期长、抵押物少的特殊性，所造成的回报慢、风险性高的融资特点，《文化产业促进法》特地用了一个章节的内容来具体阐述如何构建文化产业金融服务体系的环节，并在第59条到第67条中对文化产业采用怎样的金融财税扶持方式进行了详细说明。

此次《文化产业促进法》的出台，一方面充分规范与调动文化产业发展的各项参数，为文化产业健康发展提供更优化的方式路径，将文化产业向成为国民竞技支柱性产业方面进行引导。另一方面，则是明确了政府、市场、企业在文化产业发展中的定位，即要在充分发挥市场与政府作用下，更加重视市场在文化资源配置中的积极作用，鼓励培育发展各类文化要素产品与内容生产市场，保持文化市场秩序的稳定性与可靠性，强化文化市场的监督执法，让市场在资源配置过程中发挥最大效能，并同时履行好政府引导与监督管理职能，强化政府公共服务意识，保证文化安全。

三 专家观点

山东大学文化产业学院副院长昝胜锋博士认为，《文化产业促进法》是在国家层面出台的文化产业领域的纲领性文件，表明了国家对文化产业的重视和认可，为文化产业的发展提供了良好的法律政策环境，对新时代文化产业的发展有着十分重要的意义。一方面体现了文化产业的核心特征。文化产业是特殊产业，是追求社会效益和经济效益"双效"统一的典型产业，也是市场风险和政策风险"双高"一体的典型产业；我国文化产业作为一个新兴产业，还处在起步发展的初级阶段，产业发展中难以避免地会出现市场失灵状况和市场不能解决的问题。另一方面证实了"促进"的底层逻辑。立足"促进"的法律，既不是更为全面系统的文化产业发展法，也不是以管理为导向的文化产业管理法。我国促进文化产业发展的基本经验和有效模式（政府主导的"二元偏向型"文化产业政策结构），在《文化产业促进法》中充分体现：一是坚持文化政策和产业政策的双重取向，但是更偏重文化政策；二是政府主导，注重充分发挥市场作用和更好发挥政府作用。

武汉大学国家文化发展研究院院长傅才武认为，《文化产业促进法》承载了全社会对发展文化产业的期盼。中国和世界经验表明，文化产业的创意性和渗透性特征，使之具有全民属性和开放属性，也是国家文化软实力的重要支柱。《文化产业促进法》的起草和讨论，就是要将全社会关于文化产业重要性的共识和文化产业的成功经验上升为国家意志。

中南大学中国文化法研究中心执行主任周刚志认为，《文化产业促进法》的出台以法律形式明示国家促进文化产业发展的基本立场，使相关制度及措施得以体系化、明确化，进而带动整个文化产业法规与政策规范的体系化、结构化，方便人们全面系统地了解我国促进文化产业发展的法律制度。

从各部门、机构的专家观点来看，《文化产业促进法》一是体现了文化产业发展的任务刚性。伴随文化产业在建立国家文化自信和服务经济社会发展中的作用不断凸显，大力发展文化产业已经上升为全社会共识，《文化产业促进法》明确了失职责任、渎职责任、市场主体责任追究及失信惩戒、传播限制和其他追责情形，必将提高文化产业发展的执行力和综合约束力。

二是促成了文化产业主体的权责利统一。《文化产业促进法（草案送审稿）》充分重视市场机制作用，重点围绕一般企业、国企国资两大主体，明确了行政许可、社会责任、参与公共服务、企业集聚、用地支持等权利、责任和义务。从法律上构建了我国文化产业发展的政府主导、多元主体参与的复杂系统促进体制，广泛链接了政府主管部门、行业组织、高校机构、科技组织、金融机构、法律部门等多元主体。

三是确定了文化产业发展的文化主线。"文化创意""科技创新"是"创新"的两个重要途径与方式，可以有效提升文化产品和服务的科技附加值、文化附加值。同时，大力支持"深入研究阐释中华文化的历史渊源、发展脉络、基本走向，传承中华优秀传统文化"在当下的新时期具有十分重要的现实意义。

四是体现了文化产业发展的手段创新。在新业态、新模式方面，文化产业依托互联网、大数据、人工智能、区块链促进文化产业创新发展。在融合发展方面，技术融合、产业融合水平进一步提升，推进文化产业高质量发展。

五是为文化产业发展提供了支持保障。人才保障是企业发展和创新的根本，金融和财税等政策可以为企业发展提供相对充足的资金保障。《文化产业促进法》本身就是强有力的约束制度。

第二节 专业管理层面
——《文化和旅游规划管理办法》

一 背景解读

党的十八大以来，国家发展规划对创新完善经济宏观调控作用明显增强，中央高度重视规划工作，并多次下发相关文件对规划工作的重要性与路径方法进行了指导。对提升国家现代化治理体系与能力发挥了突出作用，但是由于过去对规划的认知偏差，一些体系不统一、规划目标与工具不相协调等问题依旧存在，无法充分发挥国家发展规划的战略导向作用。2018年11月，中共中央、国务院出台《关于统一规划体系更好发挥国家发展规划战略导向作用的意见》（中发〔2018〕44号），将规划定位在党治理国家的重要手段方式上，并进行了全局性、战略性、系统性的制度安排，是21世纪以来国家在规划工作方面的里程碑式文件。

此外，2018年进行的机构改革进一步加速了文化旅游管理体制机制革新进程。在《关于国务院机构改革方案的说明》中提道："将文化部、国家旅游局的职责整合，组建文化和旅游部，作为国务院组成部门。其主要职责是，贯彻落实党的宣传文化工作方针政策，研究拟订文化和旅游工作政策措施，统筹规划文化事业、文化产业、旅游业发展，深入实施文化惠民工程，组织实施文化资源普查、挖掘和保护工作，维护各类文化市场包括旅游市场秩序，加强对外文化交流，推动中华文化走出去等。"文化和旅游局的组建，是深化党和国家机构改革的重要内容，也为强化文化自信，统筹文化事业、文化产业与旅游产业融合发展，提高国家文化软实力与影响力，推动文化建设和旅游发展开创了新局面。

在文件出台与机构改革的背景下，文化和旅游规划工作面临新形势，需要进一步整合规划内容，实现文化和旅游规划工作的有机融合，实现统一、规范、有序的工作目标，实现规划对文化和旅游全局工作的指导性作用。对此，文化和旅游部研究出台了《文化和旅游规划管理办法》。

二 政策重点

《文化和旅游规划管理办法》（以下简称《办法》）共分为6章、35条内容，从立项编制到报批发布都指定了详细的内容（见图9-2-1）。

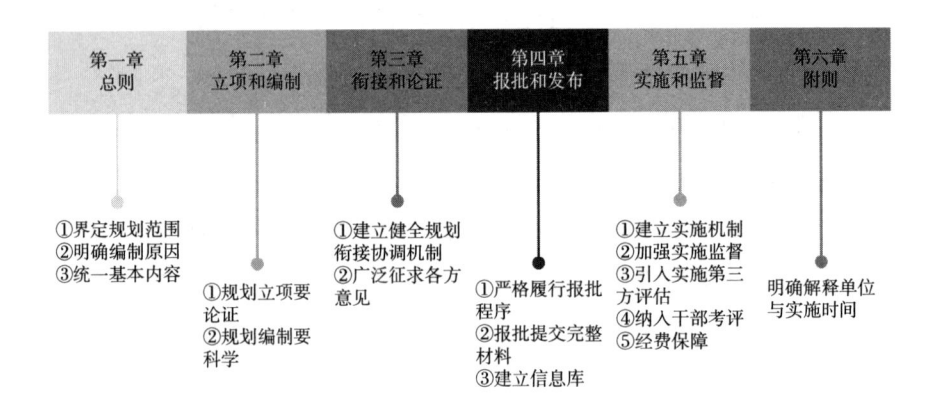

第一章 总则	第二章 立项和编制	第三章 衔接和论证	第四章 报批和发布	第五章 实施和监督	第六章 附则
①界定规划范围 ②明确编制原因 ③统一基本内容	①规划立项要论证 ②规划编制要科学	①建立健全规划衔接协调机制 ②广泛征求各方意见	①严格履行报批程序 ②报批提交完整材料 ③建立信息库	①建立实施机制 ②加强实施监督 ③引入实施第三方评估 ④纳入干部考评 ⑤经费保障	明确解释单位与实施时间

图9-2-1 《文化和旅游规划管理办法》内容框架

第一章"总则"，明确了《办法》出台的目的和依据，并对其包含范围以及总体规划、专项规划、区域规划以及地方规划中的编制单位进行了界定。

第二章"立项和编制"，对《办法》中的规划立项与编制管理的重要性再一次进行明确，要求编制单位必须做好前期研究工作，提出了要进一步"深化重大问题研究论证""建立五年规划编制目录清单管理制度""提高规划编制的透明度和社会参与度"等要求。此外，对规划文本编制工作的相关撰写内容与体例进行了科学化、规范化的明确。

第三章"衔接和论证"，依据《关于统一规划体系更好发挥国家发展规划战略导向作用的意见》中提出的"建立健全规划衔接协调机制，落实国家发展规划的要求"，对编制单位如何做好规划衔接、征求各方意见等方面提供了建议。如第15条提出："文化和旅游规划应当与土地利用总体规划、城乡规划、环境保护规划以及其他相关规划相衔接。"强调规划衔接、多效合一，在技术层面保证文化和旅游规划能够做到上下的衔接打通。

第四章"报批和发布"，在需满足国务院审批的国家级专项规划报批要求的基础上，对规划过程中的报批程序与要件的规范做出规定，并强调在此基础上建立规划信息库，做好规划纸质文档与电子文档的及时留存工作。

第五章"实施和监督"，依据《关于统一规划体系更好发挥国家发展规划战略导向作用的意见》中强调要健全规划实施机制、落实规划实施责任、强化规划监测评估等相关要求，对文化旅游规划的实施、评估、修订、督查给予明确，制定了详尽的组织保障和经费保障要求。如第25条提出"按照谁牵头编制谁组织实施的基本原则，规划编制单位应及时对规划确定的任务进行分解，制定任务分工方案，落实规划实施责任"，确定了规划编制单位的主体责任；第28条提出"规划编制单位应组织开展规划实施中期评估和总结评估，积极引入第三方评估"，这一要求打破了过去规划编制单位一味"闷头苦干"的方式，强调规划的落实执行要实施过程评估，通过引进第三方评估的方式，加强对规划实施的约束与监督机制，切实提高规划内容的实用性与落地性；第30条提出"文化和旅游行政部门要把规划工作列入重要日程，纳入领导班子、领导干部考核评价体系，切实加强组织领导、监督检查和队伍建设"，通过将规划纳入考核体系的方法倒逼相关领导干部正视规划工作的重要性，改变过去"旅游规划无用"的思路，强化规划的实施意识。

第六章"附则"，明确了该文件的解释权与实施时间。

总的来看,《文化和旅游规划管理办法》的出台一方面确定了该文件的管理重点与适用范围。文件指出了文化和旅游规划作为文化和旅游行政部门编制的中长期规划,应当归口于政策法规司进行管理,地方文化和旅游行政部门要依据相关规定或当地政府赋予的职责要求进行规划的编制实施。另一方面则是明确了规划论证的重要性。文件为满足深化重大问题研究论证的需要,对规划期、论证情况、编制方式、进度安排、人员保障、经费需求等制订了相应的工作方案。并对立项衔接部门进行了认定,即拟报请国务院批准的国家级专项规划,由文化和旅游部政策法规司会同相关司局,与国家发展改革部门进行立项衔接。规划立项后,要在做好前期调研工作基础上科学测算目标指标,采取多种方式广泛听取基层群众、文化旅游单位及相关专家学者意见,做好报批前专业机构或专家组论证报告工作,提高规划编制的透明度与社会参与度。

三 专家观点

复旦大学林章林博士认为,《文化和旅游规划管理办法》的出台是文化和旅游规划工作科学化、规范化、制度化的又一例证。具体表现为以下四点:其一,强化了文旅部对全国各级各类文旅规划的统一管理职责,是政治意识、大局意识、核心意识以及看齐意识"四个意识"的体现。其二,认真贯彻了政府对编制规划责权法定的原则,并要求对规划立项进行充分认证且实施任务不得少于三年,降低了规划工作的盲目性与泛化,与2000年《旅游发展规划管理办法》相比,去除了过去编制单位需要有资质评级的管理表述。2016年以来贯彻政府倡导"简政放权、放管结合、优化服务,不断提高政府职能服务"的改革理念,更为重视市场在资源配置中的作用,有利于实现旅游企业与市场的迭代创新。其三,进一步重视规划流程的管控工作,在第二章、第三章中对规划编制的科学性提出了明确要求,从规划立项、论证、调研等方面进行了明确要求,避免了规划的随意性,确保规划编制的务实有效。其四，贯彻了中央"一张蓝图干到底"的规划统一要求。《文化和旅游规划管理办法》中要求建立健全规划衔接协调机制，不仅要加强规划自身目标、项目、政策等内容的衔接，也要做到规划与城乡规划、环境保护规划及相关规划的衔接，此外还要广泛征求基层群众、部门以及专家学者意见，提高规划内容的落地实施。林博士认为，此次管理办法的发布对国内文化旅游产业将起到进一步促进作用，挤压现有旅游规划市场泡沫，让真正符合市场要求的文化和旅游咨询类企业脱颖而出。

奇创旅游规划设计咨询机构总经理邢晓丽认为，此次出台的《文化和旅游规划管理办法》是文化和旅游部制定的关于文化与旅游规划编制、审批、实施、修改等内容的部门规章，填补了文化与旅游规划缺乏法律规章的空白，但也从侧面表达了《文化和旅游规划管理办法》主要针对的是中长期规划，其中不可避免面临重点和近期建设目标不突出的问题，还需要各级政府和部门在编制中长期规划的过程中灵活运用近期建设规划，用以弥补中长期规划由于周期长容易造成短期内建设项目缺乏具体举措的问题，真正做到"一张蓝图干到底"，实现规划内容的远近结合，避免再次出现旅游规划行业领域内规划难落地的痛点。

此外，针对此次管理办法的出台，一些相关领域的专家也对过去文化和旅游规划落地难的问题进行了思考。一是对项目的总体把控不足，在策划阶段对项目存在问题考虑不足，同时也未与甲方充分交流，一定程度上使得规划成为空中楼阁，实用价值不高。二是缺乏产品支撑，理论输出大于产品创新。同质化问题是文化和旅游规划中一直老生常谈的问题，文化差异使得旅游目的地具有独特的吸引力，然而产品的同质化使得旅游景点、产品千篇一律，风格的抄袭模仿也造成了规划变革的难以实施。三是偏离游客立意，将甲方作为首要客户。文化和旅游规划的受众应当是游客，而规划客户大多是旅游区开发组织、场地持有者以及相关行政部门，它们在谋划过程中缺少与游客真实需求的共情，造成规划成果一定程度上会脱离游客的现象。四是虚假投资估算，盈利模式缺乏。过去文化和旅游规划缺乏投资估算与盈利模式的思考，导致项目在运作过程中给人难以具体落地的主观感受。

综上所述，《文化和旅游规划管理办法》的出台为文化和旅游规划提供了新的思路举措，一方面考虑到规划项目的落地性，从政策、资源和文化方面入手，确保思路的科学性及可操作性，做好规划的事前、事中与事后的监督评估，利用理性客观思维衡量项目的落地实施。另一方面重视产品创新，从满足消费者需求出发进行谋划，从顶层设计入手，强调规划的创新性与实用性，重视产业融合的发展，运用融合的思维和开拓的精神做好文化和旅游项目的整体布局。

第十章 地方文化产业规划的实践探索

第一节 省级产业规划——以青海省为例

《青海省"十三五"文化改革发展规划》（以下简称《规划》）立足青海省文化发展的现实需要，以"大文化"的战略视角指导文化事业及文化产业领域发展，重点确定公共文化服务体系建设、文化艺术创作、特色文化产业发展、文化遗产保护、文化体制改革、对外文化交流与合作等领域的发展任务，重点研究文化传承创新、区域协同、产业融合等薄弱环节的突破发展战略，重点推进一批承载文化发展的重大工程和项目。

一 规划背景分析

"十二五"（2011~2015年）时期，青海省文化工作以党的十七届六中全会、十八大以及全省文化改革发展大会精神为指导，认真贯彻落实省委、省政府各项决策部署，以文化名省建设为目标，全力推动实施"八大工程"，全面完成"十二五"文化发展规划确定的各项目标任务。

（一）发展基础态势良好

从发展背景来看，一是青海省在公共文化设施建设与文艺创作生产方面不断完善繁荣。"十二五"期间，青海省公共文化服务网络逐步完善，国家和省财政投入大批资金支持城乡公共文化设施建设，先后实施了一系列文化惠民工程，大大提升了公共文化服务的标准化、均等化水平。文艺创作活力得到有效释放，依托青海省特色地缘优势与文化资源，创作了一批以歌舞、乐器、杂技等有特色且能体现民族精神和地域特色的舞台艺术作品，创造了良好的社会效益。

二是多年的发展成就为文化持续发展奠定基础。经过多年努力，文艺创作基础不断牢固，公共文化服务设施明显改善，文化产业实力不断增强，文化市场环境不断改善，青海文化产业增加值实现翻一番。"十二五"期间，青海省重点推动工艺美术、文化旅游、演艺娱乐、新闻出版等行业发展，文化产业得到快速发展，一大批文化企业和项目得到有力支持，特别是文化名省建设的日臻成熟，为未来发展打下了坚实的基础。

三是文化遗产保护取得重大进展。青海省在"十二五"期间分别新增全国、省级重点文物保护单位27处、59处。积极开展玉树文化遗产保护工作，积极实施喇家国家考古遗址公园建设，对塔尔寺等一大批重点文物保护单位进行了维修和保护设施建设。在国家、省、市州、县四级非遗名录保护体系得到基本建立的同时，积极进行文化遗产投资保护，对一批非遗名录项目实施抢救性、生产性保护。

四是文化体制改革不断深入，文化市场监管逐步强化。一方面，积极推进行政审批制度改革，加快国有文化企业改制，组建成立青海省演艺集团有限责任公司。全面完成文化市场综合执法改革，实现属地化管理和综合执法。推进公共文化服务单位组建法人治理结构，通过组建理事会不断提升文化工作管理力度。另一方面，不断强化文化市场监管。"十二五"期间，全面加强文化市场综合执法，通过互联网的大数据采集，完善省内各文化经营单位的相关采集工作，积极开展线上行政审批与综合执法工作，对文化市场进行全面整合，为文化及相关产业的发展提供透明干净的市场环境。

(二)顶层设计统筹协调

从政策背景来看,一是各项有力政策为文化发展提供了坚实保障。《国务院关于支持青海等省藏区经济社会发展的若干意见》《中央关于加快构建现代公共文化服务体系的意见》《中共中央关于繁荣发展社会主义文艺的意见》《关于支持戏曲传承发展的若干政策》《国务院办公厅关于推进基层综合性文化服务中心建设的指导意见》《国务院关于推进文化创意和设计服务与相关产业融合发展的意见》等一系列政策文件的出台,为青海省加快文化改革发展,促进文化事业和文化产业快速发展提供了坚强有力的政策保障。

二是"一三一"总体要求及全面建成小康社会为文化发展指明了方向。一方面,省委站在历史和时代的新高度,牢牢把握"四个全面"战略布局,以"五个发展"理念为遵循,立足省情,明确提出了"十三五"时期青海省经济社会发展必须遵循的"一三一"总体要求,这为规划破解发展难题、增强发展动力、实现文化持续快速发展指明了方向。另一方面,全面实现建成小康社会的战略目标,将有利于全省上下更加注重文化建设的全面性、协调性和可持续性,更加注重公共文化服务体系建设,充分保障广大人民群众的基本文化权益,满足人民群众不断增长的精神文化需求,提高人民群众幸福指数。

三是"生态立省""一带一路"建设为文化对内与对外发展提供了新机遇。对内来看,"生态立省"作为青海省长期坚持的重大战略,在构筑国家生态安全屏障、建设生态文明先行区目标引领下,发挥好文化产业资源消耗低、环境污染少、吸纳劳动力强、易与相关产业融合等优势,大力发展特色文化产业,推动扶贫开发、就业创业,增加群众收入,使其成为推动生态文明建设、促进经济社会发展的重要着力点。对外来看,中央提出的"一带一路"建设构想,为青海省文化发展提供了新机遇。青海省处于"丝绸之路"经济带战略向西开放的重要节点,多元文化优势明显，充分挖掘特色优势文化资源，积极融入以"丝绸之路"经济带为核心的区域发展格局，成为推动区域文化交流、促进经济融合发展的重要载体。

不仅如此，高新技术的投入同样为青海文化创新提供了技术支撑。随着移动互联网、大数据、云计算、物联网等高新技术的广泛应用，科技创新正深刻影响着文化的发展。在文化与科技加速融合的态势下，把握高新技术带来的发展机遇，积极利用"互联网＋"等新型业态创新文化服务、艺术生产、文化产业模式和空间，推动青海文化创新发展。

二 规划编制过程

为推动青海省"十三五"时期文化事业和文化产业发展，服务青海"文化名省"建设，受青海省文化厅（现青海省文化和旅游厅）委托，规划课题组于2015年6月围绕青海省文化事业、文化产业发展现状进行实地深度调研。鉴于青海省地广人稀、规划周期短等原因，为确保规划编制工作的顺利推进，课题组同时组织两支调研队伍，采取分类调研方式，全面走访西宁市、海南州、黄南州、果洛州，针对海北州、海东市开展深度座谈，深度采集海西州、玉树州相关资料。具体调研内容如下。

（一）文化事业

在公共文化服务体系建设层面，重点考察省、市、县（市、区）、乡镇（街道）、村居（社区）五级公共文化服务网络，广播电视基础设施建设，公共文化场馆建设与利用，文化惠民工程等。在文化遗产保护层面，重点考察物质与非物质文化遗产保护，文化生态保护试验区建设工作。在文化体制改革层面，重点考察文化事业单位转企改制，国有文艺院团体制，文化单位股改上市，行政管理与市场执法体系改革工作。在文艺创作生产层面，重点考察民族文学作品、文化研究成果，民族歌舞、曲艺、剧目创排等成绩和问题。在对外文化交流层面，重点考察文化"引进来"与"走出去"成果与规模、模式与路径。同时，考察青海省特色体育事业发展情况，包括体育社会组织、单项体育协会；公共体育场馆、群众健身站点建设情况。

（二）文化、体育产业

在特色产业层面，重点考察文化产业与文化消费市场总体情况，特色文化产业、重点行业发展情况，文化及相关产业行业融合发展情况，文化产业各生态要素（企业、设施、项目、市场、政策）情况，以及体育产业布局、门类结构，产业规划与顶层设计，重大体育活动、民族特色体育（节庆）活动，体育与文化、旅游相结合的项目开发，体育基地、营地、线路，体育消费市场、体育旅游品牌培育工作情况。

在首次调研完成后，课题组于2015年8月启动补充调研，并赴青海省文化厅参加规划论证及修改完善工作。2016年1月该《规划》发布征求意见稿，经进一步优化调整后正式颁布实施。

三 规划内容解读

《青海省"十三五"文化改革发展规划》立足青海省文化发展的现实需要，以"大文化"的战略视角指导文化事业及文化产业领域发展，重点确定公共文化服务体系建设、文化艺术创作、特色文化产业发展、文化遗产保护、文化体制改革、对外文化交流与合作等领域的发展任务，重点研究文化传承创新、区域协同、产业融合等薄弱环节的突破发展战略，重点推进一批承载文化发展的重大工程和项目。《青海省"十三五"文化改革发展规划》是统领青海省文化产业发展的纲领性文件，规划共涉及5个章节，包括规划总则、发展基础、总体要求、主要任务、保障措施，对于青海省做大做强文化产业，提升与国家"文化名省"建设相适应的软实力、文化产业实力和文化品牌国际影响力，具有十分重要的作用。下文将选取"主要任务"中的相关内容进行节选解读。

加快推动重点行业发展

——改造提升传统优势业态。

（1）工艺美术业。强化工艺美术在推进扶贫、就业领域的核心引领作用，重点推动唐卡、昆仑玉、藏毯及艺术挂毯、民间刺绣、民族服饰、雕刻等特色文化产品的产业化开发。在产业要素、资源集聚地区，规划建设一批具有示范、集聚、辐射和推动作用的工艺美术产业园区。坚持保护传承和创新发展相结合，促进特色文化元素、传统工艺技艺与创意设计、现代科技、时代元素相结合，鼓励结合新技术、新需求，研发新工艺、新产品，促进艺术衍生产品、艺术授权产品的开发生产，提高产品附加值。支持具有一定市场前景的"非遗"项目实施生产性保护和开发利用，积极构建非物质文化遗产保护、利用、宣传推广和产业运作体系，推动传统工艺美术产品融入现代生活。强化品牌意识，在昆仑玉、藏毯、唐卡、刺绣等行业培育一批有较高知名度的工艺美术品牌，引导唐卡等产品逐步进入高端艺术品市场。

（2）新闻出版业。支持本土原创作品、主题出版物的出版，继续实施青海名家精品图书出版资助项目，策划出版系列藏文精品图书等主题出版物，实施藏文图书报刊"走向藏川甘滇"战略，扩大在全国藏区以及尼泊尔等国家的覆盖面和社会影响力。大力发展数字出版和绿色印刷，重点在出版资源深度加工、数字出版业务流程再造、版权资产的精细化管理等环节提升数字技术装备水平，在中小学教科书、地方特色图书、政府采购产品、食品药品、旅游商品包装等重点领域，引导印刷复制加工向综合创意和设计服务出版转型升级。推动新闻出版转型升级和经营模式创新，开展生产与消费互动的定制化服务模式探索，形成线上与线下互动的出版内容投送新模式，建设经典阅读、精品阅读产品投送平台，支持实体书店及发行渠道建设。

（3）节庆会展业。完善文博会展载体建设，充分利用中国（青海）藏毯国际展览会、青海绿色发展投资贸易洽谈会、中国（青海）国际清真食品及用品展览会等三大会展平台资源，结合文化对外传播、交流其他渠道培育民族服装类、文化创意类、图书报刊类等特色会展产品和会展品牌。科学统筹节庆活动资源，构建"一地一品牌、一地一特色"的文化节庆发展格局，将节庆活动与历史文化、民族风情、产业特色、自然风光有机结合，合理规划全省节庆活动举办时序和空间布局。强化节庆品牌内生增长能力，办好青海文化旅游节，着力提升贵德黄河文化旅游节、玉树康巴艺术节、青海花儿艺术节、热贡六月会、格尔木中国盐湖城文化旅游艺术节等节庆活动影响力。强化市场化运作模式，创新办节办展理念，逐步推动形成由政府主导、全社会广泛参与的市场化运作模式。

（4）艺术培训业。建立特色艺术培训体系。立足青海省民族演艺、工艺美术技艺等区域特色文化，坚持以就业为导向，推动省、州（市）、县共建，公办、民办并重，企业、行业并举，形成主体多元、结构合理、灵活开放、特色鲜明、效益突出的现代艺术培训体系。构建产学研一体化平台，依托文化产业园区、示范基地、非遗传习所、职业学校，围绕民族手工艺、民族歌舞及其他可开发民族艺术资源，分类打造中小规模、灵活多样的培训载体平台、小微企业孵化平台。在全省生态移民、扶贫就业重点地区，推动涉农资金向支持产业扶贫倾斜，高效发挥扶贫资金、农牧民专业合作社组织带动作用，帮助贫困农牧户发展特色艺术创作生产。依托互联网、数字新媒体等渠道开展网络在线、电视课堂等艺术培训服务，降低培训成本，提高培训效率。加强保障扶持力度，建立文化艺术专业人才社会化评价体系。

——大力发展新兴复合业态。

（1）文化旅游业。围绕高原旅游名省的建设目标，着力打造民族特色文化旅游目的地。进一步加快文化与旅游融合发展进程，推动旅游业与演艺业、节庆会展业、工艺美术业、体育业等特色产业深度融合，实现传统观光型业态向文化鉴赏、参与体验、休闲购物等新型业态转变。推动文化旅游重点项目建设，大力开发具有地域特色和民族风情的文化旅游产品。探索演艺团体与景区景点的有效合作机制，大力推动国有和民间文艺院团、民间艺人、非遗传承人进入景区景点演出，实现景区演出常态化。积极利用青海文化旅游节等节庆会展活动，宣传推介文化旅游产品，持续打造"大美青海"文化旅游品牌。培育一批文化旅游市场主体，分层次培育各类涉旅文化企业。促进文化旅游市场开发与生态保护协调并重，建设国家生态旅游目的地。

（2）演艺娱乐业。推动演艺娱乐资源整合重组，构建主体多元、竞争有序、运转高效的演艺娱乐产业链。创新演艺业态，推动演艺、娱乐与旅游、餐饮、休闲业融合发展，开发具有民族文化特色、健康向上的原创娱乐产品和新兴娱乐方式，鼓励娱乐企业连锁经营，促进娱乐产品传播消费。激活创作、演出、营销端各主体市场活力，鼓励演艺企业创作体现青海优秀文化、面向国际国内市场的演艺精品，拓宽市场合作渠道，积极与国内外知名运作商、文艺主创团队等专业力量合作，支持专业院团、演艺机构、从业人员"走出去"，完善市场信息发布及经纪人制度。积极利用省内外节事活动、歌舞晚会等优质演出平台，加快影剧院等基础设施建设改造，加强舞美设计、舞台布景创意和舞台技术装备创新，推动传统舞美与现代科技结合，丰富舞台艺术表现形式和科技含量。

（3）创意设计业。提高本土创意设计整体水平，以创意创新、交互融合的大设计理念为引导，逐步形成具有青海民族民间特色的创意设计发展模式。深入挖掘优秀文化资源，加快发展工艺美术、动漫设计、广告设计等行业，培育一批创意设计龙头企业。强化先导产业作用，以突出地域民族特色与历史文化记忆为导向，加强休闲农牧业与乡村旅游经营场所的创意和设计，服务创意农业和美丽乡村建设，加强城市建设设计和景观风貌规划，完善提高博物馆、美术馆等公共文化设施功能和展陈水平。推动创意设计与现代生产生活和消费需求对接，探索个性化定制服务，服务民族服饰、民族歌舞、民族工艺品等特色文化旅游休闲产品开发，提升文化旅游产品开发和文化旅游服务设计的人性化、科学化水平。加强创意设计外延服务，促进艺术衍生产品、艺术授权产品的开发生产。

（4）信息技术服务业。依托网络化、数字化技术，推动文化产品和服务的生产、传播、消费的数字化、网络化发展进程，开发适宜互联网、移动终端的数字文化产品，创新文学、艺术、影视、音乐等领域的市场供给与服务模式。积极运用云计算、大数据、物联网等信息技术打造智慧农牧区、智慧旅游、智慧教育等信息化服务项目，服务全省智慧城市建设。大力推动文化旅游与互联网融合创新，建立旅游数据标准体系，建设"智慧旅游云"平台，抓好网络基础支撑平台建设，充分运用互联网传播手段和条件，注重利用短信、微信、微博、社交网络、移动媒体等网络手段开展文化品牌宣传推介活动。

随着中国经济与文化发展的不断转型，经济与文化逐步从数量、规模增长型发展转变为以人力资本和技术创新为主的驱动型发展，消费结构也发生了变化。规划中对重点行业的划分主要是以青海省当地特色文化资源为基础，以规划发展目标为前进方向，最终达到至"十三五"末期，青海省文化改革发展取得重大成效，文化事业繁荣、产业优势明显、发展活力强劲、品牌效应突出、民族特色浓郁的文化名省建设目标基本实现的总体目标要求。

实施六大重点工程

——特色文化产业发展工程。依托各地独特的文化资源，培育以民族民间工艺品、演艺娱乐、文化旅游、特色节庆、特色展览等为重点的具有青海特色的文化产业体系。优化特色产业总体分布格局，持续推进丝绸之路文化产业带、藏羌彝文化产业走廊青海片区项目建设，成为在全国有重要影响力的特色文化产业带。推动全省特色文化产业实现错位发展，以西宁、海东为核心，建立业态齐全、产业链条完整、辐射带动能力强的文化产业核心区，重点打造集休闲度假、文化商务、节庆会展等为一体的河湟文化产业特色品牌。以国家级热贡文化生态保护区为基础，打造以热贡艺术为核心的区域文化产业集聚区。充分利用三江源地区的文化形态，适度开发高原生态文化旅游业，打造具有示范意义的江河源型国家级文化生态旅游产业特色品牌。以青海湖自然生态和人文资源为核心，大力发展文化旅游业、演艺娱乐业，努力将环青海湖地区打造成为"青海湖文化"品牌展示区、"大美青海"高原生态文化旅游示范区。深度挖掘柴达木盆地文化资源，带动我省西部地区文化产业发展壮大，形成柴达木文化产业特色品牌。

——文化市场主体培育工程。支持和推动重点文化企业发展，选择一批行业吸引力强、产品市场潜力大，并在行业中有一定竞争实力和发展潜力的企业作为重点培育和扶持对象，适时组建工艺美术集团公司和出版传媒集团公司。重点支持微型文化企业上数量、小型文化企业上规模，推动小微文化企业"专精特新"发展，着力完善支持小微文化企业发展的政策措施，加大政府面向小微企业创新产品和服务的采购力度。激发全社会文化创业能力，完善创业孵化服务体系。支持省级文化企业孵化基地建设和小微文化企业比较集中的地区成立孵化基地。引导和鼓励各类创业孵化器与天使投资、创业投资相结合，推动创业孵化与高校、科研院所等技术成果转移相结合，完善技术支撑服务，力争"十三五"末，法人单位达到3000家以上，文化市场主体达到10000

户。鼓励相关产业市场主体跨界发展，支持与文化相关联的其他行业企业进入文化市场，积极引导社会资本、房地产企业、矿业企业投资和兴办文化企业，进一步拓宽产业领域、延伸产业链条。

——文化产业园区基地提升工程。重点支持国家、省级文化产业示范基地发展壮大，支持文化与科技、旅游融合的创意产业园区和地方特色文化产业园区项目建设。鼓励和引导各地整合资源，提升现有园区、基地利用效能，提高社会闲置空间、设施创新利用水平。在现有27个文化产业园区的基础上，根据各地实际支持新建一批集演艺、休闲、旅游、餐饮、购物、文化旅游产品开发于一体的重大文化产业园区。"十三五"末，文化产业园区力争实现市、州及重点县全覆盖。健全完善园区运行管理机制，优化产业园区内部生态系统，延展拓宽产业链条，提升园区企业在资源、资金、技术、人才、渠道等市场要素领域的合作水平。鼓励文化产业园区基地做大做强众创空间，大力发展新型孵化器，更好地发挥促进创业孵化、人才培养、平台建设等功能，培育一批具有核心竞争力的特色文化企业、产品和品牌。

——数字文化产业发展工程。依托移动互联网、大数据、云计算等现代高新技术，推动文化与科技深度融合。实施"互联网+文化"科技提升行动，提高文化企业网络服务能力，促进文化产品、文化活动与现代生活广泛结合的应用、推广。支持文化产品电子商务平台发展，打造线上线下文化消费新业态，实现文化产品消费渠道网络化、消费体验虚拟化、消费终端集成化。建设"昆仑文化旅游"综合信息平台及青海省文化资源数据库。依托互联网新媒体模式（微博、微信、App等），推动传统文化产品、经典作品转化成移动多媒体、网络视听内容或植入大众消费品。加快数字内容产业发展，提高文化资源开发、产品创新环节的科技水平，支持开发9D体验馆等有利于突破旅游市场季差的文化科技项目，鼓励对舞台剧目、音乐、美术、文化遗产的数字化转化。推动新闻出版业数字化转型升级，积极引导新闻出版业推进内容和形式创新，丰富图书、数字出版、网络视听、动漫游戏等数字内容产品。

——文化产业投融资体系推进工程。鼓励金融机构开发适合文化企业特点的金融信贷产品和特色服务产品，探索融资租赁贷款、应收账款质押融资、产业链融资、股权质押贷款等适合文化企业特点的信贷创新产品。设立文化特色支行，在全省范围内推广"唐卡贷款"创新经验。鼓励文化企业直接融资，支持大型文化企业通过资本市场上市融资和并购重组，支持中小企业通过私募债等拓宽融资渠道。建立文化企业融资项目库，设立青海省文化产业发展投资基金，鼓励与金融机构、社会资本合作以股权投资、项目融资、债券等方式投资文化产业重点项目，推进项目产权与经营权交易平台建设。支持有条件的地方政府设立创业基金，统筹安排各类支持小微企业和创业创新的资金，加强资金使用绩效评价。

——文化创意创业人才扶持工程。政府引导文化企业与省内教育培训机构建立产学研一体化的人才培养平台，每年举办15期各类文化产业人才培训班，培训1000人（次）。资助优秀文化创意人才和经营管理人才"走出去"学习培训，每年培训100人（次）。建立文化发展顾问制度，引进培养一批领军人才、创意人才和高技能人才，完善落实"青海省文化杰出贡献奖"省级荣誉制度，推进岗位聘任、职务评聘、职业资格等人事管理制度的衔接。打造文化产业创业创意重点人才库，促进文化产业人才在全省范围内合理流动。积极开展与央企、对口支援省份的人才交流与合作（见图10-1-1）。

图10-1-1 青海省文化产业重点工程

重点工程的划分依据是在坚持全面统筹和错位发展的基础上,结合青海特色文化产业业态,利用全域化视角来优化现有产业格局,对文化品牌与文化产业的发展类型进行分类指导,一方面通过坚持因地制宜、特色引领的发展原则,深入挖掘地方特色文化资源优势,积极发展青海特色文化产业品牌;另一方面,结合现有文化产业业态发展类型,不断创新文化产业发展形势,积极引领青海文化产业发展新动能。

第二节 市级产业规划——以济南市为例

为全面贯彻党的十九大精神和山东省新旧动能转换重大工程的决策部署,加快济南市文化产业转型升级、提质增效,培育形成推动济南市经济转型升级的新动能主导产业,按照《济南市十大千亿产业振兴计划》要求,编制了《济南市新旧动能转换文化创意产业专项规划(2020~2022年)》。

一 规划背景分析

加快新旧动能转换,是我省在决胜全面建成小康社会、开启全面建设社会主义现代化国家新征程中走在前列的重要战略部署。作为新旧动能转换十大产业之一,文化创意产业发展前景广阔,新动能承载效应显著。当前,济南市文化创意产业与国内部分城市发展差距较大,产业规模质量、创新能力、发展环境等问题亟待通过动能转换加以破解。

从济南文化产业当前发展的成绩来看,一是总量规模持续扩大,重要指标位次前移。2015年以来,济南市文化产业增加值比重逐年上升,2016年济南文化产业增加值在省内位次升至第3位。此外,济南市文化产业投资拉动效应正逐步显现,2017年文化产业投资162.77亿元,同比增长14.4%。二是产业结构持续调整,高附加值行业崛起。济南市文化服务行业优势不断强化，文化服务业占文化产业增加值比重逐年上升，在新闻出版、广播影视、广告会展、建筑设计等行业，拥有互联网传媒集团、山东出版传媒集团、济南报业集团等一批大型文化服务类企业。同时，数字出版、创意设计、动漫影视等一批高附加值文化服务行业迅速崛起，有力推动了济南市产业结构的转型升级。三是业态体系日臻完善，产业融合逐步深化。济南市出版发行、文化会展、艺术品业等传统优势业态稳步升级，动漫设计、软件和信息技术服务等战略新兴业态发展迅速。文化与旅游、商贸、工业、现代农业的融合发展持续推进。依托一批重点推进项目，济南市文化休闲热度持续攀升，工业遗产利用方兴未艾，特色农业品牌实现突破，城市文化风貌显著改善。四是科技、金融双轮驱动，催化效应逐步释放。依托区域性科创中心建设，济南市文化企业科技创新水平显著提高，部分企业已经具备了独立研发产品的能力，并通过成立研发机构，创新产品的研发服务功能，涌现出一批文化创新领军企业。此外，文化与金融融合步伐不断加快，成立文化产业创投基金，并广泛开展著作权等无形资产质押和收益权抵（质）押贷款业务，为中小型文化企业的发展提供物质保障。五是国企改革持续深化，民企活力显著增强。随着文化体制改革的进一步深入，济南市国有文化企业在法人治理结构、现代企业制度发展、社会效益考核等方面越发完善丰富，国有文化企业发展活力持续释放。

从济南当前发展的战略机遇来看，其一，文化创意产业发展迈向提质增效的新阶段。随着国家经济转型及文化体制改革步伐的进一步加快，文化创意产业将成为未来带动国民经济发展的重要支柱。在党的十九大提出坚定文化自信的时代背景下，在当前国家深化机构改革的历史节点上，多层次的政策红利必将有效激发济南市文化创意产业的发展活力。其二，新旧动能转换驱动产业变革的新契机。济南市肩负着山东新旧动能转换综合试验区建设主引擎的历史使命，肩负着在省内率先形成新动能主导经济发展的重要任务。在济南市集中打造十大千亿产业、构建现代产业集群的重大战略格局中，文化创意产业变革与动能转换前景广阔。其三，重大创建工程激发产业融合的新潜能。当前，济南市先后启动"国家创新型城市""国家科技成果转移转化示范区"创建、建设工程，有序推进"国家级金融支持新旧动能转换创新发展试验区"申报工作。围绕科技、金融两大领域的一系列重大创建工程，济南市文化创意产业融合效能将得到显著提高。

二 规划编制过程

2018年9月，《济南市新旧动能转换重大工程实施规划》获省政府同意并对外印发，明确提出培育文化创意产业在内的十大千亿产业集群，制定文化创意产业新旧动能转换专项规划提上议事日程。

为加快推动文化产业成为推进新旧动能转换和提升省会城市竞争力的重要驱动力，将济南打造成为带动全省、辐射周边、承接京沪的全国重要文化产业区域中心城市，特启动《济南市新旧动能转换文化创意产业专项规划（2020～2022年）》（以下简称《规划》）立项工作。通过政府采购公开招标方式，编制项目需求书，发布《济南市新旧动能转换文化创意产业规划（2020～2022年）项目竞争性磋商公告》。经严格的开标、评标程序，确定山东大学文化产业研究院规划团队中标，发布《济南市新旧动能转换文化创意产业规划（2020～2022年）项目竞争性磋商中标公告》向社会公示。

2018年9月，规划编制工作组召开专题座谈会，随后在全市进行了系统深入的文化产业调研，详细梳理国内外城市文化产业经验。初稿完成后，广泛征集并吸收各区县、各有关部门意见建议。2018年12月组织召开专家评审会，听取省委宣传部、省文化和旅游厅、省社科院有关领导同志和专家学者的意见建议。原莱芜市撤销划归济南市管辖后，又赴莱芜区和钢城区进行补充调研。

为推动本规划的落地实施，规划团队结合济南实际，参与起草

《关于在新旧动能转换中做大做强文化产业若干政策措施》，以加快健全完善济南市文化产业政策体系。2019年，本规划及配套政策制定工作列入全市35项重点工作之一。

2019年5月，再次对修改后的规划向全市各区县、各有关部门征求意见建议。其间，针对市党政机关机构改革后相关牵头、责任部门的职能调整以及国务院批复设立济南自贸区的新形势，经多轮修改和完善后，本规划和配套政策提请政府常务会议审议。2020年1月，济南市人民政府批复《济南市新旧动能转换文化产业专项规划（2020~2022年）》，原则同意该规划。批复要求，市文化体制改革和文化产业发展工作领导小组办公室，要会同市有关部门认真做好规划的组织实施工作，积极落实主体责任，理顺工作流程，确保规划确定的任务目标顺利实现。

三 规划内容解读

《规划》坚持主线贯穿、导向引领、抓手承载的编制思路。

一是以优化结构布局为主线。通过推动传统特色行业改造形成新动能、战略新兴行业培育形成新动能，构建创新协同、效能互补的产业生态系统。通过构建"两区、四极、五组团"文化创意产业空间布局体系，加快开拓文化创意产业新旧动能转换战略格局。

二是以实现四个突破为导向。通过推动制度政策创新、文化有效供给、产业载体建设、产业融合水平实现突破，逐步提升全市文化创意产业营商环境，形成政府引导、市场主导的文创供给体系，提高要素集聚能力与产业首位度，释放产业融合乘数级放大效应。

三是以落实重大工程为抓手。全面结合国家、省市各级重大战略举措，部署省会文创产业首位度提升工程、文创产业新动能体系提质工程、文创产业融合型动能提速工程、乡村文化振兴工程，统筹推进产业主体与平台、项目、园区等载体及金融、科技等要素资源的联动发展。

作为统领济南市文化产业动能转换的行动指南,《规划》共 7 个章节,包括现实基础、总体要求、战略布局、业态体系、重点任务、保障措施、附录等内容。下文将选取"战略布局""重点任务"两个章节中的相关内容进行节选解读。

战略布局

济南市新旧动能转换文化产业规划布局为"两区、四极、四组团"的空间体系,即通过打造老城动能改造更新区、培育新旧动能转换先行区、构建产业动能优化增长极、完善外围动能转换组团群,加快形成梯次扩散、错位发展、节点辐射、相互支撑的文化创意产业新旧动能转换战略格局。

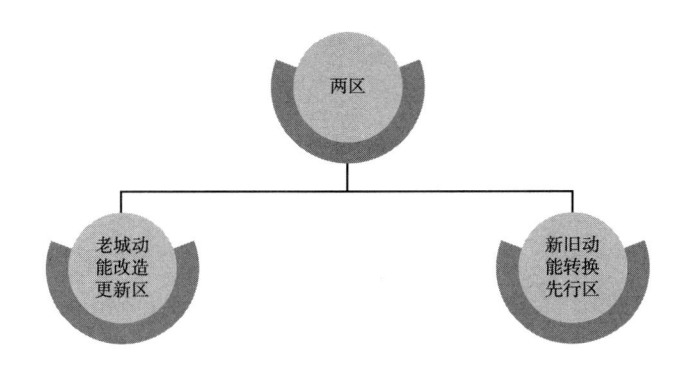

(一)两区(见图 10-2-1)

图 10-2-1 济南"两区"空间布局

1. 老城动能改造更新区

依托历下、市中、槐荫、天桥、历城等老城区特色产业基础,结合城市更新改造进程,加快文化创意产业传统业态转型升级。

以明府城片区为核心,依托泉水体验胜地、齐鲁文化高地两大发展主引擎,打造泉城中央文化生态区。联动泉城广场、大明湖以及趵突泉、五龙潭、黑虎泉等优势资源，以区域内舜井文化广场、百花洲文化片区为支撑，大力发展历史文化展示、泉水体验、创意产业、时尚艺术等业态。深入推进百花洲传统工艺工作站建设，加快落地中国文化尚品汇、红尚坊国际设计中心。以五龙潭、党史研究馆为中心，打造红色研学教育主题游线。

以老商埠片区为中心，传承百年商埠历史文化，打造百年商埠金融集聚区、创业试验区、零售核心区，提升城市人口集聚和商贸服务功能，联动制锦市古商街共同打造传统文化与现代文明交相辉映的文化商贸区。以英雄山特色文化商业街区、新世界文化艺术品基地为依托，结合绿地普利中心、山东书城等高端楼宇，大力发展休闲娱乐、广告服务、信息服务、图书古玩等产业，努力打造展示济南形象、彰显城市魅力、传承历史文脉的文化创意产业先行区和制高点。

以经十路－文化路、青年东路－千佛山路－山师东路为框架，构建"两横三纵"都市文化产业先导区。以CCPARK创意港为重要节点，向西联动青年东路、舜耕路沿线山东广电传媒集团、济南广电传媒公司等大型文化强企资源；向东依托山师东路传统消费基础，带动街区商业形态转型升级；向南串联经十路、舜耕路相关产业要素，以济南广电传媒产业基地、济南文化广告产业园为载体，加强金融、商务、科技要素导入；向北汇集文化路各大院校人才和研发、创意要素，打造体验型商业消费地标街区。

依托环山大片区产学研资源和产业基础，提升山东大学周边文化及相关产业业态系统，打造济南市文化创意产学研一体化先行区。构建花园路高端文化商贸轴、山大路创新创业集聚带，整合成大科技长廊、科苑大厦、山东高科技市场、山东大学创业中心等载体，打造山大路科创中心。加快推动相关片区的功能更新、空间腾退、业态升级、设施利用，高标准打造洪楼文化商圈。

发挥火车站北广场及周边区位及产业优势,打造商务休闲城市文化商圈。借助火车站北广场的规划建设,利用周边大体量的现代化商务楼宇,发挥人流客流集中的优势,发展以商务为特色的楼宇经济。充分利用火车站、轨道交通带来的人流资源,发挥好周边大型商业设施集聚人气的作用,结合D17文化创意产业园、成丰面粉厂老厂房保护性开发项目,联动大成美术馆至药王楼文化街区,大力发展休闲娱乐业。

依托西客站片区,着力打造会展中心、文化中心、商业中心、总部中心等特色功能组团。持续优化印象济南·泉世界业态板块,多措并举提高时光艺术之城、GBF全球商品直采中心、欧洲艺术中心等项目运营质量。依托西元大厦、西城大厦、绿地缤纷城、济南日报大厦、西城之光、站前综合体等商务办公楼宇,重点布局商务会展、文化创意、金融服务、研发设计、信息技术服务和总部经济等业态,打造区域性文化商务楼宇经济集群。

依托北湖片区,大力发展文化体育传媒、旅游休闲等业态,打造文化、体育、都市商娱城市副中心。充分发挥北湖对滨河新区发展的辐射带动效应及"泉城特色风貌带"向北延伸的地理位置优势,合理开发航运文化、码头文化、工业文化等历史文化遗存,充分发掘大明湖和小清河以及北园历史等丰富的文化资源,开通以河、湖文化为特色的水上游览线路,打造泉城水上游览特色品牌。

以济南国际创新设计产业园、星工坊·飞尔姆乐园、JN150创意设计文化工场、山大科技园等项目为载体,着力打造一批文创设计产业园区,大力发展研发设计服务、工业设计服务、软件设计服务、建筑设计服务、室内装饰设计服务、风景园林设计服务和咨询策划服务业态,配套发展影视制作、新闻出版、现代传媒、动漫游戏等业态,打造中心城区文化创意设计产业主阵地。

2. 新旧动能转换先行区

以知识、技术、信息、数据等新生产要素为支撑，以产业智慧化、智慧产业化、跨界融合化、品牌高端化为主攻方向，打造省会城市群创意经济潜力增长极、环渤海地区开放型文化经济新高地、国家文化融合创新发展示范区。

传承历史文化，延续泉城特色风貌轴。进一步传承延续齐鲁文脉，丰富先行区中轴线的风貌特色和空间层次，将文化中心、科创中心、济南北站、行政中心、科创绿心等新空间要素纳入"泰山－千佛山－明府城－大明湖"城市文化风貌轴与"一山一水一圣人"的齐鲁文化轴。严格保护玉皇冢遗址等各级文物保护单位及其他文化遗存，加强对龙山黑陶、高跷、舞龙等代表性非遗项目的保护与传承。大力实施乡村文化振兴工程，推动黄河民俗文化创意产业发展。强化城市风貌、产业组团与华山、鹊山等文化景观资源的轴线联系，优化城市景观视廊。

发掘黄河文化，创建文化生态保护区。明确保护内容和对象，对区域内各级非遗代表性项目制定针对性保护措施；统筹资金、政策、场所资源，严格按照国家、省市标准对传承人、传习所、示范基地等予以支持。协同保护区域内文化遗产及人文生态环境。探索生产性保护方式，创建一批国家级、省级非遗生产性示范基地，鼓励高校、设计企业等设立非遗保护与创意工作室。结合崔寨组团建设，围绕黄河两岸布置黄河学院、黄河创意街、黄河会展中心、黄河湿地公园等创意和展示空间。筹办黄河高峰论坛，构建黄河文化遗产廊道。加强与上下游城市的合作，共同保护黄河文化遗产。

承接要素转移，合理布局产业集聚区。依托大桥组团培育先行区文化创意产业新动能引领核，打造文创文博中心、文化科创中心，构建文化地标、文化总部、创意设计、智慧文博、数字技术、新媒体、网络信息服务七大功能板块。依托崔寨组团，高标准建设国际博览城，加快提升 APEC、G20 国际峰会同等级会务承接能力。依托桑梓店组团，建设文化装备制造成果转化基地，构建文化装备制造科研载体群，打造国家重点文化装备实验室、文化装备制造云服务平台。培育济阳传统动能转换示范翼，带动济阳印刷包装、工艺加工、文化设备生产等传统业态链实现整体跃升。构建齐河新兴动能培育协同翼，引导齐河齐鲁科技小镇等新动能产业载体与先行区建立产业生态共建机制，联合推进文化生态保护及精品旅游发展。

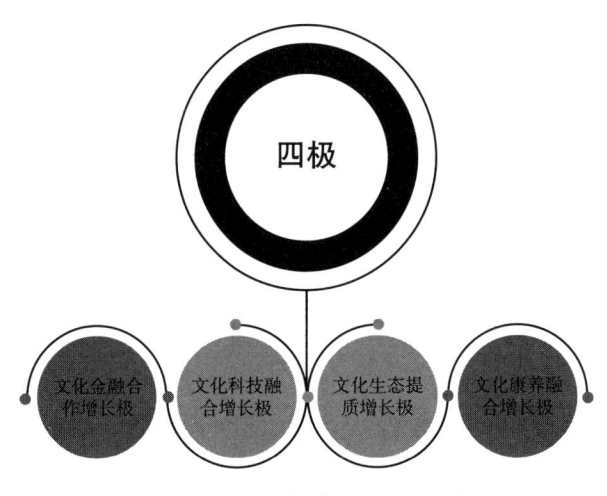

(二) 四极（见图 10-2-2）

图 10-2-2 济南"四极"空间布局

1. 文化金融合作增长极

发挥中央商务区、汉峪金谷引领带动作用，优化济南市文化金融合作空间与效能，构建形成适应高端金融创新发展的软硬件环境，树立并强化济南产业金融中心地位。鼓励中央商务区积极开展文化金融创新，助力济南市文化金融合作试验区创建工作。以区域科技金融中心为导向，将汉峪金谷打造成为具有全国影响力的区域科技文化金融中心，建设创投孵化器，培育一批文化科技投资主体。

2. 文化科技融合增长极

充分发挥高新区文创产业基地、文化与科技融合示范基地等创意创新资源集聚优势，引领济南市文化科技创新服务体系、融合标准体系建设。培育一批数字文化产业优势业态集群。加快信息技术与制造业融合进程，积极发展众创设计、个性定制和工业技术软件化等新模式。重点支持文化智慧型软件研发与应用。加快落地虚拟现实应用产业基地，打造数字媒体公共技术平台、高校自有技术平台。

3. 文化生态提质增长极

依托南部山区文化生态优质资源，突出生态修复、产业升级的发展导向，以复兴生态示范区建设和乡村文化振兴战略为抓手，加大历史传统村落保护力度，构建乡村文化创意产业体系，积极发展特色旅游、健康养老、文化创意、户外运动、民俗展示等产业，努力打造成为中国北方青山绿水和全国生态文明建设的精品典范。

4. 文化康养融合增长极

依托国际医学科学中心，提升医疗服务、医学教育、科技研发、医疗器械及生物医药等大健康产业文化内涵与综合价值，配套引进一批文化体验、会展交易、中介咨询、专业培训、康养度假、特色商业项目，打造国内文化康养融合示范片区。联动济西湿地生态资源，打造多元化、多层次的生态康养旅游目的地。

(三) 四组团（见图 10-2-3）

1. 章丘组团

支持章丘区实施"山泉河湖城"五大片区发展工程，高标准打造明水古城国际泉水旅游度假区，实施以历史名人、乡村振兴为主题的文艺创作工程。放大山大、山财大等高校知识溢出效应，加快发展总部经济、楼宇经济、创新创意经济。加快推进华侨城、绣惠古城、省自然博物馆、刁镇儒商综合体等重大项目规划建设工作。

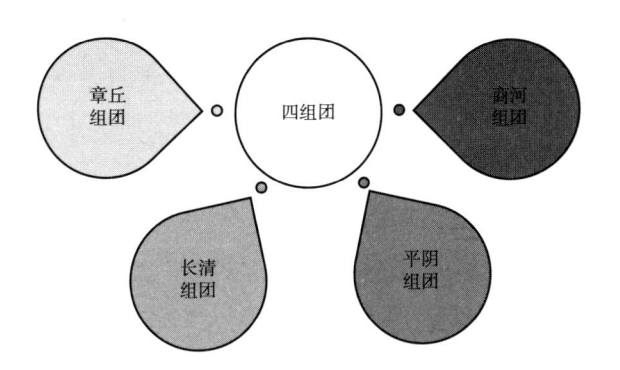

图 10-2-3　济南"四组团"空间布局

2. 长清组团

支持长清加快数字、影视等特色内容产业的培育进程，以济南西部创新园、科技成果转化服务中心、美客艺术创意产业园为载体，大力发展数字创意、动漫游戏制作等主导产业，科学引导华谊兄弟电影城项目开发方向。鼓励印刷出版产业加快升级改造步伐，加快形成集图书策划、出版发行、文化创意、产品印刷包装等于一体的产业链条。

3. 平阴组团

支持平阴以文旅一体化为目标，加快产业融合步伐。持续建设提升玫瑰高端产业园，鼓励福胶集团、华玫生物等企业以"文化+"为手段，推动阿胶、玫瑰特色产业向价值链高端迈进。建设云谷玫瑰产业基地，高标准推进阿胶文旅小镇建设运营。引导绿泽画院在发展油画、石艺雕刻基础上开发制香、托养、旅游、电商等产业项目。

4. 商河组团

支持商河创新鼓子秧歌产业化路径，积极与国内文化演艺、时尚产业专业机构合作，以鼓子秧歌等为素材，创排旅游演艺剧目，建设商河秧歌大赛全国展示中心。做优做强老粗布产业，开发老粗布时尚配饰、时装产品。大力提升温泉产业发展层级,高标准建设温泉悠养小镇。联动推进济阳(先行区范围外)雕塑设计、黑陶制作、柳编工艺、家具制作、老粗布加工等传统业态转型升级。

这一布局方式一方面是满足梯次扩散、节点辐射、集聚效应明显、城乡特色互补的文化创意产业格局的要求,继而进一步提升济南市文化创意产业质量效益,形成新动能主导文化创意产业发展的新格局,成为带动全省、辐射周边、承接京沪的全国重要文化创意产业区域中心城市,努力建设成为联合国教科文组织"创意城市"的总体目标;另一方面则是依据《山东省文化创意产业发展规划(2018~2022年)》《济南市新旧动能转换重大工程实施规划》等文件内容中的相关要求,从济南当前文化产业发展现状出发,集中布局、打造集群,以重点产业集聚区为依托,加大地方文化产业整合力度及产业协作能力,继而提高文化产业整体实力。

重点任务

济南文化产业新旧动能转换重点任务见图 10-2-4。

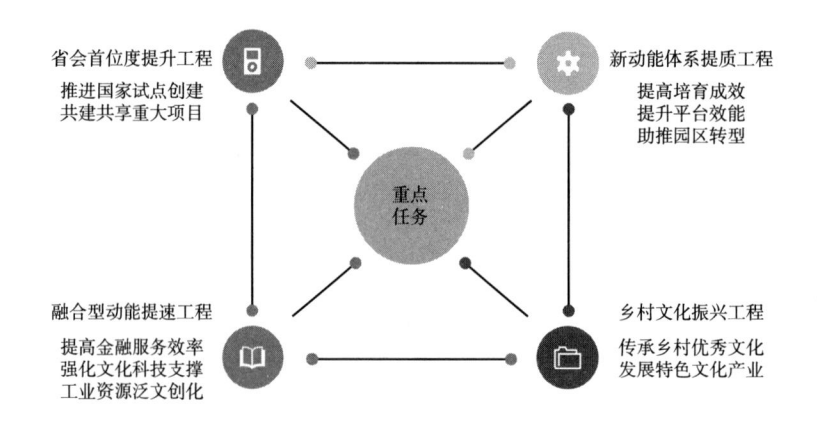

图 10-2-4 济南文化产业新旧动能转换重点任务

(一)省会文创产业首位度提升工程

1. 统筹推进国家试点创建工作

加快推进联合国教科文组织"创意城市"创建工作，打造时尚服装创新创业国家平台、中美设计创新云服务平台。加快建设国家级知识产权保护中心，联动省市两级知识产权管理部门，建设国家级版权中心（贸易基地），构建集快速审查、快速确权、快速维权等于一体的产业知识产权快速协同保护机制。统筹中央商务区、汉峪金谷等金融产业集聚区和省级文化权益类交易平台，探索创建国家级文化金融合作示范区，积极开展国家开放型金融新体制综合试点。加快国家文化消费试点城市创建工作，升级体验型、参与型文化消费业态，加大文化消费领域的财政引导资金投入，持续举办济南文化惠民消费季，形成常态化文化消费激励引导机制，完善文化消费数据采集共享机制。加快创建国家对外文化贸易基地，大力拓展创意设计、软件服务、知识流程外包服务市场。

2. 推动省市共建共享重大项目

充分发挥省会城市区位优势和资源禀赋，持续打造提升一系列重点项目、重大平台。统筹省市政策资源，培育全国知名的文化展会品牌，将山东（济南）国际文化产业博览交易会打造成为省市共享的文化创意产业展览展示和交流合作平台。依托中国非物质文化遗产博览会，促进全国各省区市之间的文化交流。依托先行先试政策优势，统筹推进新旧动能转换先行区重大产业项目和高端平台的招引工作，打造辐射省市两级的文化创意产业新动能增长极。高标准建设运营国际艺术品保税仓和保税区、国际泉水节、齐鲁融媒产业孵化基地、济南媒体港、中国（济南）新媒体产业园、济钢文创城市服务产业园等重大项目。整合省市演艺资源，依托山东演艺服务管理平台和山东剧场院线建设，组织济南市演艺场馆以委托运营、合作等形式加入剧场院线，提升运营水平和经济效益。省市共建山东省文化产业公共服务平台、山东省文化人才共育共享平台。全面加强与驻济高等院校、科研院所的合作，共建共享一批文化产业研究机构、文化科技实验室、成果转化基地，推动文化领域智库、平台、人才的有效对接，实现产学研一体化发展。

（二）文创产业新动能体系提质工程

1. 提高新动能主体培育成效

统筹引导各类文化市场主体发展，贯彻习近平总书记在民营企业座谈会上的重要讲话精神，为民营文化企业营造更好的发展环境。继续深化国有文化企业改革，进一步规范国有文化企业法人治理结构、强化社会经济效益考核，充分激发企业发展活力。鼓励通过吸收合并、项目合作、成立分公司等方式进行跨区域、跨行业合作，着力提升企业总体规模实力、核心竞争力、品牌影响力。严格落实《山东省人民政府关于支持民营经济高质量发展的若干意见》、济南市《关于在新旧动能转换中做大做强文化产业的若干政策措施》，支持文化企业做大做强，对主营业务收入实现突破、入选全国文化企业30强、资本市场上市、"小升规"企业实施奖励。按照既定标准，针对小微文化企业实施增值税减免、纳税奖励。加大重点文化企业招引力度，对新设立、新迁入的主板上市文化总部企业，全省、全国30强和规模以上文化企业给予落户奖励。鼓励跨国公司、国内大企业集团、上市公司投资参与济南市重大文化创意产业项目建设。

2. 提升新动能平台构建效能

实施文化创意产业孵化平台建设工程，以"集群+智库+平台+资本"为模式，构建集孵化和加速功能于一体的文创孵化平台，为文化领域创新创业者和中小微文化企业发展提供投融资、信息咨询、研发支持、成果转换等服务。加强文化金融服务平台建设，探索构建包括文化银行、文化小贷公司、担保公司、保险公司、版权评估公司、天使基金、风投基金等在内的文化金融全套服务链，解决文化企业融资难、融资贵、融资慢及各种附生问题。结合中国（济南）知识产权保护中心建设，围绕文化创意产业发展需求，打造文化创意产业知识产权一站式服务平台。实施国家文化创意产业双创服务体系建设扶持计划，为文化创新创业团队和项目提供鼓励扶持和宣传推广服务。强化各类产业公共平台利用效能，进一步实现成果转化与市场对接。

3. 助推新动能园区转型升级

实施文化产业园区转型升级工程，切实发挥好政府规划职能，引导文化产业园区特色发展、融合发展、创新发展，抓好文化内涵和主导业态的科学管控，防止盲目投入和低水平、同质化建设，严格落实文化产业集聚区动态管理办法。探索政府引导、业主开发、政企共建、项目先行的建设模式，积极培育1~2家具有品牌影响力和核心竞争力的园区开发运营商和产业园区管理企业。推动传统园区创新运营模式，挖掘百花洲、老商埠等历史文化片区的文化基因和特质，通过深度系统的创意开发，鼓励传统工艺团队、专业艺术院团、影视创作机构与园区加强合作，打造特色文化传承与保护、展示与交流的窗口。加强文化创意产业园区与高校、科研机构的合作交流，支持齐鲁文化创意基地、虚拟现实产业基地等园区（基地）打造一批文化科技企业孵化器，提高文化科技领域的孵化、加速效能。大力发展"文化创意集市"，建设文化创意中心和文化创客空间，形成开放、多元的创意环境和展示交易平台。鼓励行业龙头企业向园区集聚，引领带动相关行业企业形成高度协同、紧密合作的生态闭环。推动文化产业园区的社区化营造，紧密结合城市景观风貌与功能布局，丰富市民体验、文化服务功能。

(三) 文创产业融合型动能提速工程

1. 提高文化创意金融服务效率

加大文化创意产业创投引导力度，积极争取在济南新旧动能转换基金中设立文化发展类基金，进一步吸引相关金融机构和社会资本投入文化创意产业。发挥山东（济南）文化金融服务中心作用，联动中央商务区、汉峪金谷，持续完善文化金融服务体系。依托山东文化产权交易所等文化权益类交易平台，完善文化产品评估机制。建立完善文化融资风险补偿机制、融资担保体系，鼓励金融机构设立文化金融事业部或特色分支机构，开发适合文化创意产业特点的信贷产品，拓展知识产权质押贷款、投贷联动等新型信贷业务，引导文化企业充分利用多层次资本市场开展融资活动。培育发展文化保险市场，鼓励保险公司加大对文化企业保险产品和保险服务的创新力度。

2. 强化文化创意科技支撑作用

贯彻落实《"十三五"时期山东省文化科技发展规划》，重点推进优秀传统文化传承创新、文化艺术资源数字化保护与开发、新兴文化业态等领域的技术集成与创新。支持浪潮集团、齐鲁软件园创建国家级文化科技融合示范基地。加快推进大数据、云计算、3D打印、信息网络等高新技术在文化领域的运用，建立文化生产、服务、消费领域的文化大数据信息平台。鼓励文化企业开展科技创新攻关和科技成果转化，提升科技产品文化附加值。发挥龙头企业集聚带动效应，引导支持骨干文化企业与科研单位组建技术创新战略联盟。以"集群＋智库＋平台＋资本"为模式，建立健全"孵化＋科技"的创新培育体系，培育一批文化科技企业孵化平台，为文化科技企业提供信息咨询、研发支持、成果转换服务。

3. 推动工业资源泛文创化应用

依托济钢工业遗产资源，积极规划建设世界级钢铁工业博物馆，构建钢铁工业遗迹体验场，植入文化教育、珠宝影视、时尚创意、先进设计等文创产业，打造成为国家绿色发展创新实践和全国城区老工业区搬迁改造的新典范。统筹实施重汽、国棉一厂等老旧工业厂房再利用，以厂房租赁、企业资产重组、托管经营等方式开展市场化运作，培育一批特色突出和专业性强的改造型文创产业集聚区。运用文化创意手段提升传统制造业产品附加值，引导制造业企业挖掘产品文化、企业文化资源，在传统流水线展示、观赏的基础上，拓展研学、康养、购物等体验功能，打造以体验式为主的工业旅游2.0时代。支持济南老字号商户实施品牌振兴工程，依托历史文化街区、园区、景区，丰富生产工艺、制作流程等环节的交互体验内容。

（四）乡村文化振兴工程

1. **传承乡村优秀传统文化**

深入挖掘优秀传统农耕文化蕴含的思想观念、人文精神、道德规范。加强对章丘朱家峪、长清孝里古村、平阴书院村等典型古村落的保护利用，加强各类基础设施建设，改善历史文化名镇名村和传统村落的设施条件，加大非遗代表性项目的生产性保护力度。实施"乡村记忆"、历史文化展示工程，做好县级历史文化展示场所的充实、改造、提升工作，统筹济南市红色文化资源保护开发利用。实施新时代文明传习工程，加强农村题材文艺创作的规划和扶持，组织动员作家艺术家开展农村题材文艺创作生产，鼓励开展群众性戏剧、音乐、曲艺、舞蹈、杂技、美术、书法、摄影、民间艺术创作。

2. **发展乡村特色文化产业**

鼓励乡镇、农村充分挖掘特色文化资源，促进文化产业与休闲农业、乡村旅游的深度融合。重点在文化遗产、节庆赛事、修学研习、养生文化、民俗文化、名人文化等方面进行创意开发，形成一批具有地域特色和品牌价值的民间艺术、传统工艺、传统节会和民俗表演项目。实施休闲农业和乡村旅游精品工程，创建一批乡村旅游集群片区、旅游小镇和乡村旅游度假区，打造一批美食村、艺术村、养生村、休闲村等特色村落。合理利用古民居、古遗址、古村落、古街资源发展文化旅游产业项目。支持镇（街道）大力打造田园综合体、农业观光旅游、智慧农业、农村电商等新载体。

本规划对重点工程的设计，衔接了"一体跨越、双重优化、四个突破"的产业发展目标，即持续优化产业结构，传统特色行业实现迭代升级，改造形成新动能，创新战略新兴行业业态发展。重点强调补齐文化制造业短板，逐步完善文化智能制造、服务型制造价值链，构建创新协同、效能互补的文化产业生态系统，继而在制度政策创新、文化有效供给、产业载体建设、产业融合发展方面实现突破；与此同时，按照有利于结合现有基础、调整优化布局、拓宽发展空间、促进产业集聚、培植产业生态、加快转型升级的发展原则，针对不同类型的文化产业项目业态，按照实施分类指导的方式，形成产业共建共享的良好格局。

第三节　县域产业规划——以夏津县为例

近年来，夏津县依托生态和文化资源优势，多措并举发展特色文化产业，在业态培育、项目建设、产业融合、综合保障等领域取得显著成效。随着国家文化体制改革步伐的进一步加快以及经济发展的不断迭代升级，未来几年将是夏津县巩固和扩大文化产业发展成果的关键时期。为加快推动夏津县文化产业跨越发展、提质增效，助力实施新旧动能转换重大工程，特编制《夏津县文化产业发展规划（2019~2025年）》。

一　规划背景分析

山东省开展新旧动能转换工程以来，各市区、县紧跟发展趋势，在经济、文化等方面积极寻求动能转换方略，引导区域内产业迭代创新。

近年来，伴随全县产业转调步伐的不断加快，夏津文化产业实现破题起势，产业发展初具规模。自2015以来，夏津县文化产业增加值比重上升，文化市场主体培育成效显著。第三次全国经济普查数据显示，全县共有文化企业167家，文化产业从业人员3315人，占全县同期企业从业人员的4.6%，初步形成了以综合型（涉文旅）企业集团为龙头、中小微企业为基础的文化市场主体格局。夏津县的业态体系、载体建设等方面的发展为《夏津县文化产业发展规划（2019~2025年）》的编制提供了基础。

一是传统业态优势稳固。夏津县书画艺术、教育培训、工艺美术、非遗生产性保护等重点业态实现较快发展。近年来，夏津县政府主动发挥人才队伍及氛围优势，依托书画研究院等平台，不断完善传统书画创作、装裱、展示、交易等产业化链条。书画艺术等培训行业快速发展，全县拥有各类教育培训机构上百家。依托草柳编、人造花、节日礼品等出口型工艺产品体系，持续打造"中国工艺品之乡"品牌，以连城·文化创意国际产业园为载体，加快推进工艺品企业提档升级。老榆木家具产业沿323省道实现带状集聚，区域品牌影响力持续提升。依托全县特色非遗项目资源，布袋鸡、小磨香油、益和成糕点等非遗项目的生产性保护力度不断提升，社会效益与经济效益同步提升。

二是载体建设稳步推进。近年来，夏津县文化事业蓬勃发展，公共文化服务设施体系不断完善，高质量建成一批农村书屋、乡村记忆馆、乡村大舞台，全县乡镇文化站实现常态化免费开放，市民中心顺利落成并承担了图书馆、文化馆、美术馆、尼山书院等多项公共文化服务职能。持续开展"鄃城文艺奖"、"鄃城百日诵读"、诗歌文化节、椹果采摘节等活动，积极创设全民阅读基地，打造"菜单"式文化惠民新模式，逐步实现文化惠民、体育惠民工程的全覆盖。文化及相关产业载体规模持续扩大，目前拥有市级文化产业示范基地3家，依托现有文化产业重点项目，持续扩大夏津县文化产业影响力，连城·文化创意国际产业园、电子商务产业园、黄河故道森林公园、德百旅游小镇等一批重点项目集聚辐射能力不断增强，鲁冀羊绒创业产业园、智慧纺织产业园、圣源桑产业孵化基地等跨界复合型项目建设持续推进。

三是产业融合步伐加快。夏津县历史文化资源与特色产业基础丰厚，文化与旅游、农业、工业等相关产业融合步伐加快。依托历史文化、黄河文化、运河文化资源，黄河故道森林公园、德百旅游小镇等项目的文化内涵不断丰富，文化旅游融合质量大幅提升，夏津荣获"中国优秀旅游文化名县"称号，提升夏津文化产业品牌影响力。围绕黄河故道森林公园周边区域，打造古桑农耕文化展示馆，建设乡镇万亩果桑基地，通过引进农业科技专家、技术、平台资源，进一步深挖桑产业生态价值、经济价值、文化价值，大力推动桑产业在产品端、活动端与文化、旅游、康养产业相结合。依托文化创意、创新力量，初步提升了棉纺、羊绒、家具等产品附加值，全县涌现出苏留庄、郑保屯、宋楼等一批特色产业融合片区，加快推动夏津特色产品走向健康养生、流行时尚、生活美学等新兴消费市场，文化与相关产业融合的"夏津现象"正逐步显现。

四是综合保障逐步强化。围绕产业扶持、招商引资、动能蓄积、要素保障等领域，持续优化文化产业发展环境。实施"三个十"培植工程，为财税贡献十强、优势特色十强、科技创新十强企业在扩张用地、融通资金、科技创新、品牌创建等方面量身制定特殊政策。扎实推进"招商引资突破年"活动，创新节庆招商模式，丰富招商渠道，依托"京津冀协同发展招商引资推介会""椹果生态文化节"等招商活动平台，与省内外大型文化相关企业建立战略合作关系，提高招商引资精准度，文化投资占比持续提升。

二 规划编制过程

本规划项目经严格的政府采购公开招标程序并顺利中标后，课题组根据前期积累工作成果，于 2018 年 7 月中旬就德州市夏津县文化产业发展规划召开课题开题论证会，讨论确定研究思路及成果框架。2018

年 7 月下旬，研究团队开展第一轮实地调研，赴夏津黄河故道森林公园、德百旅游小镇、连城·文化创意国际产业园等地进行实地调研，并召开专题座谈会。

2018 年 9 月 20～22 日，济南泺尚有道文化创意产业规划设计院常务院长周朋飞，规划部部长李娇，设计助理刘德健、康兆乐，首席特聘专家山东大学文化产业昝胜锋博士，与夏津县委宣传部、县旅游局、县农业局、县林业局、县金融办、县科技局、县财政局、县发改局、县经信局、县商务局、县人社局、县教育局、县规划办、县统计局、县产业办、县招商局、县体育中心在文体广新局三楼会议室召开座谈会，就各职能部门文化产业发展情况和未来发展思路提出建议。

会上，夏津县文体广新局局长杨春正表示，未来五年，是我国推动文化产业成为国民经济重要支柱性产业的决定性阶段，也是县域文化产业大有作为的重要机遇期。在党的十九大明确提出坚定文化自信、推动文化事业和文化产业发展的时代背景下，在当前国家深化机构改革、组建文化和旅游部、实施乡村振兴战略的历史节点上，国家、省、市各级文化产业政策红利将充分释放，产业综合保障体系将进一步完善，多层次的政策红利必将有效激发夏津文化产业的发展活力。昝胜锋博士指出，2019～2024 年是夏津县巩固和扩大文化产业发展成果的关键五年，为加快推动夏津县文化产业跨越发展、提质增效，助力实施新旧动能转换重大工程，夏津县应始终坚持创新驱动，依托良好的文化、生态资源禀赋，加快推动文化产业转型升级、提质增效，构建结构合理、特色突出、科技含量高、富有创意、竞争力强的现代文化产业体系。

调研组在 21～22 日期间对新华印刷、宏飞包装、金叠利包装、泉美工艺品、德百集团、连城国际、圣源集团、益和成糕点、鸿禧居布袋鸡有限公司、兰诺有限公司、德福香油、圣树源科技有限公司、电子商务园、夏津书画院、宋氏陶艺坊等典型项目进行补充调研，了解相关企业和项目的现状、发展思路及相关诉求。

国庆期间继续对夏津周边武城县、清河县、高唐县、临清市等地进行第三轮走访调研，继续补充规划文本，并在11月初召开第二轮课题征求意见座谈会，按照文广新局、统计局、旅游局等16个部门在座谈会中提出的建议要求，对规划内容进行补充修改。

12月19日，《夏津县文化产业发展规划（2019～2025年）》专家评审会在德州市夏津县德百旅游小镇酒店第七会议室召开。此次评审邀请的省市领导专家有：山东省文化和旅游厅文化产业处处长王涛，山东省区域文化产业研究院院长、曲阜师范大学特聘教授孙吉国，山东省海看新媒体研究院副院长肖剑平，德州市文化广电新闻出版局副调研员司有荣，德州学院教授、德州地域文化研究中心主任梁国楹。评审前，夏津县委副书记李超与参加评审论证的领导专家进行了深入热烈交流。

夏津县委常委、宣传部部长张建民致欢迎辞，县人大常委会副主任杨淑华主持评审前会议，县政协副主席刘红晓以及夏津县文体广电新闻出版局局长杨春正、副局长杨子生、工会主席董岩、文化产业科刘瑞平科长，以及文体广新局、旅游局、农业局、林业局、金融办、科技局、财政局、发改局、经信局、商务局、人社局、教育局、规划办、统计局、产业办、招商局、体育中心分管负责人等参与评审。

评审会推选山东省文化和旅游厅文化产业处处长王涛担任评委会主任，德州市文化广电新闻出版局副调研员司有荣担任秘书长，并由山东省文化和旅游厅文化产业处处长王涛主持评审。课题组特聘首席专家、山东省智库高端人才（文化建设）、文化产业山东省文化科技重点实验室（山东大学）主任昝胜锋博士代表规划联合团队，就《夏津县文化产业发展规划（2019～2025年）》项目文本进行汇报。

随后，与会领导及专家就此次成果汇报发表意见，对夏津县文化产业的发展提出了诸多建议。评审专家组讨论认为，该规划基础资料较为翔实、框架结构比较合理、内容要素基本齐全，对夏津县文化产业发展具有较高的指导价值，吸收专家意见后，修改完善提交。

本调研报告共历时7个月，其间经过反复论证与修订，对夏津县文化产业发展进行了详细的规划梳理，为夏津县文化产业下一步发展提供了相关思路。

三 规划内容解读

根据文化产业发展规律及区域性文化产业规划经验，我们认为，应立足夏津发展实际和文化发展现状，编制夏津未来五年文化产业发展规划，并重点明晰以下四大关键问题（见表10-3-1）。

表10-3-1 夏津未来五年文化产业发展规划四大关键问题

01	文化产业发展基础
	• 夏津县文化产业与文化消费市场的总体情况和发展态势；
	• 夏津县文化产业发展数据监测及统计分析；
	• 夏津县重点文化产业园区、企业、产业项目等的发展情况；
	• 夏津县文化产业各门类发展情况；
	• 夏津县文化产业与金融、科技、旅游等产业融合发展情况；
	• 夏津县文化资源和人才情况；
	• 夏津县文化市场体系基本情况；
	• 夏津县当前文化产业政策落实情况
02	优势、潜力与问题、差距
	• 夏津县文化产业发展的优势和潜力；
	• 夏津县文化产业发展的薄弱环节；
	• 夏津县文化产业发展的制约和影响因素；
	• 夏津县促进产业发展工作中的瓶颈和困难；
	• 夏津县与国内同级别、同类型城市相比有哪些差距；
	• 国内文化产业发达县级城市可资借鉴的理念、举措
03	重点突破领域
	• 新常态下县域文化产业发展模式；
	• 培育形成文化产业新动能；
	• 文化产业与旅游、生态农业融合发展；
	• 京津冀协同发展中优质产业要素引流；
	• 文化产业市场主体培育
04	发展对策措施
	• 围绕夏津"三个三"总体布局,明确文化产业总体要求；
	• 针对优化县域文化产业空间布局、产业体系形成明确思路；
	• 针对组织领导、投融资、政策、人才等提出保障性措施；
	• 针对文化产业规划实施环节,明确重大工程、产业项目

作为未来指导夏津县推动文化产业动能转换、提质增效、跨越发展的纲领性文件，本规划共涉及 8 个章节，包括研判产业现实基础、明晰发展优势机遇、明确产业总体要求、布局产业发展空间、实施重点产业计划、落实重大载体工程、强化综合保障措施、附录。下文将选取"布局产业发展空间""落实重大载体工程"中的相关内容进行节选解读。

一 双核驱动

（一）中心城区

以银城街道、经济开发区为核心，聚焦文化商贸、文化服务、文化制造业态，有序引导新兴产业与优质要素集聚，全力打造主业突出、布局合理的文化产业核心区和集聚发展示范区。

构建城市文化商贸核心区。结合"旧城提升、新城拓展"工程，持续打造德百、亿丰、银座三大商圈，挖掘阐发鄃城历史文化元素，提升德兴商业街、鄃城老街等特色商街文化品位，丰富文化展示与消费业态，完善购物、休闲综合服务功能。引导夏津布袋鸡、益和成糕点、小磨香油等代表性非遗项目与文化休闲、体验消费模式相结合，培育特色餐饮文化街区，打造"知味夏津"品牌。有序推进中心城区公共文化设施、商业场所、工业厂房的文创化改造利用。

打造公共文化服务综合体。依托夏津县市民中心场馆设施，不断完善文化馆、图书馆总分馆制建设，持续打造"鄃城百日诵读"等文化惠民品牌。发挥文化馆、图书馆作为国家一级馆的品牌优势，通过规范服务标准、培育承接主体、引入诚信评价，吸引文化服务、艺术培训等优质社会资源，进一步完善政府向社会力量购买公共文化服务机制，探索开展公共文化设施社会化运营。结合行政中心建设夏津城市文化中心、演艺广场，加快推进夏津综合档案馆、老年大学等项目建设筹备工作。

培育文化制造转型示范区。鼓励经济开发区利用"中国工艺品产业基地""山东省工艺品生产强区"的品牌优势，依托连城·文化创意国际产业园、电子商务产业园等重要载体，引导工艺品企业退城入园，拓展互联网销售市场，实现集中生产、集约发展。搭建开发区文创服务平台，鼓励纺织服装、装备制造、食品加工、高新技术企业整合文化创意创新资源，加快产品更新与技术升级。

(二) 黄河故道生态旅游区

依托黄河故道生态资源及产业基础，构建完善生态保护、生态修复、生态开发、生态文化、生态经济"五位一体"的发展模式，打造以文化创意、文化体验、观光旅游、生态养生为特色的夏津全域旅游引爆区和国家级生态品牌展示区。

构建核心文旅产品体系。在文化体验、观光采摘、休闲娱乐等传统产品基础上，进一步丰富研学研修、文博观瞻、运动康体、养生疗养、健康管理等文旅高端产品。依托颐寿园，实施古桑树数字化建档工作，持续打造提升桑文化博物馆，开展数字化展示体验项目。提升桑树科普项目及"以桑治沙"、寿文化、孝文化展示项目的交互体验水平，打造优秀传统文化研学研修基地。加快落地黄河农耕文明博览园，弘扬黄河故地农耕文明，联动会盟广场、大云寺、桑文化博物馆，开发文博观瞻精品游线。在严格保护生态环境基础上，适时开发沙地自行车、越野跑、丛林穿越、林地漫步等运动康体项目。引进体检、医疗、诊断、康复、疗养、健身等技术设备，综合开发桑林负离子浴、温泉健康管理项目，打造"林·泉"主题康复疗养基地。

激活节事活动拉动效应。依托众多世界级、国家级品牌优势，提升黄河故道椹果生态文化节、黄河故道森林公园槐花节、梨花节等节会举办及宣传质量,策划筹办一批精品文化演出活动、产品展销活动,持续承办"跑游山东"半程马拉松系列赛等体育赛事,带动提升"春季赏花、夏季采摘、秋季农事体验、冬季温泉+滑雪"四季旅游项目参与热度,进一步改善旅游季节性反差问题。充分利用作为全国优选旅游项目的政策资源,实施黄河故道森林公园突破提升工程,创新生态夏津古桑书画展、古桑农耕文化知识展览、"桑蚕织梦"桑文化体验等文化活动举办方式。积极融入"黄河文明国家旅游线路",依托黄河沿线其他城市举办的黄河文化艺术节、黄河文化旅游节等重大节庆平台,加大黄河文化合作交流力度。

二 两带贯通

(一) G308 优势产业升级带

串联 308 国道沿线香赵庄、双庙、郑保屯等重点镇,依托文化创意创新驱动作用,加快推动棉纺织、羊绒、油品、食品等传统优势产业转型升级。

打造三大产业升级示范段。结合全省"百镇建设示范行动"示范镇建设,引导香赵庄镇纺织企业与面料设计、服装生产等上游研发生产企业合作,通过专利引进、代工生产等方式延展产业链条。鼓励双庙镇贯彻新旧动能转换要求,加大棉业、面粉企业技改提升力度,通过打造产业服务平台、发展工业旅游等方式盘活厂房资源。支持郑保屯镇依托羊绒创业产业园,加快提升羊绒产业集聚水平,积极拓展羊绒饰品、羊绒时装等延伸型深加工项目,充分联动省内优秀设计工作室,联合知名时尚发布机构等宣介资源,打造羊绒时尚展演平台、羊绒服饰展示发布平台。发挥行业协会桥梁纽带作用,加强与清河县羊绒产业的分工与协作。

加快沿线人文生态提档升级。持续推进 308 国道沿线环境综合整治活动，依法规范308国道沿线经营业户行为，加强特色产业品牌展示和宣传引导力度，策划设计并合理布局一批文化品牌、特色产业项目宣传、引导标识物。加快推进沿线生态保护开发项目，以香赵庄镇纸房头瑞丰源果蔬合作社为主体，打造集休闲、观光、垂钓、采摘、餐饮于一体的现代农业综合园区。充分利用双庙镇西沙河水库的资源优势，丰富休闲、娱乐、采摘等乡村旅游业态，打造环西沙河水库休闲农业观光旅游区。

（二）大运河历史文化景观带

依托古运河悠久历史和良好自然风光，加快推进卫运河风景区建设，全面融入济南市"德水安澜"文化生态格局。

加强渡口运河文化保护利用。以卫运河渡口文化的整理挖掘、研究阐发为突破口，带动县境运河沿线资源的保护利用。加快实施运河夏津段遗产保护、展示工程，重点打造渡口驿桥、郑保屯镇油坊桥、郑保屯土龙头闸、白马湖三店险工等运河文化展示节点，适时复建渡口驿站、理河厅、古渡码头、屯兵营、漕米仓廒等遗址，结合运河周边窦建德兵站等现存遗址，联动运河小剧场、采风摄影基地等远期建设项目，共同打造夏津卫运河文化地标区。利用运河文化元素，与专业创意设计企业合作，持续优化改良榆木家具、桑文化产品。联合省内外文创产品研发机构，根据渡口、码头、险工及非遗资源，开发运河主题系列文创产品。

改善文化生态整体环境。加大马堤吹腔、夏津小调等运河沿线代表性非遗项目及传承人的抢救性保护力度，充分利用渡口驿、郑保屯、白马湖等乡镇旅游资源，创新非遗IP利用模式和植入形式，进一步烘托运河沿线文化氛围。积极配合京杭运河（黄河以北段）复航工程，加快县境内复航配套设施建设，进一步复原和丰富运河调水、排洪、交通、灌溉、生态旅游等综合功能。利用黄河故道森林公园等重点文旅项目，加强运河文化符号的嵌入宣传。加强与临清、武城等运河上下游地区的合作，联合打造鲁西运河文化旅游特色带。

三　多节点支撑

（一）东部节点

以雷集镇、东李镇为核心区域，联动香赵庄镇，共同打造沿马颊河休闲旅游、生态农业等特色节点。

鼓励雷集镇依托育种、育苗特色产业，发挥"德州育种第一镇"的品牌优势，扩大设施蔬菜、有机种植规模，整合金丝面、珍珠琪等地方美食资源，依托津期店天齐庙旅游景区、马颊河沿岸农家乐等载体，大力发展休闲体验、观光采摘等农业旅游项目。支持东李镇加快推进乡村振兴计划，发挥房庄村红色记忆馆、邹庄村乡村记忆馆文化引领作用，利用周边闲置农房及有机蔬菜、芦荟、花卉、金银花中药材等资源，打造"农汇民宿"。以绿川家庭农场为依托，提高黄金蟠桃、黑珍珠桑葚产品附加值，持续打造高效农业示范区。

（二）西部节点

以渡口驿乡、白马湖镇为核心区域，联动郑保屯镇，打造夏津西部传统文化传承创新、产业融合特色节点。

支持渡口驿乡大力弘扬漕运文化，梳理阐发征漕兑运、驻军设防、筑堤防汛、挖沙疏浚等历史文化渊源。深入推进全镇乡村文化振兴工程，鼓励太平庄夕阳红乐队、渡口驿社区太极剑协会等群众文艺社团传承民间艺术、民俗表演项目，推动运河民俗文化传承创新。加快推动山东朝辉包装生产项目落地生产。引导白马湖镇羊绒产业转型升级，聚焦"羊绒＋"领域，鼓励元信、森乐羊绒企业拓展羊绒深加工产业链，整合国内时尚产业资源，拓展棉绒时尚产业链条。加强马堤吹腔非遗项目的抢救性保护，利用剧团演出、展出展演等形式推动传统戏曲项目传承创新。培育镇域产业新动能，加快推进"中外建华城"城市建筑工程咨询项目落地，发展建筑工程设计、城市规划等创意设计服务项目。

（三）南部节点

以宋楼镇、南城镇为核心区域，共同打造经典产业、非遗生产性保护等特色节点。

引导宋楼镇加快推进油脂、织布、酿酒等经典产业转型升级，实现产品向深加工、高附加值转变。加大对"宋楼火烧"制作技艺的生产性保护力度，持续提升宋楼火烧品牌影响力。全力打造棉纺织特色小镇，通过创意研发、技改升级、资本盘活，确保纺织产业健康发展。引导南王庄小磨香油非遗产业化项目，实施厂房、设备的卫生标准化改造，支持有条件的企业设置参观展示空间。加大对榆木家具产业的引导服务力度，联合宋楼、南城两镇共同打造榆木家具产业园，鼓励行业由批发组装向创意研发转型，提高家具文化内涵和附加值。支持南城镇打造以朱庙为中心的食品小工业区，鼓励行业企业研发生产轻食、简餐等高附加值产品。

（四）北部节点

以新盛店、田庄为核心区域，共同打造乡村文化振兴、品牌农业特色节点。

鼓励新盛店镇建设提升全省首家村级"孔子学堂"，在文化大院、孔子学堂体验馆、乡村记忆馆、孔子文化广场等基础上，建设一批乡贤馆、农耕文化展馆，弘扬传播新乡贤文化。加快推进拐尔庄美丽乡村示范点建设进程。整合棉花、林业资源，依托左王庄"百果园"等载体，大力开展特色乡村旅游。加大对烙葫芦、剪纸、根雕等传统技艺的保护传承力度。支持田庄乡"四根弦""架鼓队"等传统民俗展演项目发展，支持群众文化队伍建设。整合小于庄夏黑无籽葡萄、滕庄社区千亩梨园等果业资源，丰富休闲采摘旅游项目。依托中贸农产品综合商贸园，拓展特色农产品营销渠道。

规划中对夏津文化产业空间布局的划分依据主要是由夏津地理区位及相关部门出台的系列规划中的布局类型与要求所决定的。

一方面是因为夏津区位优势明显。夏津地处鲁西北平原，是连接鲁西北、冀东南四地市和山东、河北两大省会城市的重要交通枢纽，拥有打造邻边产业高地的有利条件。县境及周边交通网络四通八达，西邻京杭大运河，青银高速、德上高速、国道308线、省道240和323线纵贯全境，毗邻京沪高铁、京沪铁路、京九铁路等交通大动脉，路网四通八达，有利于承接省会产业转移和文化消费。境内公路纵横，交通便利，公路总里程列济南市第二。互联互通的现代交通网络体系，为夏津加快融入大都市经济圈、引聚文化产业要素资源提供了高效便捷的路网支撑。

另一方面则是结合夏津县城镇发展与产业布局规划，突出中心城区与黄河故道生态旅游区的双核驱动效应，发挥G308优势产业升级带、大运河历史文化景观带的贯通串联作用，强化县域东部休闲旅游、生态农业特色节点，西部传统文化传承、产业融合特色节点，南部经典产业、非遗保护特色节点，北部乡村文化振兴、品牌农业特色节点支撑，进一步开拓"双核驱动、两带贯通、多节点支撑"的文化产业空间布局，形成集聚效应明显、城乡特色互补的产业发展格局，与京津冀等区域的产业承接与合作取得丰硕成果。

四大特色小镇培育创建工程

（一）黄河故道特色小镇

按照市级特色小镇建设标准，打造体现黄河故道风貌特色的文化旅游小镇。

以国家 AAAA 级景区黄河故道森林公园为辐射核，联动德百旅游小镇（椹仙村）、德百温泉度假村、东方紫桑文化园，挖掘黄河文化、植桑文化、治沙文化，带动旅游、会务、影视、休闲、游乐、商贸业态发展。依托圣树源中医药深加工基地，立足桑产品深加工、中药材种植基础，以现代康养理念驱动阎庙"寿"文化的创新性发展。结合文化旅游、现代农业基础设施建设，加强架鼓舞非遗项目的保护传承，发挥后屯村、温辛庄村美丽乡村示范点带动作用，大力推进小镇基础风貌提升、公共设施改造、环境美化整治、生态景观打造、区域廊道绿化和综合交通体系建设。

（二）运河古渡文化小镇

深入挖掘渡口驿运河文化、红色文化、农耕文化等文化资源优势，打造彰显运河古渡文化内涵的特色小镇。

研究阐发渡口驿作为京杭大运河官方驿站的历史渊源，立足运河自然景观、驿站渡口等人文景观基础，驱动运河古渡文化的创新性发展。保护域内的古村落、古驿站、古军屯、水次仓等遗址遗迹，适时复建官方驿站。传承发展船工号子、乱弹等传统剧种，创新表演形式，彰显运河古渡文化内涵。整合村内闲置民房，结合乡综合文化站，打造以民俗体验、农耕体验、红色教育为主题的运河文化博物馆、红色文化展示馆，展示渡口驿乡自古以来维护运河、防汛疏浚的历史重任，开发一批以运河古渡为主题的文创产品。结合全县乡村连片治理工程，加快推进镇域硬化工程、净化工程、美化工程、绿化工程。

（三）宋楼棉纺织文化小镇

以推动棉纺织产业转型升级为中心任务，发挥"文化+"业态融合优势，全力打造国内知名的棉纺织文化特色小镇。

进一步强化棉纺织核心主业优势，引导天润、兴时、润通、瑞生、新时、兴隆、源和等重点纺织企业实施技术改造、产品创新，向价值链、产业链高端迈进。在建设时庄工业园、西屯工业园的基础上，聚力打造高新科技型棉纺织产业园，提升智慧纺织产业园区规范化运营水平。加大闲置、空闲、低效利用土地清理整治力度，高标准打造棉花博物馆、纺织体验馆等一批以参观游览、交流互动、创意创业为核心的现代化棉纺工业旅游综合体。持续优化镇域经济发展环境，抢抓北京非首都功能疏解和京津产业转移的重大机遇，力争引进一批附加值高、带动能力强、绿色环保的优质产业项目。

（四）白马湖经典文化小镇

传承马堤村特色马堤吹腔民俗文化，推动区域羊绒、棉花、绢花等传统产业转型升级，打造经典文化浓厚的特色小镇。

结合地方戏"音配像"、濒危剧种"依团传承"工作，加强"架鼓舞"非遗项目的保护传承，发挥非遗代表性传承人带头作用，优化艺术创作模式，推动曲目、剧目创新。以唱腔文化、曲谱、服装造型等为素材，积极开发各类主题文化创意产品。适时举办唱腔表演比赛、服装造型设计大赛、纪录片拍摄等活动，放大民俗文化宣传效应。推动崔楼绢花、枣林织布、杜堤针刺毯等技艺提质增效，推动师堤、陈庄、崔庄等区域内棉花、羊绒等传统产业转型升级，进一步完善公共基础设施，高标准规划乡村旅游特色项目，积极打造枣林、马堤、箭口、付庄、郭庄等美丽乡村建设示范村（见图10-3-1）。

对"四大特色小镇培育创建工程"的规划依据如下。一是为全面贯彻乡村振兴战略，积极落实国家、省市关于规范推进特色小镇建设的意见精神，依托《夏津县国民经济和社会发展第十三个五年规划纲要》等文件中的相关要求，加快推动黄河文化、运河文化、历史文化、古桑农耕文化、棉乡文化的创造性转化和创新性发展，打造具有夏津特色的

第十章 地方文化产业规划的实践探索

黄河故道特色小镇
以市级特色小镇为建设标准，彰显黄河文化、植桑文化、治沙文化等

宋楼棉纺织文化小镇
推动棉纺织产业转型升级，发挥"文化+"业态融合优势

运河古渡文化小镇
体现渡口驿运河文化、红色文化、农耕文化等文化资源优势

白马湖经典文化小镇
传承马堤村特色马堤吹腔民俗文化，推动区域羊绒、棉花、绢花等传统产业转型升级

图 10-3-1　夏津文化产业"四大特色小镇培育创建工程"

"文化基因工程"，集中规划建设一批特色文化小镇，为文化产业的发展提供更好的物质载体。二是依托夏津丰富的历史文化优势。一方面，夏津历史文化资源丰富，孕育形成了会盟历史文化、黄河文化、运河文化等多种典型的文化风貌。夏津是老黄河典型遗迹富集之地，现存世界上独一无二、规模最大、不可复制的古桑树群被评选为"世界重要农业文化遗产"，为夏津文化、旅游产业的融合提供了载体。此外，夏津县还拥有雕塑、剪纸、架鼓、高跷、马堤吹腔等极具特色的代表性非遗项目。联同书画艺术、工艺制品等历史经典产业，成为夏津文化产业创新发展的重要源泉。另一方面，夏津现代文化氛围浓厚。夏津文脉在数千年历史积淀中实现有序传承，悠久的文艺创作传统沿袭至今，获得有中国书画之乡、中国民间文化艺术之乡、山东省民间文化艺术之乡、全省公共文化服务优秀实践奖等荣誉，夏津文化形象日益提升。

第四节　功能区产业规划——以济南新旧动能转换先行区为例

2018 年初，国务院批复了《山东新旧动能转换综合试验区建设总

体方案》，作为党的十九大以后国务院批复的首个区域性全国战略，为山东省高质量发展带来了重大历史机遇，新旧动能转换重大工程已经成为山东省"第一工程"。建设新旧动能转换综合试验区，是在改革开放40周年的关键节点上，党中央交给山东省的重大政治责任和必须完成的重大政治任务，也是山东省会济南发展的重大历史机遇。2018～2022年是济南市全面贯彻党中央"四个全面"战略布局、强力推进新旧动能转换、加快推进省会现代化建设的重要时期。近年来，蓬勃发展的文化产业也成为推动济南市经济发展、推动新旧动能转换的重要动力。如何激发先行区文化传统要素内生动力，构建先行区文化产业发展创新体制，成为我们亟待破解的重大命题。

一　规划背景分析

《济南新旧动能转换先行区文化产业专项规划》（以下简称本《规划》）是在当前时代要求、历史使命、国家战略和产业契机综合影响下启动编制的。首先，习近平总书记在十九大报告中指出，要坚定文化自信，推动社会主义文化繁荣兴盛。文化建设将为先行区提供精神动力和智力支持，满足人民美好生活新需要，提升文化自信和软实力。其次，在国内外经济形势持续发生深刻变化的背景下，新旧动能转换成为构建现代化经济体系的战略选择。山东省应以更大力度推动新旧动能转换，为巩固全国经济稳中向好势头提供重要支撑。再次，2018年国务院以国函〔2018〕1号文批复《山东新旧动能转换综合试验区建设总体方案》，要求作为山东省新旧动能转换主引擎之一的济南市，高水平规划建设新旧动能转换先行区。最后，我国已进入推动文化产业成为国民经济重要支柱性产业的决定性阶段。文化产业亟待通过新旧动能转换，实现传统文化的传承创新、产业结构的迭代升级、文化供给的改革优化。

本规划立足于济南新旧动能转换先行区文化产业发轫的条件与基础。第一，文化生态禀赋。先行区内坐拥黄河、小清河、大寺河、徒骇河、鹊山水库等水系资源，黄河"悬河"特色显著。鹊山、华山、药山等山地资源及众多林地、湿地资源富集。区内现存汉画像石墓、龙山文化遗址、百年黄河铁路桥、卢氏旧居等众多历史遗迹和黑陶制作工艺、黄河泥塑、鼓子秧歌、钩绣技艺等非物质文化遗产。第二，产业发展基底。先行区规划控制区内已形成以文化休闲娱乐、印刷包装、工艺加工制作、文化设备生产为主体的产业体系，拥有中教产业、亚林台球及中南高科·中德（济南）产业园、沃尔富斯番茄文化产业园等一批文化企业和产业园区项目。第三，区位交通条件。先行区区位优势显著，北接京津冀，南通长三角，处于京沪经济走廊的中心位置。交通网络成熟，东邻遥墙国际机场，距离周边高铁站 20 分钟车程。境内及周边分布 4 条高速公路、2 条高速铁路，规划建设济南北站。

本规划深度聚焦了济南新旧动能转换先行区文化产业发展的短板和问题。第一，基础设施网络亟待健全。先行区基础设施建设滞后，与中心城区间的交通体系不完善、不系统，医疗、教育、文化、体育等生活服务设施不健全。公共文化服务基础设施及文化产业园、综合体、集聚区等各类产业设施尚待布局落地，制约着先行区文化产业招商落地。第二，产业生态系统亟待完善。先行区文化产业缺少战略新兴类领军企业，产业平台体系尚属空白，影响对高端创新资源的聚集与链接利用，限制当前文化创新链与产业链的协同升级，在短时期内难以形成创新内驱力，环境友好、优化耦合、协调发展的文化及相关产业生态系统尚待构建。第三，文化创新土壤有待培育。先行区内缺少高科技领军企业、高等院校等高层次创新主体，科技、教育、人才等创新资源短缺，导致文化创新土壤较为贫瘠，创新要素的集聚尚有困难，加快文化创新发展的社会氛围有待引导。第四，政策引领有待突破创新。先行区文化产业传统体制机制中的职能越位、缺位、不到位等问题，亟待通过先行先试权限实施一体突破，文化科技融合、文化生态保护、产业业态及项目招引等方面的专项政策体系有待健全。

作为国家战略的承载地,济南新旧动能转换先行区必须在顺应世界文化产业发展趋势的基础上,总结国内相关领域的成功经验和模式,高起点布局文化产业版图。

第一,在体制机制改革与政策创新层面,必须构建大部门制、扁平化的文化产业管理体制,设立文化产业办公室、文化建设办公室等机构。推进投资项目审批制度改革。以解决文化市场主体发展难题为宗旨,在存量政策基础上,创新增量政策体系,完善公共服务体系,实施精准服务。第二,在产业准入标准与清单制定层面,必须设立产业准入门槛,针对新增固定资产投资项目以及新设立或新迁入法人单位、产业活动单位、社群组织一律执行正面清单。确保产业发展符合区域产业定位,限制或禁止承接一般性文化制造业、中低端产业,实施企业、项目末位淘汰制度。第三,在高端要素导入与平台搭建层面,必须依托政策洼地效应,大力引进高校、协会、机构、团队等优质主体及各类创新载体。谋划举办国际及国内高端论坛,构筑对内对外发声渠道与交流平台,吸引国家对外开放平台和国际组织入驻。依托高端要素资源,搭建产业公共平台,形成内生动力。第四,在产业融合发展与体系构建层面,必须设立引导产业融合发展的专业化管理及运营机构,聚焦文化金融、文化科技领域,创新产业融合服务组织形式。申报创建国家级产业融合示范项目,形成头部示范和集聚效应。适应产业融合发展趋势,合理创新产业管制政策,打破部门分割桎梏。第五,在文化生态保护与传承创新层面,必须确立文化生态整体性保护的政策框架,防止人为割裂非遗传承与相应环境的联系。将保护社区文化纳入整体性保护的工作范畴,推动非遗在社区文化生活中的延续和发展。将非遗保护与乡村振兴、文化旅游产业、脱贫扶贫有机结合。第六,在文化对外合作与市场拓展层面,必须提高文化保税贸易和便利化服务水平,创新设立文化产品国际交易中心,依托开发区和自贸区规划建设一批特色文化服务出口基地。提高综合配套服务保障水平，依托国家级、省级重大文化活动平台，加强国际文化展示与推介。

二 规划编制过程

2018年9月上旬，课题组拟定规划工作计划，收集相关资料，制定调研方案；9月14~17日，课题组赴先行区现场勘察，走访调研、了解区情；9月18日，赴管委会座谈，听取主要领导对规划任务的基本要求，并进行初步沟通；9月21日，召开济南市新旧动能转换文化产业发展座谈会，研讨先行区文化产业发展思路及具体规划框架；9月至10月中旬，编制规划初稿，邀请高校学者、政府部门领导、文化企业家等进行内部论证；10月17日，初稿汇报，听取管委会领导及瑞典SWECO专家意见，对接清华同衡历史文化专项规划；10月29日，第二轮汇报，听取管委会领导意见和建议。11月18日，邀请省市相关部门主管领导、专家学者、文化企业家，召开规划中期成果内审会。内审会由山东大学文化产业研究院主办，山东大学文化产业动能转换与生态系统山东省文化科技重点实验室具体承办。参加内审会的专家有中国社科院历史所教授于化民、农工党山东省委秘书长付军、山东省委宣传部文改办主任刘皓、山东省文化和旅游厅文化产业处处长王涛、济南文旅集团副总经理张广宇、济南明府城管理中心副主任王虎、济南新旧动能转换先行区管委会建设局工程师吕明娟等，评审专家一致认为该规划基础资料翔实、框架结构合理、内容要素齐全，是一项具有较高水平的规划成果，并建议规划编制组充分吸收专家意见，立足济南和先行区资源禀赋、产业基础，充分借鉴外地先进经验，在业态优势培育、核心竞争力打造、企业扶持引导、政策体系构建等方面进一步修改完善。

11月22日，汇报中期稿成果，听取管委会及市、区相关主管部门、SWECO专家意见；11月28日，协同SWECO专家团队，对接文化设施等其他专项规划；12月12日，修改稿汇报，听取管委会领导意见和建议；12月18日，参加新一轮工作营，深化与其他专项规划对接；2019年1月8日，参加专家评审会，汇报并听取专家意见；1月16日，根据专家意见，进一步修改完善，提交终稿。

针对济南新旧动能转换先行区文化产业发展的系列智库服务，昝胜锋博士带领的山东大学文化产业规划研究团队坚持高起点谋划，坚持"顶天""立地"相结合，坚持交叉融合，强化资源整合，开展协同攻关，努力做好服务区域新旧动能转换重大工程的大文章。

三 规划内容解读

本规划覆盖济南新旧动能转换先行区全境，以规划控制区为规划重点，即先行区辖区的黄河以北区域，涉及济南市天桥区和济阳县，包括先行区直管区及济阳县的济北、济阳、回河街道及天桥区的桑梓店街道，总面积约733平方公里。依托外围规划研究区，推动文化与相关产业的区域协同发展。规划期限为2018~2035年，是指导先行区文化产业发展的纲领性文件。

下文将选取"发展定位""空间布局""重点突破"等相关内容进行节选解读。

一 发展定位

（一）文化定位

1. 济南迈向黄河时代的文化寻根地

深入阐发黄河（济南段）治河文化、渡口文化、红色文化、民俗文化、工程文化渊源，建设黄河文化生态保护试验区、黄河国家湿地公园，打造国际知名的黄河文化遗产精品廊道、流动的城市文化公园，构建黄河优秀传统文化传承发展体系，助力济南实现从"大明湖时代"迈向"黄河时代"的历史性跨越（见图10-4-1）。

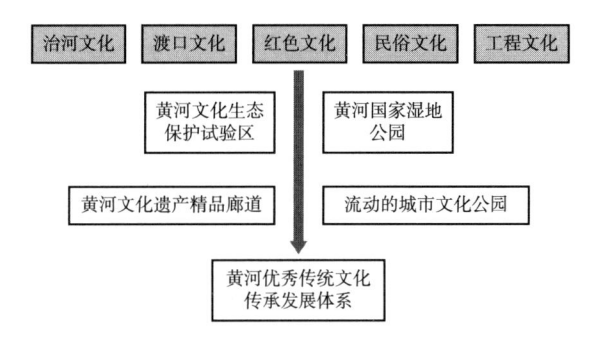

图 10-4-1　济南迈向黄河时代的文化寻根地定位示意

2. 国家级黄河文化生态保护试验区

以"见人见物见生活"为创建宗旨，对黄河沿岸（济南段）历史文化积淀丰厚、存续状态良好、具有重要价值和鲜明特色的以非遗为核心的文化生态实施整体性保护。通过划定保护范围与重点区域、明确保护对象与保护内容、制定保护方式与保护措施、出台创建周期与实施计划，维持黄河文化生态平衡，全面阐发黄河文化精神内涵，彰显黄河文化独特魅力（见图 10-4-2）。

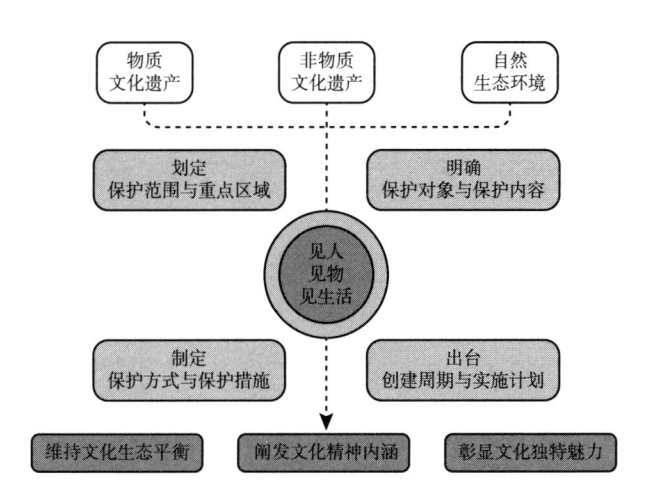

图 10-4-2　国家级黄河文化生态保护试验区定位示意

(二) 产业定位

1. 省会城市群创意经济潜力增长极

在核心带动、圈层推进、效应扩散的省会城市群发展格局中，围绕增强省会综合实力、服务功能和辐射带动能力的首要任务，通过创新先行、绿色先行、智慧先行、改开先行，培育以创新、创意、创作、创造为动力的创意经济新生态（见图10-4-3），树立并强化先行区创意经济"核中之核"的重要地位和功能属性。

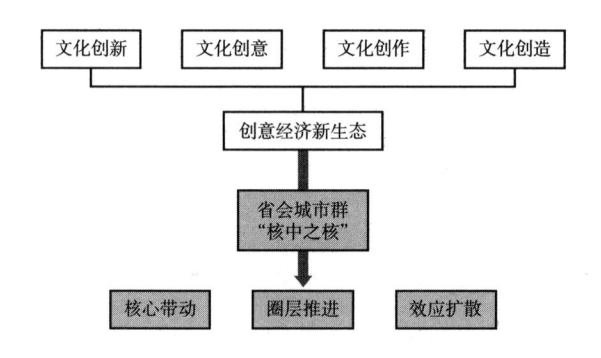

图10-4-3 省会城市群创意经济潜力增长极定位示意

2. 环渤海开放型文化经济新高地

按照形成全方位、宽领域、高层次的开放要求，优先融入山东半岛、京津冀、辽东半岛的环渤海地区发展格局，在开放型文化经济发展上率先发力，聚焦文化生产方式、内容形式、供给渠道、传播手段等核心领域，引进新技术、做大新产业、发展新业态、拓展新模式，实现高层对接、高效融合、高端发展（见图10-4-4）。

3. 国家文化产业动能转换样板示范区

围绕文化产业的产业生态、金融服务、市场体系、保障体系、体制机制等五大重点领域（见图10-4-5），探索具有示范意义和推广价值的组织架构、政策体系、平台系统、引导机制的改革创新路径，带动和促进各种资源优化组合、高效配置、动能转换，打造全

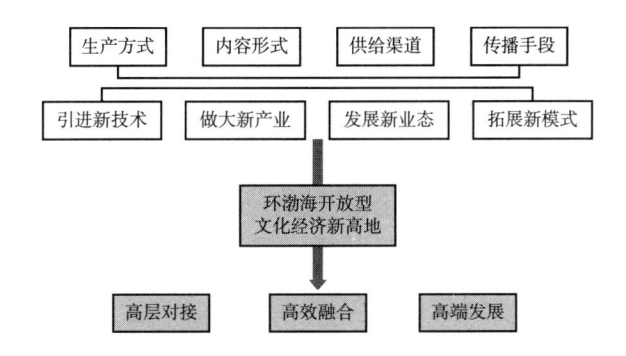

图 10-4-4　环渤海开放型文化经济新高地定位示意

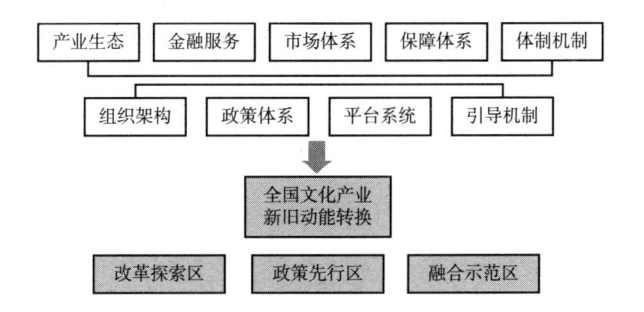

图 10-4-5　国家文化产业动能转换样板示范区定位示意

国文化产业新旧动能转换的改革探索区、政策先行区、融合示范区。

4. 国家级文化科技融合示范基地

聚焦文化资源数字化、数字内容生产、数字技术服务、新媒体融合等文化科技新兴价值链，依托先行区集聚类、单体类优质文化产业载体，引导其在技术研发与集成应用、标准制定、技术转移、产业联盟等领域，创新性解决文化和科技融合"最后一公里"问题，在国内形成示范性的标杆效应（见图 10-4-6）。

5. 国家文化融合发展创新示范区

围绕先行区"新智造、新科技、新服务、新消费"产业发展方向，依托文化创新创意力量，引导资源端、产品端、技术端、市场端的产业融合，提高文化资源的创新开发水平、新兴产品（服

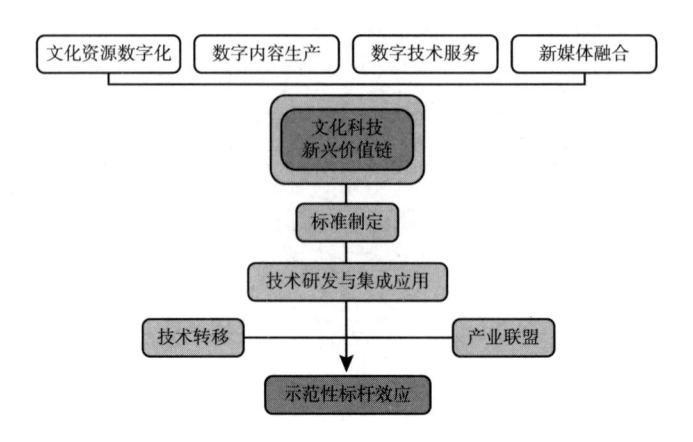

图 10-4-6　国家级文化科技融合示范基地定位示意

务）的文化内涵，丰富产品市场营销环节的创意手段，提升先行区现代产业体系的文化附加值（见图 10-4-7）。

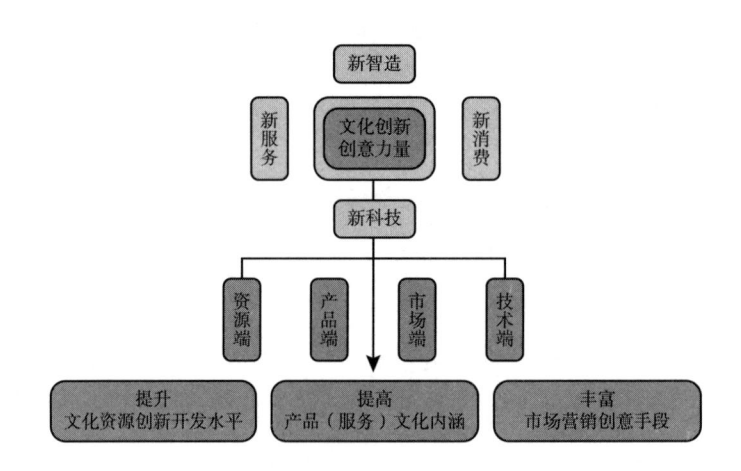

图 10-4-7　国家文化融合发展创新示范区定位示意

针对济南新旧动能先行区文化产业的发展定位，首先，衔接了先行区总体定位，即全国新旧动能转换先行区、山东省会城市群黄河北岸中心、全省高端高效新兴产业集聚地、国际一流的现代绿色智慧新城。其次，从文化形象角度，创新演绎"大河传城·齐鲁新韵"的文化标识，并据此衍生济南迈向黄河时代的文化寻根地、国家级黄河文化生态保护试验区两大文化定位。从产业发展角度，围绕"携河创新区、齐鲁智慧城"的产业总体定位，推演出省会城市群创意经济潜力增长极、环渤海开放型文化经济新高地、国家文化产业动能转换样板示范区、国家级文化科技融合示范基地、国家文化融合发展创新示范区五大产业定位。

二、空间布局

先行区文化产业空间布局为：培育"文创+科创"新动能引领核，构建"一轴+一带"线状要素串联格局，引导"两团+两翼"动能转换梯度协同，强化"小镇+田园"动能转换外围支撑。开拓科学合理、分工明确、特色突出、集聚效应凸显、产城高度协同的文化产业空间格局（见图10-4-8）。

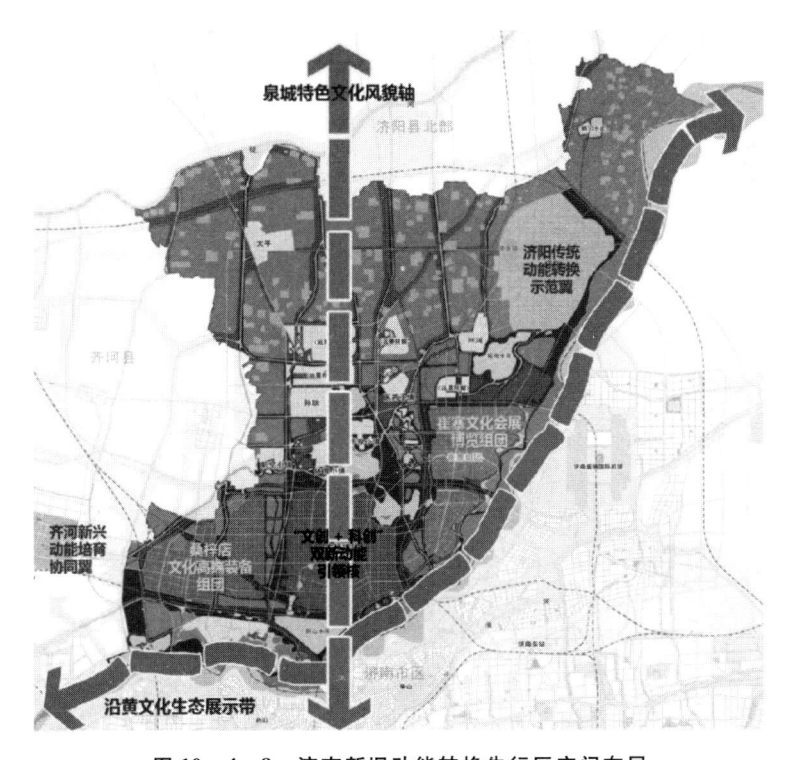

图10-4-8 济南新旧动能转换先行区空间布局

（一）培育"文创+科创"新动能引领核

依托先行区中心区和引爆区所在地的大桥组团，打造文创文博中心、文化科创中心，构建文化地标、文化总部、创意设计、智慧文博、数字内容、新媒体、网络信息服务七大功能板块，结合文化产业公共服务平台与文化科技创新平台，培育先行区文化产业新动能引领核，打造文化产业中枢功能区、高端产业资源与优质市场要素集聚高地（见图10-4-9）。

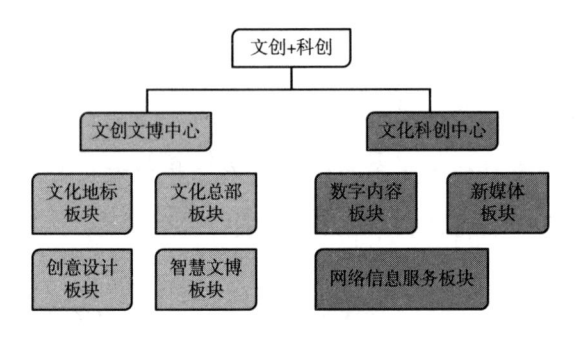

图10-4-9　"文创+科创"新动能引领核

1. 文创文博中心

依托中心区创新资源，在文化地标、文化总部、创意设计及智慧文博等领域，集聚一批品牌辨识度高、行业领导力强的文化企业集团，树立先行区城市核心吸引物和文化地标群。

文化地标板块。集聚省市级公共文化服务设施，加快省图书馆、省青少年宫、省方志馆、市博物馆、市规划展览馆、市档案馆、市史志馆、市电视台等重大设施疏解进程，结合南北两侧区级公共文化设施，共同打造先行区文化地标群落。

文化总部板块。依托引爆区总部与商务中心，出台文化总部经济扶持引导办法，保留"一事一议"政策空间，积极鼓励国内外龙头文创企业、重大文化项目将全国总部、区域总部设在此地，打造国内知名的文化企业总部经济区。

创意设计板块。依托创业大街、创客空间、孵化器、加速器等载体，引进国内外知名建筑设计、工业设计、时装设计、动漫设计、广告创意、品牌策划与营销类企业。建设"全球创意城市网络"联合文创学院，常态化开展国际文创人才合作与交流。

智慧文博板块。提高省市公共文化设施的展览展示、公共服务的数字化水平，打造齐鲁文化艺术基础资源信息数据库。配套建设艺术、工艺、文化界大师工作室，辅助开展文化艺术资源数字化应用的前瞻性研究。

2. 文化科创中心

依托引爆区科技研发中心，围绕数字内容、新媒体、网络信息服务等重点领域，努力突破一批具有较强技术关联性和产业带动性的文化关键技术，形成一批具有自主知识产权的文化科技专利成果。

数字内容板块。引进国内外知名数字技术服务提供商，打造数字内容研发实验室，开展数字影音、动漫游戏、网络文学等数字文化内容生产。建设数字经济港，拓展文化资源数字化转换及开发利用、知识分享与众包中介平台等热点领域。打造数字服务外包基地，开拓文化艺术、专业设计、影视领域的数字化服务贸易市场。

新媒体板块。积极融入济南加快媒体融合及创建新媒体之都筹备格局，大力引进国内外知名媒体运营商、新媒体标杆企业，引导社会资本参与新媒体产业开发。创建国家级新媒体产业基地，构建"数字技术+网络技术+通信技术"集成化技术平台，争取成为中国新媒体发展年会永久举办地。

网络信息服务板块。围绕信息技术、网络技术的文化应用领域，引进第三方专业机构，聚焦互联网演出、娱乐应用、音视频服务市场，打造集成化的行业信息服务联盟。大力开展区块链技术下的文化内容生产及消费的创新应用，拓展基于开源代码的个性化软件服务开发、5G+增值电信文化服务、公共"文化云"服务市场。

(二) 构建"一轴+一带"线状要素串联格局

以先行区线状分布的文化、生态资源为逻辑基础,以互联互通的城市工程和产业载体设施为支撑,严格保护遗址遗迹、合理控制建筑风貌、统筹引导产业形态,构建泉城特色文化风貌轴。通过分段优化空间功能、布局文化展示节点、打造沿黄文化生态展示带,开拓纵横交错的文态、生态、业态线状串联格局(见图10-4-10)。

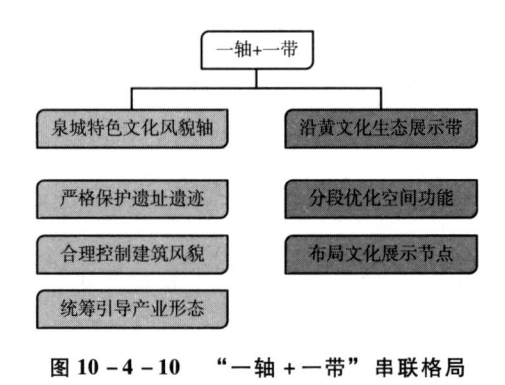

图 10-4-10 "一轴+一带"串联格局

1. 泉城特色文化风貌轴

继承并延续泰山-千佛山-明府城-大明湖的城市轴线,基于文化遗产、建筑风貌、产业形态三大维度,加强黄河南北两岸、新老城市的空间呼应,确保轴线落位的先行区展现出源远流长、薪火相传、继往开来的城市文化脉络。

严格保护遗址遗迹。加快推进轴线周边扁鹊墓、玉皇冢、红岭寺、邝塚、张沟、张尔岐等文物保护单位"四有"工作,实施鹊华博物馆等一批有示范引领作用的重大文物保护利用项目。以重要文化遗产地、重大保护工程和重点文化遗产活动为依托,精心打造文物活化利用品牌,拓展文物旅游、文博展览、文创产品研发市场,强化区域内文化遗产之间的相互联系。

合理控制建筑风貌。优化城市与鹊山、华山的景观廊道，确保轴线南北形成良好的衬景和通视。文化中心、科创中心、济南北站以及行政中心等地标建筑应以传承创新型风貌为主；临近自然生态的建筑选择传统本土风貌，与周边生态形成景观呼应；特色产业建筑则视功能属性选择中西合璧、创新未来型风貌，保持黄河南北两岸、新老城市的空间呼应。

统筹引导产业形态。轴线区域以文化、科技、旅游为核心产业，依托城、园、镇三类六种产业载体，构建多级共享的服务新体系，打造国际文化合作交流基地、高端科技创新展示窗口、精品休闲旅游目的地，开拓生产空间集约高效、生活空间宜居适度、生态空间山清水秀的空间新格局，打造身心愉悦、思想升华、心灵净化、境界提升的精神文化走廊。

2. 沿黄文化生态展示带

加强黄河两岸城区及上下游城市的合作，在黄河文化生态保护试验区创建框架内，通过分段优化空间功能、布局文化展示节点，构建中央文化生态开放空间和流动着的历史文化展示廊道。

分段优化空间功能。创建黄河国家湿地公园，充分利用该区域丰富的植物及生态资源、黄河流域的文化遗产及两岸的农田和村落，打造黄河文化生态保护核心区。结合黄河示范段建设，在黄河十九弯处建设黄河体育公园、鹊华博物馆、华山体育休闲园，打造省会济南面向全国乃至全世界的"齐鲁客厅"。结合崔寨组团建设，规划落地黄河文化博物馆、黄河学院、黄河创意街、会展中心等创意和展示空间。

布局文化展示节点。保护并合理利用黄河大桥群文化资源，改造黄河大桥，调整部分浮桥功能，完善旅游服务、文化展示设施，将历史文化工程与休闲、旅游等活动有机结合。将泺口和邢家渡打造为黄河渡口文化展示节点，恢复通航能力，通过慢行系统与沿河文化旅游节点相连通。结合生态修复工程，有序布局冯唐创意村、亲水乐园、生态农业园、草药园、体育公园、房车营地等文化体验项目。

（三）引导"两团+两翼"动能转换梯度协同

1. 崔寨文化会展博览组团

高标准建设运营国际博览城。充分发挥崔寨组团的区位交通优势，加强与空港、高铁联动，高标准建设国际博览城。以国际会展中心和国际会议中心为核心载体，引进国际国内知名会展机构及合作伙伴，打造"世界一流、中国第一"的全球首座"会展+产业"融合发展的经济园区，加快形成APEC、G20国际峰会同等级会务承接能力。联动大桥中心区，积极协办世界园艺博览会、黄河高峰论坛。

强化相关产业配套支撑。依托引爆区科创中心，打造智慧会展平台，实现会展智能应用、智慧管理、智慧营销、智慧布展和智慧服务。依托国际博览城建设，配套建设科创先行谷，加快落地绿地科创总部、中科科技园、云谷产业园、跨境贸易中心、齐鲁国宾馆。引导创新产业园区、中国氢谷导入创业孵化、产学研创新项目。围绕滨河沿岸打造体育公园、生态农业园，联动园博园开发文化休闲项目。

2. 桑梓店文化高端装备组团

建设文化装备制造成果转化基地，构建文化装备制造科研载体群。以推进文化创意与装备制造深度融合为主线，积极引进高校、科研院所、国家实验室、企业研发总部等高端创新资源，聚焦演艺装备、娱乐装备、展览装备、数字技术、机器人、3D打印装备等领域，打造国家重点文化装备实验室，落地文化装备制造云服务平台。

制定服务"中国制造2025"战略的文化装备技术标准及应用规范。引进大数据、物联网、AI及智能终端提供商，研发面向消费升级的中高端移动通信终端、可穿戴设备、智能影音及虚拟现实、增强现实等前沿文化科技装备设备，鼓励企业开展基于应用场景的"装备+服务"定制化模式，开展前沿性技术标准与应用规范研究，打造国内领先的文化装备制造高地。

3. 济阳传统动能转换示范翼

推动传统文化业态链实现整体跃升。充分利用济阳撤县设区的综合发展机遇，全面融入全市文化产业空间、行业、政策体系。依托先行区四新产业、四先平台，带动济阳印刷包装、工艺加工、文化设备生产等传统业态链实现整体跃升，优先扶持雕塑设计、黑陶制作、柳编工艺、家具制作、老粗布加工等文化企业转型升级。

依托临空优势引聚高端要素资源。积极对接临空经济，集聚优质市场要素，大力发展总部经济、文化商务等现代都市业态。整合温泉、农业、文化遗址等资源，在精品旅游项目、精品线路打造上实现新突破。依托济北智造小镇、少海汇智慧住居等重点项目，实施食品饮料加工、智能制造"文创提质"工程，积极融入先行区智能制造产业链。

4. 齐河新兴动能培育协同翼

探索建立文化及相关产业生态共建机制。加强先行区与齐河的规划对接，促进区域产业联动，引导齐河齐鲁科技小镇、中谷创新产业园、绿色包装印刷产业园、高端装备制造产业园等新动能产业载体与先行区探索建立产业生态共建机制，在产业分工、市场定位环节实现功能互补，实现区域文化产业一体化发展。

联合推进文化生态保护及精品旅游发展。加快推动全国旅游标准化示范县和全省全域旅游示范县创建进程，实施泉城海洋极地世界、泉城欧乐堡梦幻世界等重大项目提升工程，全力打造具有核心吸引力的全域旅游目的地。联动黄河国家湿地公园与齐河黄河国际生态城，统筹推进黄河资源的联动保护利用，联合打造区域性黄河文化生态保护、生态旅游示范区。

(四) 强化"小镇+田园"动能转换外围支撑

1. 文旅特色小镇（见图10-4-11）

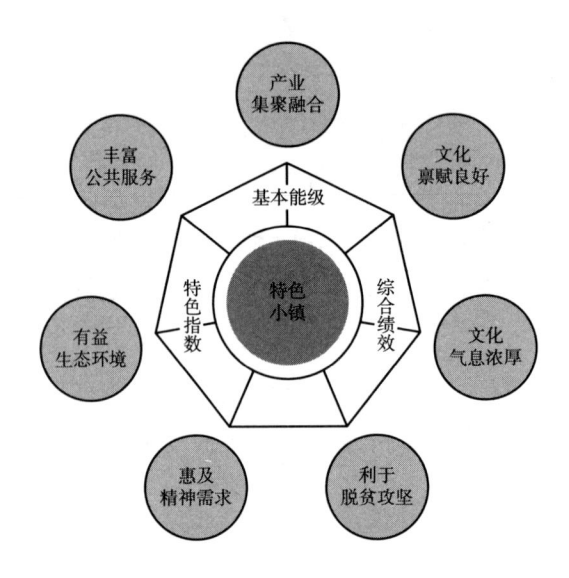

图10-4-11 文旅特色小镇发展思路

影视主题小镇。积极融入济南特色影视产业发展格局，按照在省内与青岛错位发展原则，以电视剧产业孵化、创新为特色，引入山东影视集团等合作伙伴及产业链上优秀企业、团队，构建影视制作、影视科技、影视教育、影视服务和影视娱乐等"1+N"产业生态。引领构建济南影视IP资源库、IP孵化平台，通过生产拍摄、后期制作、设备供应租赁、发行交易等各市场主体的有序集聚，逐步打造国内知名的电视剧产业资源聚合平台。加大税收、财政补贴、投融资、精品创作扶持力度，为入驻的影视企业、组织、第三方机构提供全方位服务。

运动休闲小镇。聚焦运动休闲、体育健康核心主题，根据先行区产业规划格局，协同济南国际医学中心，构建具有滨水特色的体育竞赛表演、体育健身休闲、体育培训与教育、中医药养生等特色产业体系，拓展露营自驾、旅游度假、徒步骑行、康体养生市场。

依托沿黄生态资源优势,策划承办黄河国际马拉松赛事,大力培育黄河公路自行车赛、黄河生态五项挑战赛、全地形车赛事、场地汽车越野赛等专业赛事。联动航空小镇建设,开发航空表演、飞行体验、热气球观光项目。推进自驾车房车营地、运动船艇码头、航空飞行营地等特色载体设施建设,适时创建国家级体育旅游示范基地。

2. 田园综合体(见图 10-4-12)

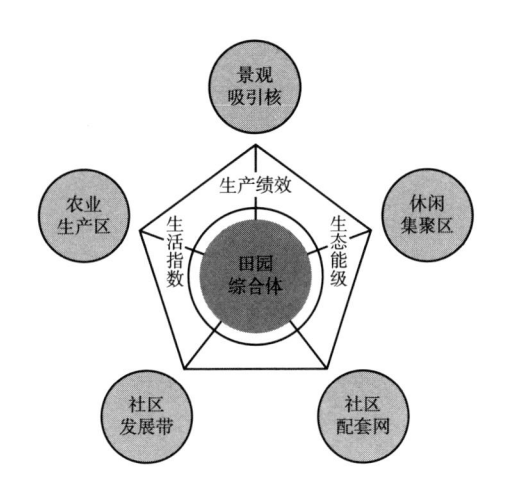

图 10-4-12 田园综合体发展思路

以三三为原则,明确创建要求。以大寺河生态廊道以北为重点区域,以农村生产生活生态"三生同步"、一二三产业"三产融合"、农业文化旅游"三位一体"为目标,打造若干集循环农业、创意农业、农事体验于一体的田园综合体。

以资源为导向,实施分类打造。选择基础条件较优、生态环境友好的整村片区,依托省农科院试验基地等科研平台,分类整合瓜果、蔬菜、新型水稻、食用菌等特色农产品资源,都市农庄等创意载体资源,外围卢氏旧居等文化资源。

以平台为架构,提高创建成效。加强田园综合体区域内"田园+农村"基础设施建设；打造涉农产业体系发展平台，构建农事体验、休闲度假、科普教育、文化观光、民俗体验等多元产品体系。

济南新旧动能先行区文化产业空间布局，首先，遵循组团发展、错位协同、有序集聚、三态共生的布局原则，充分衔接先行区国土空间、生态空间、城乡空间及三次产业空间布局体系，并结合文化产业空间布局原则和发展规律。其次，根据上位规划衔接原则，参考《济南市新旧动能转换文化创意产业专项规划（2020～2022年）》中关于构建"两区、四极、四组团"空间布局体系，即打造老城动能改造更新区、培育新旧动能转换先行区、构建产业动能优化增长极、完善外围动能转换组团群，先行区应成为省会文化产业首位度提升的重要支点，也应成为全市文化产业新动能提质的前沿基地。

三、重点突破

（一）构建文化产业公共平台体系

1. 产业公共服务平台

文化产业基础服务平台。管理服务平台，为先行区文化公司注册、资质审批、财税服务、社保人社、法律咨询提供便捷的管理服务；信息服务平台，搭建行业联盟、组织，建设信息发布中心网站、移动App、文化企业大数据系统等信息化服务体系；人才招引平台，依托先行区人才引进需求及政策依据，集约发布招聘信息，推动项目信息、人才信息的高效流通。

文化产业增值服务平台。投融资服务平台，以引入金融机构、创投机构、发展与担保、保险等增信第三方合作及组建投融资平台公司等方式，拓宽园区、企业、项目融资渠道；产学研合作平台，发挥高等院校、研究机构、专业服务机构的决策咨询作用，探索与园区、企业等多方合作模式,形成一批跨领域合作成果;文化版权交易平台,联合区域内业态相近、链条互补的园区,构建文化创意版权交易圈,提高文创成果转化率。

2. 文化科技创新平台(见图10-4-13)

战略型行业技术创新中心组群。依托先行区科创中心,打造一批网络视听、数字出版、动漫游戏、影视制作、创意设计专业技术创新平台,提升和扩大技术研发能级和应用范围。完善数字内容创作生产全流程的技术支撑服务体系,提升数字内容制作的支持服务能力。

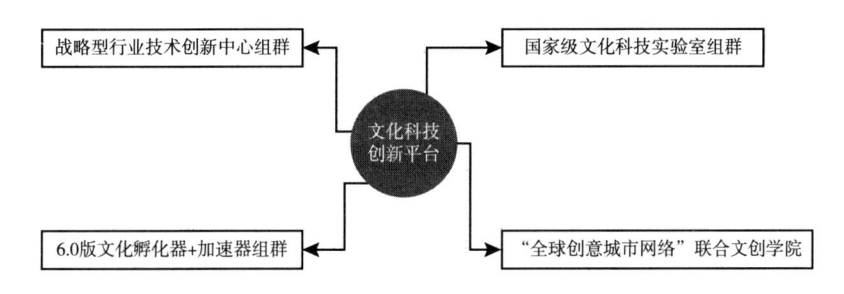

图10-4-13 先行区文化科技创新平台

国家级文化科技实验室组群。按照国家、省市发展的战略布局,围绕新兴文化科技业态关键技术与核心环节,引进、创建一批省级以上文化科技重点实验室,转化推广文化科技创新成果,树立文化领域新旧动能转换实验新标杆。

6.0版文化孵化器+加速器组群。以"产业链+社群组织+平台经济+品牌生态"为基础,持续落地一批由众创空间、孵化实验室、技术交换中心、加速器等组成的创业基地,打造从创业到成长的一体化文化创业创新群落。

"全球创意城市网络"联合文创学院。联合全球创意城市,重点围绕工艺与民间艺术、设计、电影、文学、媒体艺术和音乐等创意领域,打造联合文创学院,开展国际间文创人才培训、交流,常态化组织国际性时尚创意活动。

(二) 城市建设启动区域产业路径与载体布局

基于中心区"文创+科创"双核属性,结合"创新动力极核、文化交往平台、公共服务走廊、生态建设高地"的基本定位,合理布局文化地标、文化总部、创意设计、智慧文博、数字内容、新媒体、信息服务七大功能板块,落地产业先导平台和外围产业融合项目(见图 10-4-14)。

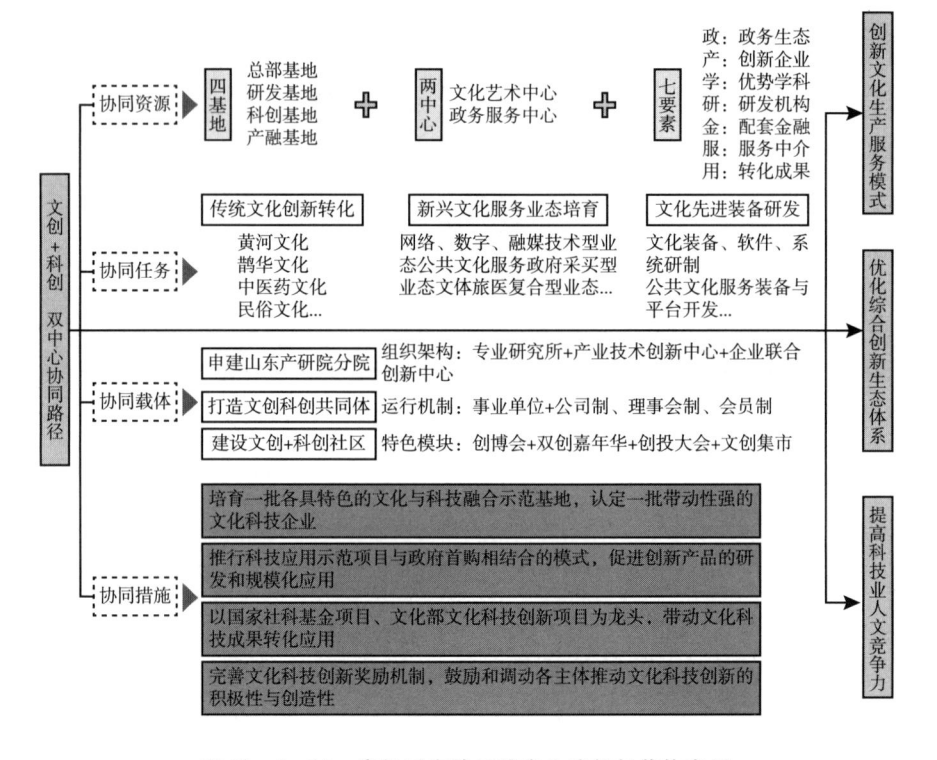

```
文创+科创 双中心协同路径
├─ 协同资源 → 四基地(总部基地/研发基地/科创基地/产融基地) + 两中心(文化艺术中心/政务服务中心) + 七要素(政:政务生态/产:创新企业/学:优势学科/研:研发机构/金:配套金融/服:服务中介/用:转化成果) → 创新文化生产服务模式
├─ 协同任务 → 传统文化创新转化(黄河文化/鹊华文化/中医药文化/民俗文化…) / 新兴文化服务业态培育(网络、数字、融媒技术型业态 公共文化服务政府采买型业态 文体旅医复合型业态…) / 文化先进装备研发(文化装备、软件、系统研制 公共文化服务装备与平台开发…) → 优化综合创新生态体系
├─ 协同载体 → 申建山东产研院分院 / 打造文创科创共同体(组织架构:专业研究所+产业技术创新中心+企业联合创新中心;运行机制:事业单位+公司制、理事会制、会员制) / 建设文创+科创社区(特色模块:创博会+双创嘉年华+创投大会+文创集市)
└─ 协同措施 → 培育一批各具特色的文化与科技融合示范基地,认定一批带动性强的文化科技企业 / 推行科技应用示范项目与政府首购相结合的模式,促进创新产品的研发和规模化应用 / 以国家社科基金项目、文化部文化科技创新项目为龙头,带动文化科技成果转化应用 / 完善文化科技创新奖励机制,鼓励和调动各主体推动文化科技创新的积极性与创造性 → 提高科技业人文竞争力
```

图 10-4-14 先行区启动区域产业路径与载体布局

(三) 创建国家级黄河文化生态保护试验区

1. 明确保护对象与保护内容

区域内各级非遗代表性项目。对高跷、舞龙等传统表演艺术类项目,注重对其剧(节)目及其资料的挖掘和整理,优化艺术创作模式,鼓励剧目创新。对龙山黑陶、柳编、钩绣等传统技艺类项

目,注重对其技艺传承及原材料、作品的保护,鼓励探索生产性保护方式。对"张尔岐的传说"等民间文学类项目,注重对其故事、文化的考据与创新,依托影视、动漫等现代演绎形式引导其产品化、产业化。对潜在的民俗类项目,注重在新建社区及保留村落的宣传、教育和活动组织,促进群体传承(见表10-4-1)。

表 10-4-1 先行区非遗代表性项目

类别	非遗项目	所在地
民间文学	张尔岐的传说	济阳区
民间舞蹈	高跷(乔家、胡家、饮马)	济阳区
	舞龙(兴隆、前街)	济阳区
传统手工技艺	龙山黑陶制作技艺	济阳区
	泺口醋酿造技艺	天桥区
	德兰柳编技艺	济阳区
	鲁嫂钩绣	济阳区

区域内各级非遗代表性传承人。持续推动各级非遗名录项目代表性传承人的认定和命名。对区域内非遗传承人的级别、现存数量及传承状况进行数据统计,建立完善的非遗传承人名录。统筹资金、政策、场所等资源,严格按照国家、省市标准落实各类补贴、奖励扶持政策,支持传承人开展授徒传承、教学、交流等活动。进一步加大对高龄及无固定经济来源的代表性传承人的生活补贴力度,支持通过文字、影像手段,及时记录高龄传承人的从艺经历、技艺水平。

区域内文化遗产及人文生态环境。严格保护黄河文化生态保护试验区内济南泺口黄河铁路大桥的全国文保项目,保护以扁鹊墓、玉皇冢遗址、洪岭寺遗址、汉画像石墓、张沟遗址、邝冢遗址、张尔岐墓为代表的历史遗址遗迹,保护以卢氏旧居、清真寺、刘恩生故宅为代表的建筑群(见表10-4-2)。贯彻乡村振兴战略与山东省文化遗产片区保护战略，深化对历史文化名城、名镇、名村的保护力度，协同推进对区域内生态系统、自然景观、地质遗迹的保护工作（见表10-4-2）。

表10-4-2　区域内历史遗址遗迹

时期	文物点
大汶口文化	玉皇冢遗址
龙山文化	邝冢遗址
商周	张沟遗址、平陵冢遗址、洪岭寺遗址、双柳遗址、大鳖盖遗址、冉家遗址、于家遗址
战国	苟王遗址、西坡遗址、扁鹊墓
秦汉	秦家遗址、杨栏口画像石墓、杨栏口遗址、刘海川遗址
唐宋	半釉罐、黄釉假圈足碗、刻花双耳莲花壶
元明清	艾氏祖茔、张尔岐墓、艾元徵墓、大路村清真寺东屋、堤口清真寺、处士杨公墓、殷氏墓地、李氏家族墓地、孙氏家祠、路氏家族墓、泺口黄河铁路大桥、刘恩生故宅、小寨村清真寺
民国及以后	卢氏旧居、卢永祥墓、于家战役纪念地、周总理视察泺口黄河铁桥纪念地、王世栋烈士纪念地

2. 制定保护方式与保护措施

加大非遗项目抢救性保护力度。建立完善的非遗常态化普查制度，对试验区内的各项文化资源及非遗项目的种类、数量、现状、传承人等展开全面调查记录。完善非遗名录体系与管理制度，在现有名录基础上，扩大国家级、省级项目及代表性传承人的数量，争取更多项目纳入国家非遗保护利用建设项目库。完善充实非遗保护数据库。基于非遗数字资源录入、数字资源加工，启动非遗知识产权的保护登记工作。打造数字虚拟展示平台。建设综合性非物质文化遗产展示场所，根据先行区实际打造非物质文化遗产专题馆，根据传习需要设立各级非遗传习所或传习点（见图10-4-15）。

拓宽非遗项目生产性保护渠道。挖掘区域内传统工艺项目资源，持续弘扬传承工匠精神，培养一批能工巧匠，培育一批知名品

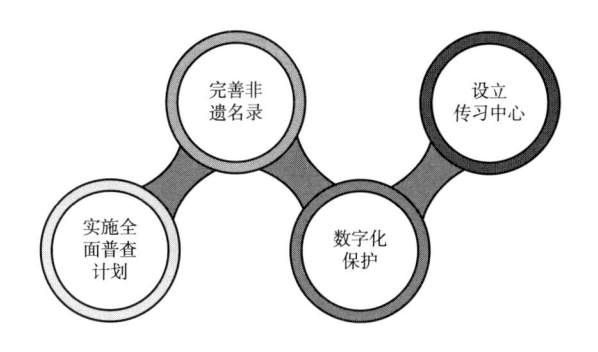

图 10 – 4 – 15　非遗项目抢救性保护

牌，推动传统工艺振兴。依托传统工艺、传统美术项目的生产性保护，组织建档立卡贫困人口参加传统工艺相关技能培训，带动就业，精准助力区域内贫困群众脱贫增收。创建一批国家级、省级非遗生产性示范基地，鼓励高校、设计企业等设立非遗保护开发工作室，开发现代空间软装产品、休闲娱乐产品和创意文具产品，拓展非遗产品在现代生活中的应用范围。依托区域内独具特色的文化生态资源，开展文化观光游、文化体验游、文化休闲游等多种形式的旅游活动。

完善非遗项目活态化传承机制。实施非遗"五进工程"，将非物质文化遗产保护知识纳入区内高校、职业院校、中小学教育体系，构建"平台+课程+活动+实践"的非遗课程体系。以政府购买公共文化服务方式，加大非遗研究成果、创新成果宣传力度，依托新媒体渠道及文创产品等载体，改善非遗仅在小众群体传播和认知的问题。鼓励将具有地域、民族特色的传统文化元素或符号运用在当地城乡规划和设施建设中。围绕主干道路、重要节点，策划落地集科普性、体验性、参与性、互动性为一体的系列景观小品、展示廊道。深入挖掘、阐释非物质文化遗产蕴含的优秀思想观念、人文精神、道德规范，培育文明乡风、良好家风、淳朴民风，提升乡村文明水平，助力乡村振兴（见图 10 – 4 – 16）。

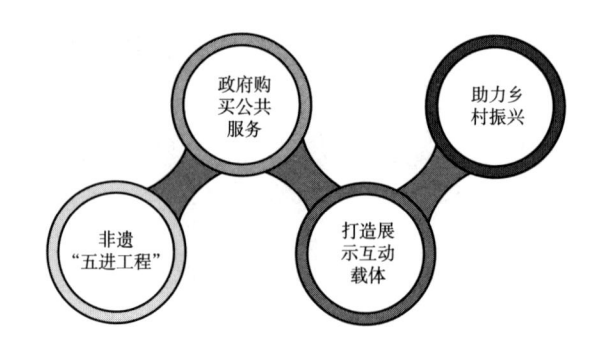

图 10-4-16　非遗项目活态化传承

（四）打造乡村文化振兴的齐鲁示范样板

1. 传承发展乡村优秀传统文化

加强先行区内传统村落及传统建筑的维修、保护和利用，划定乡村建设的历史文化保护线。实施历史文化展示工程、"乡村记忆"工程，做好历史文化展示场所的充实、改造、提升工作。深入阐发优秀传统农耕文化、治河文化蕴含的思想观念、人文精神，传承乡村民俗文化，建立数字影像馆，挖掘和保护民间传统谚语、地方戏种、农耕文化、优秀习俗。创作生产一批反映先行区乡村风貌、农民生产生活的网络文学、网络音乐、网络剧、微电影等乡村文艺作品。筛选一批优秀文艺作品，在出版、展示、推介等方面给予资金扶持。

2. 构建完善乡村文化产业体系

实施乡村传统工艺振兴计划，依托乡镇文化站、社区文化中心、农村文化大院，培育有地域特色的传统工艺品牌，开发民间艺术、民俗表演项目。推动黄河民俗民间文化产业与休闲农业、乡村旅游、民俗活动的深度融合。梳理挖掘地域文化、乡土文化，利用传统节日组织开展花会、灯会、庙会等民俗活动，打造节会品牌。科学策划、组织开展节事活动，打造乡村文化名片。实施休闲农业和乡村旅游精品工程，引导利用古遗址、古村落、古街发展文化旅游项目，创新开发节庆赛事、民俗文化、名人文化资源，打造一批艺术村、养生村、休闲村。

（五）文化产业制度保障顶层设计

有序制定"关于在新旧动能转换中做大做强文化产业的意见""先行区文化产业业态指导目录""先行区文化企业、产业项目引进标准及管理办法""先行区文化科技融合发展行动计划""先行区公共服务平台建设与应用实施办法""国家级黄河文化生态保护试验区创建总体规划""先行区管委会向社会力量购买公共文化服务指导性目录""先行区文化产业发展专项资金管理办法""先行区文化产业园区认定及动态管理办法"等系列文化产业发展政策文件。

第十一章 聚焦"十四五"文化高质量发展系列专题

"十四五"时期是我国"两个一百年"奋斗目标的历史交汇期,也是全面开启社会主义现代化强国建设新征程的重要机遇期。为深刻把握文化产业发展的新机遇和新挑战,文化产业动能转换与生态系统(山东大学)山东省文化科技重点实验室联合山东大学文化产业研究院、泺尚有道文化产业规划团队、《创意中国调研报告》编委会率先启动"十四五"文化产业系列专题研究。专题通过聚焦前瞻性、全局性和战略性重大问题,创新规划理念、厘清发展思路、破解发展难题,助力"十四五"文化产业实现高质量发展。

第一节 综合发展专题

2020 年 10 月 29 日,中国共产党第十九届中央委员会第五次全体会议通过的《中共中央关于制定国民经济和社会发展第十四个五年规划和二〇三五年远景目标的建议》中,对未来一段时期文化生态系统性保护与利用、城乡公共文化服务体系一体建设、公共文化与文化产业数字化、区域文化产业带建设等领域提出了新的要求。本节专题从目前各领域发展趋势和存在问题入手,提出了若干发展建议。

一 生态筑底：全面推进文化生态系统性保护与利用

《中共中央关于制定国民经济和社会发展第十四个五年规划和二〇三五年远景目标的建议》对强化重要文化和自然遗产、非物质文化遗产系统性保护做出重要部署，赋予了文化生态系统新的历史使命。

（一）文化生态保护的时代背景

文化生态系统是指影响文化产生、发展的自然环境、科学技术、生计体制、社会组织及价值观念等变量构成的完整体系。随着经济社会快速发展，文化和自然遗产、非物质文化遗产系统性保护问题越发凸显。

习近平总书记在十九大报告中指出，要加快生态文明体制改革，建设美丽中国，我们既要创造更多物质财富和精神财富以满足人民日益增长的美好生活需要，也要提供更多优质生态产品以满足人民日益增长的优美生态环境需要。党的十九届五中全会提出，要深入实施可持续发展战略，完善生态文明领域统筹协调机制，构建生态文明体系，促进经济社会发展全面绿色转型，建设人与自然和谐共生的现代化。当前，我国生态文明发展不平衡不充分的问题仍然存在，政策体系建设仍不完善。

（二）当前文化生态保护存在的问题

文化生态生存环境受到巨大冲击。伴随城镇化进程的不断加快，城乡差别逐渐缩小，城市的经济关系和生活理念持续向农村渗透，源于农耕文明、主要靠口传心授方式传承的文化遗产，其生存土壤及生态环境受到严重冲击。一方面，城镇化建设对现有非遗赖以生存的乡间村落的拆迁与改造，对非遗赖以传承发展的社会文化环境造成了较为严重的破坏，特定村落、特定人群相联系的文化传承纽带作用日渐式微，一些非遗项目处于濒危状态。另一方面，随着人们生活环境、生活方式和生活理念的变化，传统手工技艺、传统美术、传统戏曲、曲艺、传统音乐、传统舞蹈受到现代时尚文化的冲击，难以被年轻人接受和欣赏，导致消费市场不景气，难以产生良好的经济效益。

文化生态保护扶持力度不足。文化遗产保护经费来源比较单一，严重依赖地方财政投入，无法满足非遗项目、遗址遗迹、古民居等文化遗产保护传承的日常需要，非遗普查、数字化保护及传承人补助经费、传承基地建设受到较大影响，间接造成了非遗项目后继乏人、非遗保护进展缓慢等深层次问题。文化生态保护缺乏系统的政策保障，亟待与构建现代公共文化服务体系、政府向社会力量购买公共文化服务、推动文化文物单位文创产品开发等相关政策相衔接。涉足非遗生产性保护、产业化利用的企业实力普遍较弱，产品创新能力和宣传推广力度不足，亟待加大对中小企业的扶持力度，引入实力雄厚的企业（集团），切实发挥市场对文化生态保护的驱动作用。

文化生态理论和制度体系亟待健全。文化生态缺乏理论和路径研究，参与主体的文化生态观念意识不强。文化生态保护制度体系建设亟待完善，普遍存在制度意识不强、监督力度不足、机制不健全等问题。分散的监管力量、交叉的职能部门极大地影响了监管效力，行政效能不高和执法力度不够导致无法统筹各方力量。由于信息公开制度不完善，民众的参与权、监督权得不到有效保障，社会监督形式缺位，难以形成自下而上的监督机制，我国文化生态保护具体制度得不到有效落实。

（三）全面推进文化生态系统性保护与利用的举措建议

1. 夯实文化生态系统保护的理论基础

鼓励在文化生态保护区内建立相应的研究机构，积极开展与文化生态保护区有关的理论研究和政策研究。利用国内外学术研讨会、论坛、座谈会、交流会等方式，深入研究文化生态保护区建设中遇到的新情况、新问题，科学稳妥推进保护区建设。深入研究文化生态保护区内种类繁多的非物质文化遗产，对这些非物质文化遗产的历史与现状，对它们的文化艺术价值、对它们的传承发展和开发利用的规律要进行深入研究。依托政协机关、民间组织、研究机构，围绕文化遗产历史现状、文化艺术价值、开发利用规律编撰出版系列成果。

2. 科学制定区域文化生态保护规划

要在调查研究、统筹协调和科学论证的基础上，组织制定文化生态保护区总体规划，并将其纳入当地经济社会发展总体规划。总体规划应当体现人与自然和谐相处、文化遗产保护与区域经济社会全面协调发展的要求，突出非物质文化遗产资源的独特价值、文化内涵和民族特色、地方特色。在夯实基础阶段，应科学分解规划任务，制定实施细则，明确责任单位，有序开展国家级文化生态保护区创建工作。在总结提升阶段，基于前期建设基础和保护成果，总结文化生态保护工作经验。应按照循序渐进、分步实施的原则，系统修复非物质文化传承链，着力提升非遗创新发展和自我造血等薄弱环节。在巩固发展阶段，进一步深化整体性保护实践，健全完善自然生态保护机制和人文生态保护传承机制，推动文化生态保护试验区建设迈上自然生态、社会人文环境共生的新台阶。

3. 实施文化和自然遗产、非遗系统性保护

通过对区域内重要文物、历史文化名城（街区）名镇（乡）名村以及自然保护区、风景名胜区实施整体性保护，将传统表演艺术类、技艺类、民俗类、体育类、医药类项目纳入历史文化名镇名村、历史文化街区保护规划，与乡村振兴战略、文化艺术之乡创建、美丽乡村建设相结合，与自然保护区、风景名胜区保护开发相结合，进一步优化非遗赖以生存的外部环境，保持地方性特色。应注重非物质文化遗产的不同项目之间，非物质文化遗产与物质文化遗产之间，文化遗产与自然环境、人文环境之间的内在联结，将单一项目、单一形态的保护模式转变为多种文化表现形式的综合性保护。根据地方文化特色，使重点区域成为传统文化与现代文明共生并存的充满活力的文化空间。

4. 推动人文自然遗产体系的创新性转化利用

深入挖掘、合理利用文化遗产资源，提高创意含量和竞争优势，用项目带动发展，用项目传承生态。坚守工匠精神，做好传统工艺话语系统内涵与精神的梳理及传承，坚持经典艺术、工艺的审美追求与观念诠释。强化质量意识、精品意识，鼓励传统手工作坊、经营业户引入现代管理制度，开展质量提升行动，提高传统工艺产品的整体品质和市场竞争力。充分发挥各级各类公共文化场所的主阵地、主渠道作用，精心策划展览展示活动，充分展示中华文化的魅力。在保持优秀传统的基础上，结合现代生活需求，探索手工技艺与现代科技、工艺装备的有机融合，改进设计、改善材料、改良制作，将传统美术艺术形式与现代题材、材质、包装相结合，依托创意思维、创新理念，赋予产品以全新的视觉效果。树立品牌意识和市场意识，引导具备一定市场基础的传统美术项目与现代商业品牌相接轨，依托成熟的商业运作模式将产品应用场景拓展至各类现代消费空间，推动传统工艺品生产、营销融入休闲娱乐、文博体验、研学旅游市场。

5. 加大财税及人才智力支持力度

积极申报非遗保护专项资金，对国家级非遗项目保护、传承、展演活动争取国家非遗专项经费支持。引导非遗保护项目、文物保护项目、古村落保护项目积极争取省、市级相关专项资金支持，统筹利用文化记忆工程等相关专项资金。加强与金融机构合作，鼓励金融机构创新开发多元化、多层次的信贷产品，支持金融机构开发无形资产质押贷款业务，建立邹鲁文化无形资产评估机制。统筹搭建金融合作平台，加大政策性金融、开发性金融、商业性金融对试验区建设的支持力度。打造完善的文化生态保护人才队伍，由县级以上文化主管部门定期举办面向传承人、相关从业人员、基层文化工作者的专业培训，设立文化遗产普查知识、文化遗产保护、文化生态理论、法律法规、地方文化、管理方法、技术应用等培训课程。建立考察学习机制，学习国内优秀文化生态保护区实践经验，探索文化生态保护规律，提高管理能力和业务能力。

6. 健全文化生态保护法规制度体系

健全文化管理体制，构建新型文化管理机制。政府应发挥主导作用，加强宏观管理，提高服务意识。各相关部门要履行好生态环境保护职责，使各部门守土有责、守土尽责，分工协作、共同发力。要建立科学合理的考核评价体系，依法明确政府在文化生态保护工作中的义务，构建以行政权为主导、以整个非物质文化遗产为对象的公权保障体系，保障文化生态的可持续发展；政府部门应采取法律和行政措施，推动文化生态保护，如制订文化生态保护发展的政策措施，实施文化原生态抢救工程。

二 补齐短板：推进城乡公共文化服务体系一体建设

《中共中央关于制定国民经济和社会发展第十四个五年规划和二〇三五年远景目标的建议》对未来一段时期公共文化服务水平提出了新的要求，着重强调推进城乡公共文化服务体系一体建设。

(一) 城乡公共文化服务体系一体建设的时代背景

没有高度的文化自信，没有文化的繁荣兴盛，就没有中华民族的伟大复兴，习近平总书记在十九大报告中指出，要完善公共文化服务体系，深入实施"文化惠民"工程，丰富群众性文化活动。党的十九届五中全会提出，要围绕举旗帜、聚民心、育新人、兴文化、展形象的使命任务，促进满足人民文化需求和增强人民精神力量相统一，不断满足人民群众日益增长的多层次、多样化、多方面的精神文化需求，让文化改革发展成果更多、更公平地惠及全国人民，加快构建城乡公共文化服务体系，推动城乡文化一体化发展。当前，我国城乡文化发展不平衡不充分的问题仍然存在，城乡之间文化发展仍存在较大差距。"十四五"时期，城乡公共文化服务体系建设成为推动文化发展的必由之路，城乡文化一体化发展将提升到一个前所未有的新高度。

（二）城乡公共文化服务体系一体建设的重要意义

构建现代城乡公共文化服务体系，是丰富公民文化生活的必要保障，是推动城乡文化一体化建设的必然要求，是发展社会主义文化事业的重要一环，更是社会主义制度优越性的集中体现。

构建城乡公共文化服务体系是推动乡村振兴战略和城镇化建设的重要保障。随着我国经济社会的不断进步和城镇化进程的日益推进，很多地市已实现城镇化的既定指标，但其实只是达到经济观念上的城镇化，文化建设尤其是公共文化建设仍较落后。其根源主要是因为人民的思想没有进行相应的转化，跟不上经济发展的脚步。这就要求必须加强基层公共文化服务建设，让群众主动参与其中，进而为城镇化和乡村振兴的顺利推进提供保障。

城乡公共文化服务体系建设是适应人们日益增长的精神文化需求的集中体现。现代社会的进步不仅是人口和经济结构的调整，还包括文化的传承与发展。一方面，随着人们的物质生活水平的不断提高，其精神文化需求也在与日俱增，城乡公共文化服务建设工作主要是为了满足人民日益增长的美好文化生活需要。另一方面，公共文化建设中的文体活动和核心价值观的宣传，能在一定程度上引导人们进行观念的转变，提升文化修养，从而助推精神文化需求进一步提升，形成良性循环。

（三）当前城乡公共文化服务体系存在的问题

近年来，我国对于公共文化服务建设越来越重视，投入稳步增长，覆盖城乡的公共文化服务网络基本建立，呈现整体推进的良好发展态势，图书馆、文化馆、农家书屋等公共文化服务设施逐步落地。但同时，受城乡二元结构的影响，我国的公共文化服务在城乡之间出现了严重的两极分化现象，城市乡村出现了巨大的落差。总体来说，当前城乡公共文化服务仍不同程度地存在供求不精准、发展不平衡、质量效率不高等问题。

1. 供求不精准

当前人们对公共文化服务的需求日渐多样化，这就需要更为精准、更为全面、更为高效的公共文化服务供给。近些年来，我国开始重视公共文化服务，并加大了公共文化事业的投入预算，但其增长速度依然跟不上人们对于公共文化服务的需求速度。同时，文化馆、图书馆、博物馆和广播电视等陈旧落后的设备和服务方式造成服务水平较低，公共文化服务存在一定程度的"供需错位"。

2. 城乡不平衡

从城乡结构来看，农村的公共文化服务体系建设明显落后于城镇地区；从地域分布来看，我国西部偏远地区的公共文化服务建设明显落后于东部沿海地区。政府在公共文化服务投入上，一直沿袭着重城市、轻乡村的"一揽子"政策，绝大部分公共文化服务设施如图书馆、青少年宫及相应的文化人才等相对集中于县级以上城市，而农村地区则极度匮乏。

3. 利用不高效

公共文化服务体系构建的关键在于建设覆盖全国的服务设施，满足人们不同的文化需求，但当前却存在单一性和无针对性的问题，即公共文化设施没有根据本地特色建设，基本就只是博物馆、图书馆等，覆盖人群范围窄，质量参差不齐。即使建设了一定的公共文化服务设施，也存在不同程度的使用效率不高等问题，农家书屋"只见房子不见读者"的现象也时有发生。

(四) 城乡公共文化服务体系一体建设的发展建议

实现城乡之间公共文化全方位的互联互通，是推动城乡一体化建设的必然要求。为此，必须坚持以人民为中心的发展思想，从提高公共文化服务供需匹配程度出发，实现"精准供给"；以加强城乡公共文化资源建设为落脚点，消除城乡分化；以提升公共文化服务质量效率为着力点，推动城乡一体化发展（见图11-1-1）。

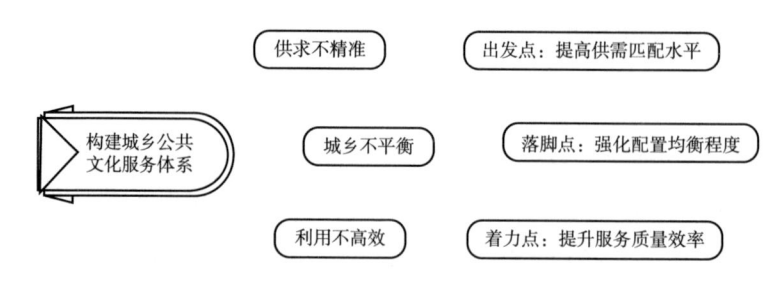

```
构建城乡公共         供求不精准          出发点：提高供需匹配水平
文化服务体系        城乡不平衡          落脚点：强化配置均衡程度
                   利用不高效          着力点：提升服务质量效率
```

图 11 – 1 – 1　构建城乡公共文化服务体系

1. 出发点：提高城乡文化服务供需匹配水平

要彻底解决公共文化服务供给中的"供需错位"，关键在于供给侧发力，厘清公共文化服务供需关系，找准群众文化需求，从满足人民日益增长的美好生活需要的高度，制定公共文化服务建设实施方案，实现"精准供给"；并逐步健全公共文化服务动态调整和群众反馈机制，开展"订单式"服务，并将此作为推动城乡公共文化服务一体化发展的出发点。

2. 落脚点：强化城乡文化资源配置均衡程度

为实现城乡公共文化服务一体化发展，消除两极分化，应以城乡公共文化资源建设为落脚点。政府在公共文化服务设施建设和项目制定上，对农村及偏远地区给予一定程度的倾斜和优惠，尽可能地消除地域差距，统筹城乡发展，基本实现城市有重点公共文化建设项目，乡镇有综合文化站，行政村有文化活动室。健全公共文化服务城乡联动机制，加强城市对农村的定向帮扶，构建规模化、常态化的文化志愿服务队伍，加大城乡之间文化人才的交流互换。

3. 着力点：提升城乡公共文化服务质量效率

应高度重视服务质量，创新服务体系，提高服务设施数字化科技化水平，推进乡村数字图书馆、乡村文化网上展馆等基层公共文化网络基础设施建设，提升设施使用效率，打通公共文化服务通往城乡的"最后一公里"。加强城乡地方公共文化服务法律政策体系建设，采取切实可行的措施，加大宣传力度，提高群众参与公共文化服务建设的自觉性，提升设施使用率，并将此作为完善城乡公共文化服务网络的着力点。

三 创新驱动：实施公共文化与文化产业数字化战略

《中共中央关于制定国民经济和社会发展第十四个五年规划和二〇三五年远景目标的建议》提出，推动公共文化数字化建设，实施文化产业数字化战略。明确了以数字化驱动未来文化高质量发展的战略基点。

(一) 公共文化和文化产业数字化发展的政策导向

"十三五"以来，我国公共文化服务和文化产业领域始终面临着结构方式转型升级的现实需求，致力于激发数字化创新潜力的政策导向逐步清晰。

数字化成为公共文化服务继标准化、均等化、社会化后的又一战略方向。《关于加快构建现代公共文化服务体系的意见》（2015）重点围绕全国文化信息资源共享、数字图书馆博物馆建设、直播卫星广播电视公共服务、农村数字电影放映、数字农家书屋、城乡电子阅报屏建设等领域加快推进公共文化服务数字化建设。《中华人民共和国公共文化服务保障法》（2016）要求构建标准统一、互联互通的公共数字文化服务网络，建设公共文化信息资源库，实现基层网络服务共建共享。《文化部"十三五"时期文化发展改革规划》（2017）重点针对文艺创作多渠道传输、多平台展示、多终端推送，数字图书馆、文化馆、博物馆、美术馆建设，"互联网＋中华文明"行动计划等部署具体工作。

数字化成为现代文化产业实现动能转换和高质量发展的创新驱动力量。《文化部"十三五"时期文化产业发展规划》（2017）重点部署推动优秀文化内容数字化转化和创新，丰富数字文化创意内容创作与供给，提升数字文化创意技术与装备水平，建设数字文化产业双创平台与创新生态体系等工作任务。《文化部关于推动数字文化产业创新发展的指导意见》（2017）针对文化产业重点业态领域、文化资源数字化转化利用、产业创新生态体系、数字文化供给结构与消费需求等环节提出了一系列指导意见。《中华人民共和国文化产业促进法（草案送审稿）》（2019）独辟一章，将数字化作为技术创新体系、资源转化利用、培育新业态和改造传统产业的重要手段加以明确。

（二）公共文化和文化产业数字化发展的现实问题

近年来，伴随我国数字基础设施、数字专业平台、数字适配内容和数字经济业态的快速扩容，数字公共文化服务载体和数字文化业态不断涌现。但与此同时，公共文化和文化产业数字化发展中仍存在若干问题。

低质量的数字内容与发达的数字技术、设施之间存在较大反差。当前，文化资源信息采集、转换、记录、保存、制作的应用技术体系趋于成熟，适应展示交互需求的AR/VR软硬件整体集成、人工智能、数字视听设备设施不断升级，但丰富、多元、有趣的数字文化内容较为匮乏。受制于公共文化社会化供给范围，数字文化内容的创意表达能力、艺术审美能力亟待提高，难以满足人民群众日益增长的多层次、多样化、多方面的精神文化需求。

低水平的创新能力与成果转化、产业生态之间存在叠加困境。当前，我国数字文化行业龙头企业、独角兽企业匮乏，中小微企业核心竞争力普遍较弱。产业共性、关键核心技术攻关能力较弱，产业高端领域布局比重低，外包型、代工型、组装型链条占比高，总体上仍处于产业价值链的中低端。"政产学研用"生态体系不健全，产教融合、联合攻关、技术交易、共建平台、人才联合培养等资源链接的普惠面窄，限制了企业创新主体效能的发挥。

（三）公共文化和文化产业数字化发展的基本思路

"十四五"时期，建议重点围绕数字资源、数字内容、数字技术、数字生态、数字平台、数字消费等重点环节，提高公共文化和文化产业数字化水平（见图11-1-2）。

图 11-1-2　公共文化和文化产业数字化发展的基本思路

1. 数字资源夯基础

按照"优化存量、补充增量"的原则,扩容公共文化数字资源系统。首先,依托地方文化资源数据库建设、文献典籍数字出版、经典资源普及、文化数字记录整理等专项工程,将地方现有物质与非物质实体文化资源实现数字化转换,加快对图书、艺术、美术、音乐、文博、书画等当代文化信息资源的数字化处理,积累一批优秀传统文化的数字化挖掘、整理、研究、阐发成果。其次,打破资源所属机构组织边界,多措并举整合高校及私立图书馆、博物馆、非遗馆及相关社会文化机构资源,实现文化资源跨系统、跨部门开放共享。依托文化信息资源共享工程建设,在分中心、支中心、基层服务点的基础上,继续加强和完善基层网点建设,把共享工程基层服务点拓展到每个村和社区。

2. 数字内容为灵魂

聚焦数字内容原创和价值变现环节,营建数字内容价值生态。首先,围绕举旗帜、聚民心、育新人、兴文化、展形象的使命任务,进一步引导数字内容生产价值导向,培育积极健康的数字文化观。其次,完善数字内容生产流程和产品质量管理体系。鼓励行业龙头企业结合数字文化产品、技术和服务行业标准,倡导 UGC、PUGC 文化内容生产组织模式。再次，建立适应数字文化内容特征的版权保护体系，完善知识产权快速维权机制。最后，拓展数字原创内容变现渠道，鼓励有实力的数字文化内容企业开展文化产品价值评估与版权交易技术研发，扩大和提高动漫、文学、出版、电竞等行业原创内容的奖励范围与奖励力度。

3. 数字技术作驱动

围绕资源转化技术、关键共性技术、技术应用边界三大环节，强化数字技术支撑。首先，完善文化资源信息采集、记录、保存的数字化应用技术体系。开展文化资源分类与标识、数字化采集与管理，推进文物保护领域大数据建设，搭建全省标准化数字文化资源系统，逐步实现文化资源、信息资源共享。其次，支持文化资源保护开发共享等共性技术研究。着力于攻关智能科学、体验科学、语言及视听认知表达、跨媒体内容识别与分析、情感分析等数字文化生产服务的关键共性技术。最后，拓展基于大数据、5G技术、区块链技术的数字文化应用边界，提升新技术下的产业生态服务效能。

4. 数字生态搭系统

在协同创新理念层面，明确企业、科研院所、高校、社会组织等各类创新主体功能定位，建立产学研结合、上中下游衔接、大中小企业协同创新机制。在关键领域和核心环节，应切实尊重和保障企业创新主体地位，建立市场主体分类引导机制，推动小企业联盟化、大企业平台化发展。在科研资源和人才供给环节，结合产业教授、科技特派员等形式，支持省内本科高校、科研院所、职业学校与数字文化企业深度合作。在专业服务和中介链接环节，应积极链接金融和科技服务资源，探索事业单位＋公司制、理事会制、会员制等创新共同体运行机制。

5. 数字平台建桥梁

针对公共文化服务与文化产业具体需求，搭建多层次、多元化文化数字平台系统。结合"智慧城市"等重大信息工程建设，推进公共文化机构数字化建设。加快推进公共数字文化工程、数字文化馆建设、数字博物馆建设、直播卫星广播电视公共服务、农村数字电影放映、数字农家书屋、城乡电子阅报屏建设等项目，构建标准统一、互联互通的公共数字文化资源投放平台。支持大型制造企业构建知识技术服务众包平台、生产资料共享平台，实现知识技术共享。鼓励数字内容企业开发数字资产管理平台，解决创作、制片、数字资产管理保护以及数据沉淀利用问题，优化数字内容制作生产流程。支持建立行业服务贸易平台和"出海"平台，推动优秀数字内容存量产品的二次创作和海外推广。

6. 数字消费促变现

聚焦文化惠民、文化消费两大端口，着力引导和扩大数字文化消费。首先，充分发挥文化惠民消费的政府补贴、税收优惠等激励作用，提高数字文化产品在全省文化惠民消费季中的比例，拓展数字类文化消费信贷业务，开发不同首付比例、期限和还款方式的信贷产品。其次，重视后线城市的数字文化鸿沟问题，加快信息终端普及和消费者数字技能的提升，持续赋能消费者特别是数字技能相对薄弱的农村居民、老年人等群体，引导养成数字文化消费习惯。再次，基于数字文化消费指数与公共文化流量数据的显著正相关关系，引导数字文化企业开拓基于5G、超高清、增强现实、虚拟现实、人工智能等技术的公共文化产品和服务市场，培育数字文化消费新增长点。最后，常态化开展信息安全、数据安全专项行动，规范数字文化消费环境。加快完善与数字文化消费相适应的法规体系，形成能消费、敢消费、愿消费的良好氛围。

在公共文化服务和文化产业领域，数字文化产品和服务的研发创新必须紧紧围绕提高文化品质内涵的基本要求，顺应文化需求的高端化、个性化、定制化趋势，以数字化为手段集成应用多领域知识、信息、数据等新生产要素，着力提升内容原创、表达和传播能力，实现文化产品和服务供给的优质高效。

四 协同联动：统筹区域文化产业带建设的竞合关系

《中共中央关于制定国民经济和社会发展第十四个五年规划和二〇三五年远景目标的建议》中，提出了推动区域文化产业带建设的任务要求。

产业带是由相近或相关产业集中形成的链状或带状区域，其内部具备较强的资源联动和要素集聚效应。除产业带以外，国内外学界还提出过产业聚集带、产业隆起带、产业走廊、经济带等与产业带相关的概念。根据相关概念，文化产业带可以定义为以线状文化资源、链状文化产业为空间主轴，围绕创作、生产、传播、展示文化产品和提供文化服务而形成的带状经济系统。

(一) 区域文化产业带发展现状分析

"十三五"期间，我国围绕"一带一路"、京津冀协同发展、长江经济带等国家战略，高标准布局了一系列重点文化产业带，探索建立了区域文化产业发展协调联动机制。

其中，丝绸之路文化产业带重点支持西部地区、边疆地区、民族地区文化产业发展，致力于建立和完善文化产业国际交流合作机制。京津冀地区则依托京津冀文化产业协同发展规划纲要，实施京津冀产业链分工协作，促进人才、技术、资金和资源等要素合理流动，探索建立跨区域协同创新体制机制。长江经济带则重点推进长江沿线城市群文化产业业态创新和差异化发展。此外，在不同地域层面还规划有藏羌彝文化产业走廊、大运河文化经济带等特色文化产业带（见表11-1-1）。

从目前发展现状看，各文化产业带通过区域协同、要素融通和体制机制的联动革新，带内文化产业资源实现了初步协同开发、管理和利用，文化及相关产业发展的错位化、差异化、互补性特征逐步凸显，文创园区、企业、项目间的跨区域合作意识和合作环境进一步优化。但与此同时，仍存在诸多问题：文化产业带内部的极化过程和扩散过程转换

表 11-1-1　国内典型文化产业（经济）带

名称	建设内容
丝绸之路文化产业带	依托丝绸之路沿线丰富的文化资源，发挥现有区域合作框架作用，建立和完善特色文化产业区域合作机制，加强整体规划，围绕重点产业和重点项目，推动产业要素有效配置，促进区域特色文化产业协同发展
京津冀文化产业带	编制出台京津冀文化产业协同发展规划纲要，建立工作协调机制，搭建协同发展平台，重视产业链分工协作，促进人才、技术、资金和资源等要素合理流动，推动三地文化企业、文化产业园区及文化产业项目的沟通对接，实现互利共赢
长江经济带文化产业带	加强对长江经济带文化产业发展的规划指导，深挖长江流域文化内涵，支持依托中心城市和城市群，打造一批主业突出的文化产业园区和若干文化产业集群平台，促进长江经济带文化产业交流合作
藏羌彝文化产业走廊	合理利用地方和民族特色文化资源，在与产业和市场的结合中实现民族文化的有效传承和保护，培育各具特色的民族文化产业品牌；以改善民生为出发点，加快发展特色文化产业；推进文化与生态、旅游的融合发展，把藏羌彝文化产业走廊建设成为世界级文化旅游目的地
大运河文化经济带	以大运河沿线各个区域为发展轴，以内外兼修、开放互通的经济社会发展为方向，构建集漕运、生态、城镇、商贸、文化、旅游等于一体的带状区域文化经济系统

不畅，以联动带协同、以协同促联动的良性机制尚未完全形成，区域内文化资源未能充分整合统筹，"条块分割"式行政管理模式弊端突出，缺乏高效的协调工作机制，文化产业发展所需的创意、人才、技术、资本等要素流通不畅甚至出现"倒流"，统一的区域文化要素市场远未形成。

（二）区域文化产业带高质量发展的基本导向

区域协调发展能力与产业链供应链布局水平已成为决定带状经济系统能否实现高质量发展的重要因素。因此，"十四五"期间区域文化产业带应重点围绕以上两大因素，着力提高发展能级与质量效益。

1. 健全区域协调发展体制机制，构建高质量发展的产业空间布局和支撑体系

区域文化产业带应立足各自比较优势、立足现代产业分工要求、立足区域优势互补原则、立足合作共赢理念，以资源环境承载能力为基

础、以优化区域分工和产业布局为重点、以资源要素空间统筹规划利用为主线、以构建长效体制机制为抓手,着力调整优化文化产业业态结构和空间布局,着力推进内外产业升级转移,推动公共文化服务和文化旅游设施共建共享,加快文化要素市场一体化进程,促进生产要素在更大范围内有序流动和优化配置,凸显带内产业极核、产业支点、产业群落等单元间的联动叠加效应。

2. 提升产业链供应链现代化水平,畅通文化生产、分配、流通、消费各环节

区域文化产业带应着力破除妨碍生产要素市场化配置和商品服务流通的体制机制障碍,以建链、强链、补链、延链为中心任务,补齐产业链短板、优化产业链布局,着力提升产业链控制能力和产业集群治理能力。同时,重点围绕创意、设计、生产、流通、营销各环节,构建稳定且动态的供应链体系,实现上下游、产供销有效衔接,最终提升以价值链为驱动,以创新链、空间链为主导,以人才链、资金链、政策链为支撑的文化产业链现代化水平,打造上中下游密切衔接、配套完善的现代文化旅游产业带状集群,实现区域文化产业生产、交换、消费的协同化发展格局。

(三)统筹区域文化产业带协同发展路径

1. 开展产业链控制力提升行动

按照产业生命周期理论,定期开展产业链"对标升级""补缺拉长""培大引强"三大专项行动,着力解决产业带资源创新转化理念落后、内容原创能力不足、关键技术研发滞后、前沿领域布局缺位等"卡脖子"问题。发挥文化产业带发达城市、核心地域的龙头企业的主导和引领作用,加大制度创新、管理创新、技术创新力度,按照"一企一策"原则出台龙头企业"服务包",支持其对标国内外顶尖企业,瞄准战略产品、关键环节和核心技术领域,实施人才队伍、设备技术和产品体系革新。

2. 实施垂直产业链构建工程

依托产业带内优势文化业态，构建完善的文化产业上下游垂直生态，激活垂直分工效应。引导带内上下游企业扩大资源对接和业务合作范围，鼓励文旅内容生产企业与硬件制造、平台渠道企业互购服务、互推业务，探索"软件＋硬件＋内容＋分发"产业链协作机制。鼓励出版、传媒、影视、创意设计等行业龙头企业领衔组建产业链垂直生态联盟，为市场提供集成化、高标准的文化产品和服务解决方案。鼓励行业协会、智库机构定期研判产业链待延待补的关键环节，定期立项产业延链补链项目。

3. 鼓励多元创新主体串珠成链

统筹文化产业带内的企业与行业组织、高校与科研院所、专业服务机构等各类创新主体，构建文化产业带创新生态。通过项目立项评审方式，重点扶持产业链研发创新机构，支持文化制造、数字文化、智慧旅游企业联合高等学校、科研机构共建技术创新中心、专利技术中试平台、重点实验室、装备技术拓展中心等创新机构。重点扶持产业链公共服务平台，鼓励各类创新主体独立或联合成立平台建设运营机构，打造服务产业带的公共服务、投融资、技术研发、产权交易、创业孵化、对外贸易等公共服务平台。重点扶持行业联盟组织，支持龙头企业联合产业链上下游企业成立行业组织，鼓励开展行业基础研究、协同创新、标准制定、资源对接等活动。

4. 促进带内产业集群网络协作

指导文化产业带内各行政区主管部门按照"产业功能区－产业社区－产业园区"集聚层级，科学构建产业集群网络。集聚一批与集群主导产业具有垂直分工、水平分工和侧向关联的产业和设施，打造区域产业功能区。建立惠及全产业带的招商资源和专业资源共享机制，鼓励相近业态、相邻区域企业结成小范围互助联盟，相互开展集约化采购、共建品牌等多种合作。结合产业带各节点城市特色和功能布局，推动文化产业社区化发展，通过盘活设施资源、管理服务输出等方式灵活扩展集群边界，以点带面提高产业带宜居宜业宜游水平。

5. 凝聚产业带区域发展合力

统一市场准入制度，进一步简政放权，清理阻碍要素合理流动的地方性政策法规，清除市场壁垒，实施统一的市场准入制度，推动劳动力、资本、技术等要素跨区域流动和优化配置。建立区域间市场准入和质量、资质互认制度。研究建立务实、高效的区域标准化协作机制。建立产业带内产业交流合作机制，丰富培训、研讨、展览、项目对接等渠道，促进人才、技术、资本、服务、信息等创新要素的流动和共享。促进文化基础设施的共建共享，统筹基础设施规划建设，做好设计方案、技术标准和建设时序衔接，加强区域间文化交流合作和共有品牌创建。

第二节　产业融合专题

"十三五"期间，国家频频出台一系列规划及政策文件，为文化产业与科技、旅游产业深度融合营造了良好的环境。科技部、中宣部等六部门发布的《关于促进文化和科技深度融合的指导意见》提出，要使文化和科技融合成为文化高质量发展的重要引擎。文化和旅游部提出的"理念融合、职能融合、产业融合、市场融合、服务融合、交流融合"发展思路，为文化和旅游产业发展提供了基本导向和指导作用。本节专题将重点围绕文化科技、文化旅游领域融合发展趋势和存在问题入手，提出了若干发展建议。

一　激发"十四五"文化科技内驱型融合动能

"十四五"时期进入工业化发展后期，在全新的工业化时代，文化科技领域亦同步进入融合创新的发展时期，科技将对文化产业的传播、业态、管理、结构等各个方面产生革命性影响。尤其是在以 5G 为背景的"加速度"时代，5G技术带来的科技创新将促使文化生产要素在创新过程中实现优化组合，为文化产业赋予更多新内涵，促使文化科技各种业态出现加速融合趋势。"十四五"时期，将继续围绕文化产业发展重大需求，运用智能化、数字化等科技技术，提升文化科技自主创新能力和技术研发水平，支持数字文化资源开发等关键技术研究与应用，加快文化产品数字化、协同化研发步伐，不断加强文化科技领域重要背景、技术、应用、趋势等相关研究。

（一）科技发展背景

1. 全球科创城市大网络形成

全球产业分工的加快使世界城市体系更加专业化，城市升级路径亦更加多元，并形成了以科技创新为引领的城市网络、城市坐标，从传统的以制造、物流、金融为导向的网络体系向以科技、文化为导向的新型网络体系转变。新的技术革命推行城市核心竞争力的迭代升级，逐步构成以"产品输出－资本输出－科技、文化输出"为主线的城市竞争力发展脉络，并进一步提升了城市产业的续航能力。

2. 国家城市群多极化建设加速

未来，全球经济基本单元将不再是国家，而是对全球经济有重要影响力的城市群体，从我国城市群梯队来看，第一梯队孵化建设代表我国参与全球经济竞争的世界级经济城市群，即珠三角、长三角、京津冀；第二梯队为体现国家战略、孵化国家中心城市的辽中南、山东半岛等城市群；第三梯队为区域级城市群，区域城市群带动区域发展，引领周边城市建设。城市群在创新升级过程中，加速形成以金融、贸易、管理、文化为特色的多极化中心城市，开启新一轮国家中心城市争夺战。

3. 创新枢纽城市发展模式初显

在国家中心城市竞争加速的背景下，汇集人流、物流、信息流的城市枢纽升级为以构筑经济、文化、科技等为中心的创新型发展平台，创新枢纽城市在科技中心建设、产业结构升级、新兴领域发展等方面不断深耕"产业+"发展模式，以市场为导向、企业为主体，布局重大创新项目，提高科技转化能力，加速传统产业改造升级，采用智能化、数字化等高新技术打造创新枢纽城市的重要发展模式。

（二）核心领域趋势

1. 智能化技术领域

未来，自主性设备、智能数据分析等智能化技术将深入文化产业垂直行业的具体应用领域，促使文化产品和服务的颠覆性改变和文化产业的转型升级。第一，自主性设备。无人驾驶汽车、无人机、智能音箱、机器人等均为典型的自主性设备。自主性设备通过人工智能驱动，可在无人干涉的情况下自主完成任务。在文化产业的应用方面，文化内容需要载体和渠道触达消费者，自主性设备相对于传统设备更加便利快捷，给文化消费者带来更好体验，同时也极大地缩短了文化消费路径，创新文化消费场景。第二，智能数据分析。智能数据分析可自动从网站、论坛等搜集数据，通过统计分析识别数据中的模型和规律，得出简单清晰、易于理解的结论，并用图表等可视化工具给予展现，为文化产业领域定量分析提供便利。同时，智能数据分析能够为文化产品流通环节赋能，从产品的生产预期、产量预估、营销场景分析、目标用户分析等多重角度来看，智能数据分析能够使文化产品和服务的质量水平实现跳跃式发展。

2. 数字化技术领域

传统的数字化主要限于数字空间，未来，5G技术、数字映像、边缘计算、沉浸式体验等数字化技术开始将物理世界和数字世界深度联系并加以融合。第一，5G技术。5G技术将为文化产业带来更加广阔空间，推动文化产业生产方式的变革与创新。一方面，5G技术的应用会优化文化产业生产流程，提升文化产业生产效率与产品质量；另一方面，5G技术也会为数字化信息的高速传输创造条件，促进生产要素与产品的高效流通，推动文化与科技的深度融合。第二，数字映像。数字映像是对现实世界物体、流程、系统等进行数字化构建仿真模型，然后进行实时关联，映射的现实世界对象发生变化，映像也会随之发生相应的变化。数字映像在文化产业领域具有广泛的应用前景，如文创产品的研发阶段，企业可以构建虚拟化数字映像，对其进行仿真测试，测试结果会自动反馈到真实世界的样品上。第三，边缘计算。边缘计算与云计算相反，云计算是将计算统统放到云端处理，已不足以即时处理、分析数字平台上的巨量数据，边缘计算则是把信息处理放在更加接近信息源的地方，比如智能手机、屏幕、电力设备等终端设备，如边缘视频分析技术能够在本地对视频进行简单处理，选择性丢弃无用画面，将有用的数据传输到云端，从而减少带宽浪费、节省时间、提高速度。第四，沉浸式体验。AR 增强现实、VR 虚拟现实、MR 混合现实等沉浸式技术让数字世界和物理世界的界限模糊，虚拟现实的无缝融合能带来沉浸式的文化体验。据预测，2022 年 70% 的企业会尝试探索使用沉浸式设备，25% 的企业将部署 AR/VR 技术渗透至业务流程，同时，虚拟个人助理、聊天机器人也将整合到 AR/VR 世界中，其对于文化产业来说，是继文字、图片、音频、视频之后的下一个主流内容形态，发展意义重大。

3. 链接技术领域

人、企业、设备、内容、服务等各种要素，不管线上或线下，都将通过区块链、智慧空间等链接技术连结成一张不断扩张的网络。第一，区块链。区块链技术对文化产业具有革命性意义，对文化产业发展过程中存在的中介化问题、盗版问题等提供了科学的解决方案。在区块链技术平台下，内容的消费者将成为内容的投资者或生产者，原有的中心化平台将从链接内容与用户的中心退居为技术服务供应商，通过为内容及用户提供良好的技术服务获得生存与发展的空间，原来通过垄断两者的链接占有大量剩余价值的模式将难以持续。同时，基于区块链构建的版权确权体系能彻底解决原本由于无法准确指认版权权属而产生的版权纠纷。第二，智慧空间。物联网、5G、人工智能等技术的整合让大部分空间（家庭、汽车、办公室、城市等）成为智慧空间，智慧空间可以是物理空间或数字空间，人员、流程、服务和物品都汇集于智慧空间中，人们可以和其中的各种要素进行连接、交互，从而为目标客户打造更加沉浸式、交互式、自动化的体验。智慧空间能够重新建立文化产业中的场景，包括生产、策划、营销等空间场景以及使用体验阶段的消费场景。

（三）文化科技融合应用

1. 文化演变中的科技场景

重点研究新科技带来的人类行为文化、认知文化、社交文化和商业文明的深刻变革，其中包括社会诚信体系的重构，二次元、泛娱乐等各种业态，虚拟世界、人工智能等在重构中出现的现实与虚拟、主体与客体、自我与他者的新逻辑和新框架。如泛娱乐化技术在构建体验经济生态上，将影响和改变交互体验类文化产品生产、交互体验类硬件设备、交互体验类文化媒介、交互体验类创意服务、交互体验类装备制造等环节。虚拟现实、增强现实、全息成像、裸眼三维图形显示、交互娱乐引擎开发、互动影视等沉浸式技术发展、设备普及和内容创新发展，将继续打造下一代沉浸式移动文化体验，使视听感官交互体验全面升级，并向消费购物、教育等产业衍生，开启新一轮文化体验盛宴。

2. 科技创新中的文化叙事

重点研究文化科技企业如何在产品中注入生动的故事，在企业生产力层面植入文化的力量，实现企业科技研发与文化 IP 的联动打造，引发消费者的情感共鸣，提升文化科技企业的品牌价值。如智媒时代，科技将打破传统媒体的桎梏，实现完全智能化内容创作、跨媒体语义理解和多媒体内容精细编辑，通过大数据分析精准地向用户推荐文化内容，适时调整传播模式和策略，提升用户服务体验。同时，还可利用人工智能算法实时监测文化内容传播路径，实时调整传播策略以及内容生产策略,持续优化媒体服务模式,形成从传播监控到内容生产的闭环。

3. 文化供需中的科技裂变

重点研究科技对文化生产、传播、营销、消费等各个环节带来的颠覆性变化,以及由此形成的新兴的公共文化服务模式和创新的文化创意产业业态。如未来互联网将向垂直纵深领域延伸,更加注重专业细分领域的内容生产和粉丝连接,将产生更多的 PGC 和 PUGC 的内容生产模式,专业化内容生产不仅满足浅层次的社交需要,也能满足自我价值实现和建立权威的需要。随着数字文化消费的崛起,大众文化服务供给方式将进一步向文化消费和文化市场延伸。

二 释放"十四五"文旅产业乘数级融合效应

"十三五"期间,在国家政策的引领下,文化旅游融合发展在体制、政策方面取得重大突破,而产业融合的路径探索与模式创新仍有待深化。在"十三五"即将收官、"十四五"大幕即将开启的节点上,回顾"十三五"文旅融合发展现状,展望"十四五"文旅融合发展方向,高起点谋划产业融合推进重点,将有力推进产业融合迈向新层级。

(一)回顾:"十三五"文旅融合发展现状

"十三五"期间,在国家政策的引领下,文化旅游融合发展取得重大突破,政府层面的众多利好消息推动文旅融合向纵深推进。2018 年 3 月,国家组建文化和旅游部,文化旅游融合发展的体制性障碍被打通,为文旅融合提供了制度保障。2019 年 1 月,全国文化和旅游厅局长会议指出,进一步明确"宜融则融,能融尽融,以文促旅,以旅彰文"的工作思路和找准文化、旅游工作的最大公约数、最佳连接点的具体要求。各省市围绕文化旅游融合发展做出了大量探索,山东、江苏、广西等地推进机构改革,陕西、山东等地加快编制相关规划或工作方案,文化旅游融合发展的积极性空前高涨。系列制度、政策、规划的出台,对推动文化和旅游各领域、多方位、全链条深度融合,实现资源共享、优势互补、协同并进产生了全面和直接的指导意义。

同时，文旅融合发展仍存在一系列亟须解决的问题。各地围绕文旅融合发展的主题，在统筹文旅资源开发利用、扩大优质文旅产品供给、丰富文旅产业载体内涵等方面虽已取得一些成效，但同时必须清醒地认识到，文化旅游产业还存在融合深度不够、融合层次不高等问题，产业链的纵向延伸不充分，文化旅游项目的差异化、主题化开发有待强化，文化创意、高科技元素在融合中的应用较少，缺乏具有竞争力及市场影响力的融合精品，文旅融合的路径探索与模式创新有待深化。

(二)展望:"十四五"时期文旅融合发展方向

1. 全球化、区域化、全域化成为新的发展方向

伴随文化旅游的开发由国内开发转向全球链接，国外专业文旅机构涌入中国市场，并带来国家公园、主题游乐、体育旅游、水上运动、航空运动、旅游小镇等国际上较受欢迎的文旅业态，文旅发展呈现全球化趋势。同时，交通网络的日益完善及区域城市群的协同发展也会促进跨区域的各类文旅项目的集聚发展，依托以区域为中心的空间架构，文旅融合发展将体现出区域扩散的特点。而在全域旅游导向下，旅游业发展从景区开发转向旅游目的地开发、城市品质的全方位提升，全域化趋势也愈加明显。

2. 科技赋能促进文旅业态新变革

当下，大数据、云计算、物联网等技术的应用加速了我国旅游业标准化、品质化、智能化的发展进程。"十四五"期间，随着5G技术的普及，移动互联网进一步发展，文化旅游数字化水平进一步提升，文旅融合将超越传统融合模式，满足市场精准供给的更多新业态、新模式将应运而生。

3. 产业载体建设将向文旅综合体、文旅小镇等倾斜

系列文旅融合政策的出台释放出较多的产业发展红利，将推动文旅融合载体建设由以往的旅游景区开发转向高规格、大规模的文旅综合

体、文旅小镇等文旅集聚区，通过整合上下游产业资源，打通文旅产业链条，实现理念融合、职能融合、产业融合、市场融合、服务融合、交流融合，综合提升文旅融合发展水平。

(三) 对策："十四五"时期深化文旅融合的重点任务

1. 一体推进文旅供给侧结构性改革

一是加强文旅特色资源开发，加强文旅资源普查、梳理、挖掘、提升特色文旅资源，推动文化资源宜游化保护性开发，促进文化资源向旅游资源的转化；加强旅游客源与文化资源相互对接，实现文旅资源对接。二是丰富产品供给，以产品端为关键突破点，增加创意产品、体验产品、定制产品，加强技术革新和内涵转化，优化产品组合模式，提高产品供给品质、扩大供给范围。三是优化文旅供给环境，按照全域供给、立体供给、弹性供给理念，推动文旅公共服务体制、节假日制度、消费促进机制等的改革创新；加大对文旅融合精品示范项目的引导、扶持力度，满足市场个性化、多样化、品质化需求。

2. 统筹推进文化旅游六大层面融合

在理念层面，树立以文促旅、以旅彰文、和合共生的发展导向；在职能层面，推进政策、法规、资源、平台、工程、项目、活动等的融合；在产业层面，促进业态融合、产品融合，推进行业标准体系、空间载体平台管控运营的融合；在市场层面，促进市场主体融合、监管融合，统一完善服务质量评价体系和消费引导与反馈体系；在服务层面，统筹公共服务设施建设管理、机构功能设置、资源配置；在交流层面，加强渠道和载体整合，推动文明交流互鉴、传播先进文化。

3. 加强文旅融合顶层设计与科学管理

推动各级政府以"十四五"为契机，提前开展相关研究，谋划融合发展新思路，出台促进文旅融合发展的相关规划和针对性政策，完善文化和旅游领域政策、法规、规划、标准的清理、对接、修订等工作。加强产业融合指标体系建设、数据监测与动态反馈，引导各地建立符合本地区资源特质和产业实际的融合发展指标和评估体系，制定文旅融合发展数据统计和绩效评估办法；依托智慧文旅服务系统，构建区域性文化和旅游大数据平台，丰富文化旅游统计数据，为优化文旅产品服务、加强市场管理提供依据。

综上所述，"十四五"推动文旅融合，需围绕优化供给、六大层面融合、顶层设计与科学管理等重点环节谋求突破，提升文旅产业的乘数级放大效应。

三　探索夜间经济"文体旅商养"的融合逻辑

日光下的城市千篇一律，月光下的城市各自美丽。"夜间经济"概念是 20 世纪 70 年代英国为改善城市中心区夜晚空巢现象提出的，指当日 18 时至次日 6 时之间发生的以服务业为主的商务活动。夜间经济既是城市经济系统在夜间的延伸，也是现代社会满足个人社交、休闲、消费、减压等需求的重要途径。

(一) 夜间经济定位及其发展趋势

2019 年上半年，中国最终消费支出增长对经济增长的贡献率为 60.1%，消费成为当前经济增长的主引擎，刺激发展夜间经济已成为城市提升经济实力、营商环境的重要抓手。同时，城市夜间消费额度与消费人群比重、夜间场所与夜间活动结构比例等相关数据表明，在自带青春、活力、创新属性的中青年主力人群的引领下，夜间经济已成为城市活力的转化器、城市文化的晴雨表、城市品牌的加速器、城市创新的催化剂。当前，夜间经济呈现以下趋势。

1. 业态多元，品质为先

国际大都会夜间经济发展实践证明，夜间经济不等同于以酒吧为代表的娱乐夜生活，而是涵盖文化、休闲、娱乐、旅游、观光、购物、健身、餐饮等多种业态的经济形态。中国夜游市场数据表明，夜间文化节事活动、景区与文化场所夜游、电影与剧院观赏、运动健身等已成为热门业态,更多人选择有利于身心健康、体现价值追求的高品质文体旅产品和服务,实现减压怡情、充实提高的目的。

2. 场景融合,社群驱动

在城市更新、产业集聚和社群化、碎片化发展趋势下,中青年主力人群的个性化需求成为夜间产品服务供给的重要突破点,吃、住、行、游、娱、购、学、健等多种消费场景实现高度集成和个性供给。基于关系链的社群经济在潮流、粉丝、网红、亚文化等力量驱动下,线上流量与线下场景将实现双向变现,助推传统夜间消费模式的转型升级。

3. 集约经营,互动引流

在早期旅游市场专项演艺产品开发的带动下,夜间经济开始走向集约化经营。各地依托历史街区、商业广场、公共场馆、自然生态资源打造夜间经济集聚区,同时各地依托美食资源、文化资源、生态资源,将夜间经济打造为区域名片,实现业态间的互动引流。在夜经济去中心化的趋势中,各类互联网电商平台和互联网消费金融也在进一步拓展夜间消费渠道,与夜间项目集约经营,共同提高消费和参与的便捷度,降低消费选择成本与时间成本。

(二)各地夜间经济发展实践与问题诊断

据不完全统计,自2004年青岛率先出台加快夜间经济发展的实施意见以来,北京、上海、河北、杭州、西安、成都、济南等20余个省市先后发布相关指导意见,主要围绕夜间经济的载体、业态、市政、管理、保障等层面提出若干指导性意见。但总体看,目前除北上广深和武汉、成都、重庆等少数城市夜间消费占比较高外,全国绝大部分城市夜间经济规模和质量效益均不理想,原因如下。

1. 政府扶持不力,顶层设计缺位

虽然部分城市借鉴国际经验在体制机制层面进行了探索,但大部分城市还没有将夜间经济作为激发居民消费潜力、助推产业转型升级的驱动力提上政府重大议事日程,在顶层设计层面并未系统制定实施专项规划，现有的指导性意见约束效力普遍较差。

2. 优质供给不足，市场业态单一

目前，国内多数城市的夜间消费层次较低，多集中于餐饮、住宿、购物等传统业态，文化、旅游、体育、商务、康养等优质项目供给不足。供给与需求结构性错配问题普遍存在，曲高和寡型与平民路线型业态比例不合理。

3. 文化特色缺失，重复消费较少

当前，大部分城市发展夜间经济多发力于场景亮化美化、氛围营造、宣传造势环节，忽视了城市文化精神作为"夜间经济"繁荣发展的灵魂作用，文化艺术演出、传统文化数字体验、体育竞技赛事、地标性夜间博览项目、重大节庆活动匮乏，消费黏性不足。

4. 配套设施掣肘，管理创新不足

满足夜间经济发展的照明、交通、设备、卫生、通信、导视等各类配套设施建设滞后，部分城区城市功能体系划分不合理，因经营带来的占道、污染、隐患等权益冲突多发，市场管理、交通管理、治安管理中的界限划分、突发事件等问题亟待改善。

(三) 夜间经济"文体旅商养"体系的战略构想

多年来，受文化传统、生活方式、产业基础、消费理念、气候条件等因素的影响，我国夜间经济整体发展缓慢。在消费之于国民经济"稳定器"和"压舱石"的角色日益凸显、供给侧结构性改革和新旧动能转换工程深入实施的背景下，我国夜间经济亟须摆脱低水平、浅层次、小规模的面貌，亟待通过培育以"文体旅商养"为主导的幸福型、高端型夜间产业生态，进一步延伸夜间消费链条、释放消费潜力。

1. 明确战略定位，转变观念、提高认识

第一，将夜间经济作为新旧动能转换的重要动力源。发展夜间经济是加快塑造内需驱动型经济新优势的重要举措。"文体旅商养"作为符合"四新""四化"导向的新动能产业，在夜间经济体系中加以积极引导，有助于加速发挥新兴服务业培育经济发展新动能的"新引擎"作用。

第二，将夜间经济作为城市治理能力的基本参照系。发展夜间经济，离不开科学的城市规划和卓越的城市治理能力。良好的夜间经济形态，既需要合理规划城市的空间布局和业态布局，也需要不断完善交通体系、景观体系、公共服务体系、综合执法体系、环卫安保体系，理顺城市夜间经济运行协调机制。

2. 健全顶层设计，规划引领、强化落实

第一，创新夜间经济管理协调机制。在成立专项领导小组的基础上，探索建立或委托组建夜间经济管理执行机构，发挥行业自律、民间自治作用，建立夜间经济主体沟通机制和群众诉求反馈渠道，谋求参与主体利益的最大公约数。

第二，夜间版图纳入城市规划体系。从战略高度编制 5~10 年的夜间经济发展专项规划或路线图，配套 3 年行动方案，将约束性指标、发展方向、总体布局、业态体系、重大工程、风险防控与城市相关规划相衔接。

第三，完善产业及消费引导政策体系。加大"文体旅商养"产业扶持引导力度，出台夜间市场主体所需的资金税费、空间设施、营商服务、政府购买等专项扶持政策。建立夜间市场成本补贴动态调整机制，创新消费联动补贴机制。

3. 瞄准重点领域，有的放矢、精准发力

第一，因地制宜制定标准规范。根据夜间经济综合效益评价指标体系，建立全省夜间经济发展指数定期发布机制。各地市应根据自身实际，在夜间业态准入、负面清单、营商秩序和夜间经济地图、夜间消费菜单等方面制定标准规范，打造极具城市个性的夜商品牌与夜间经济标签。

第二，创新资源夜间转化模式。引导各地统筹利用"文体旅商养"资源，联合相关市场主体，开发适应夜间需求的产品服务体系，利用惠民消费政策工具和节假档期，开辟夜游主题专线、夜娱主题专场、夜购主题专区等。打造夜间经济核心吸引物，有序布局 24 小时城市书房、不打烊街区、深夜秀场、月光健身广场、夏夜主题公园等多样化夜间产品。

第三，分类引导各类消费载体。各地市应首先摸清本地区发展夜间经济的基础条件，选择具有代表性的文体场馆、旅游景区、商圈商街、公园广场、娱乐场所、特色餐饮、便利超市等夜间经济载体，分析其在地理分布、消费结构、业态层级、经营模式、目标人群等方面的短板问题，分类引导相关业态的夜间产品和服务供给。

第四，引导培育品质消费理念。基于"文体旅商养"夜间消费场景网络，通过城市文化资源的开发利用与创意转化，打造若干体现人文关怀与时尚潮流的夜生活地标型区，合理搭配本土化、国际化消费品牌，营造创意之夜、科技之夜、活力之夜、健康之夜，满足多元化品质消费需求。

第五，建立市场准入清单制度。引导商业广场、特色街区、公共场馆、旅游景区等夜间经济集聚载体建立市场准入门槛，通过鼓励、允许、限制、禁止相关业态，避免造成低水平、粗放式、同质化、"一刀切"等问题，实现"文态、业态、生态"系统的互促共生。

第六，合理应对季节气候差异。在北方气候不宜出行的季节，应强化夜间经济载体的多点网状布局，确保各个功能区、项目点有机串联，提高城市公共交通覆盖率、延长运营时间，合理实施网点周边占道停车规划，加大治安保障力度，提升夜间出行便利度和体验舒适度，尽可能缓解北方夜经济"冬眠"问题。

第三节　典型行业专题

一　"十四五"重点行业研究之文化会展业

文化会展业作为文化产业的重要组成部分，已经成为构建现代市场体系和开放型经济体系的重要平台，其在文化产业中的价值和地位日益提高。

（一）文化会展业发展的基本格局

目前，我国文化会展行业在区域分布上基本形成了以北京、上海、广州、大连、成都、西安、昆明等会展中心城市的环渤海会展经济带、长三角会展经济带、珠三角会展经济带、东北会展经济带及中西部城市会展经济带等五大会展经济产业带框架，东部地区展会举办相对集中，七成以上展会聚集在 10 个会展强省（市），全国 3/4 的展会集中在 24 个主要城市，北京、上海、广州三大会展中心城市优势明显。

（二）"十四五"时期文化会展业发展战略转变

未来，文化会展业将以"智慧"为核心，围绕满足高层次和多元化会展需求，不断实现价值增值、业态创新、架构完善及内容提升。

第一，从规模提高到文化价值、产业价值的提升。目前经济大环境下，面临消费升级、人口红利减退、要素成本提高等多重挑战，文化会展业从过去注重单一的产业规模不断演变为注重价值的提升，实现参展商品牌、产品、传播等文化价值最大化，整合使行业、企业健康运行的各种要素，形成完整、高效、独特的运行系统，以最优实现形式满足客户需求，同时形成实现系统持续赢利的整体解决方案，并通过一系列会展环节整体解决框架，包括基本服务、扩展服务、增值服务以及相应的架构和盈利模式，实现产业价值最大化。

第二，从孤立个体到跨界融合、创新生态的打造。技术创新、行业升级、市场需求等因素倒逼文化会展行业基于行业间组合、行业内部价值链及外部产业链环节不断分化、融合及跨界整合，持续导入新兴技术所形成的新型企业或行业的组织形态，建立形成文化会展业新生态。同时，从会展思维、会展组织、会展营销、会展语言等各方面，持续以消费需求为导向，遵循文化产业战略目标，有选择地应用会展营销及品牌传播策略，综合运用组织结构、布局、格调、主题、IP、资源、销售、服务、技术等各类要素，提供类型化服务，创新产业生态。

第三，从技术应用到体系完善、平台搭建的整合。技术格局的定格使文化产业中各个行业的转变和创新遇到瓶颈，文化会展行业亦不例外，伴随着大数据、人工智能等新技术的应用，围绕满足高层次和多元化的会展需求，文化会展行业以"智慧"为核心，不断提供高附加值服务。大数据技术创新应用能够推动文化会展业完善基础数据库建设，并运用新技术加强对会展行业的数据采集及统计分析，未来，技术的时效、联络和有效性等将是促进会展行业进一步完善体系、搭建平台的重要手段。

第四，从浅层表达到内容深度、人文关怀的诠释。随着文化产业的不断发展及人力、资本等资源的空前集聚，文化会展业在高速发展的同时，消费能力的提升对其供给质量亦提出了更高要求。与传统行业不同，文化产业的消费能力不单考量支出、占比等经济指标，更要考量文化消费的精神质量，故文化会展业要产出高质量、有意蕴、正能量的文化产品才能适应行业转向、升级需求，文化会展业体现出的导向作用不应仅局限于公关策略、形象宣传等浅表层面，而应转向、升级为更兼具人文关怀、文化内蕴，更有正能量、更符合主流价值观的文化诠释，这将促使文化会展业投入更多、更长周期用于策划、研发。

二 "十四五"重点行业研究之新媒体产业

新媒体是在新技术支撑体系下区别于报刊、户外、广播、电视四大传统媒体的媒体形态，主要涵盖数字化的传统媒体、网络媒体、移动端媒体等。在国家统计局出台的《文化及相关产业分类（2018）》中，新媒体业态主要交叉分布于新闻信息服务、内容创作生产、文化传播渠道、文化娱乐休闲服务等文化产业行业大类中。"十四五"时期，随着行业规范标准体系的不断健全和5G等信息技术的普及，我国新媒体行业将迎来高速发展期，未来产业前景十分可观。

(一)新媒体产业发展的基本趋势、现状与行业问题

当前,新媒体行业进入深度调整期,媒体产品供给更加精准,媒体生态群落更加有机,媒体生产传播趋向平权,媒体服务效能稳步提升。近年来,我国新媒体产业规模保持高速扩张势头,鉴于新媒体产业与文化、科技的无缝链接等诸多优势,国际国内均高度重视发展新媒体产业。联合国教科文组织将"媒体艺术之都"作为创意城市网络的七大门类之一,现已由13个国际城市共同组成了"媒体艺术之都"创意城市网络。北京、上海、深圳、广州、杭州、厦门等地已汇集了多家新媒体头部企业,形成了国内新媒体产业发展的龙头版图。但总体上看,我国新媒体产业发展仍存在一些突出问题,如产业规模和质量效益有待提升,价值引导和资源转化有待加强,运营开发和体制机制有待创新。

(二)"十四五"时期新媒体产业发展的重点方向

第一,聚焦内容品质和技术革新,构建完备的新媒体产业创新体系。首先,在新媒体经济发展更注重向注意力经济、影响力经济、关系经济转变的趋势下,新媒体企业应通过个性化、创新性的新媒体产品,不断吸引用户注意力,并进行持续、高效和规模化的运用,逐步以关系产品和关系转换为核心创造出新的商业模式。其次,强化政府创新扶持职能,在文化产业发展平台体系中新增布局一批新媒体技术创新成果转化平台,协同企业、科研机构共同打造一批各种架构形式的新媒体技术研发团队和专业服务机构,形成新媒体产业创新合力。

第二,释放新媒体无缝链接效应,加速推进"新媒体+"融合发展。首先,推动传统媒体与新兴媒体在内容、渠道、平台、经营、管理等环节的深度融合,强化新技术、新应用的探索研发,实现信息内容、技术应用、平台终端、人才队伍的共享共融。其次,加大传统媒体单位、企业转型升级扶持力度,鼓励在突出权威报道、主流价值基础上,不断提高原创能力和水平,重构采编发网络,再造采编发流程,多生产精准短小、鲜活快捷、吸引力强的信息产品。最后,顺应媒体分众化、

差异化传播趋势，大力推动新媒体服务实体经济，推进各种媒介资源、生产要素的有效整合，促进传统产业创新升级和新兴产业培育发展。

第三，科学实施产业定位，打造细分领域特色优势。基于区域要素资源及产业基础，构建符合本地区实际的新媒体优势业态体系，降低新媒体服务获取和消费的成本，纵向延长、横向做深新媒体产业的分工链条。树立分工协作与集群发展意识，分类培育特色楼宇、园区、小镇等不同层次的新媒体产业集群，改变当前新媒体企业"多而散、小而弱"的现状。鼓励新媒体企业着眼于公众需求，革新效益不高、低水平重复、供给能力弱的内容产品和供给渠道，切实解决供给和需求失衡的问题，在细分领域打造各自竞争优势。

第四，加强行业扶持引导，促进新媒体产业良性发展。完善政策法规体系，制定本地区新媒体产业发展规划。加强行业组织建设，鼓励各地整合产学研等优质资源成立新媒体联盟或协会，制定行业章程、行业规范等相关制度，强化行业自律管理。提高网络媒体平台信息传播准入门槛，建立不良产品和企业退出机制。建立严格的信息筛选及发布机制，进一步净化传播环境。

三　"十四五"重点行业研究之创意设计服务业

创意设计服务作为文化产业基本类别之一，在提升传统产业附加值、助推经济高质量发展中发挥着重要作用。"十三五"前后，我国出台10余部涉及创意设计服务业的政策文件；《文化及相关产业分类（2018）》将创意设计服务作为原分类标准中的两个大类之一加以保留；2019年《文化产业促进法（草案）》第22条设单独条款提出"国家积极推动创意设计服务业发展，丰富创意设计文化内涵，促进创意设计产品的交易和成果转化，提升制造业和现代服务业的文化含量和附加值"；《中国制造2025》指出，推动工业化和信息化深度融合，推进中国由制造大国向制造强国转变。

（一）"十四五"时期创意设计服务业发展方向

第一，数字技术推动创意设计服务业变革。随着数字化、信息化、智能化等创新技术的应用，科技对创意设计服务的支撑作用进一步凸显，人工智能、3D打印、虚拟现实、网络协同设计、大数据分析、超高清技术等将被深度应用于专业设计，不断提升创意设计的数字化、智能化、网络化水平。

第二，创意设计与相关行业实现深度融合。创意设计与相关行业融合程度将进一步加深，全方位、深层次、宽领域的融合发展格局将基本建立，"创意+科技""创意+制造""创意+金融"等重点领域将获得优先发展，以创意设计为主导的产业融合发展示范区和集聚区建设进程将会进一步加快。

第三，创意设计将从产品创新向高端服务业拓展。在深圳、上海、北京、武汉等创意设计产业发达城市及创意创新型企业的带动下，"十四五"期间，我国创意设计服务业将逐步由产品创新向高端服务业拓展，设计将作为一种策略工具，被广泛应用于企业发展的每一个阶段。

（二）"十四五"时期创意设计服务业发展的重点任务

第一，构建行业创新驱动体系。出台"十四五"创意设计服务业创新行动计划，以科技创新为核心，全方位推进产品创新、品牌创新、商业模式创新、产业生态创新。加强优质内容供给，推动内容版权转化；推动企业服务模式创新，搭建创意设计集成创新平台，集聚各类设计要素，加速向"集成创新、整合创新、协同创新"转变；引导企业开展产业化全过程的系统创新活动，运用信息技术手段和各种新兴媒体，创新设计表现形式、拓展设计应用渠道。

第二，加速创意设计跨界融合。加强行业体系构建，开展相关规划编制，布局"十四五"创意设计服务业发展方向，着力推动创意设计与高端制造、商务服务、信息、旅游、农业、体育、金融、教育服务等产业融合发展，充分发挥创意设计对其他产业在生产服务、流程优化、品牌建设等环节的支持能力；发挥创意设计在推动文化产业与实体经济融合方面的作用，通过要素整合、功能拓展、价值传导，鼓励创意设计企业间的跨地区、跨行业、跨所有制融合，构建创意设计服务业联盟。

第三，加强设计创新生态建设。提升行业服务运营效率，"十四五"期间重点创新行业规制，完善"政府辅助、市场主导、企业自主"的协同驱动模式，适应产业融合需求，加强行业间经济政策的配合与转换，降低产业创新、产业融合的"边际成本"。加强知识产权立法，搭建创意设计知识产权和设计成果交易、托管等公共服务平台。出台"十四五"产业人才培养方案，建立创意设计人才培养体系，以培养设计理念、设计思维为重点，强化创意设计教育；以高校为主体，联合企业、科研机构和社会团体，培养复合型、技能型、创新型人才。

四 "十四五"重点行业研究之数字内容服务业

数字内容服务业是以数字技术为依托、以文创内容为核心来提供数字内容开发服务的新兴业态。《文化及相关产业分类（2018）》将"数字内容服务业"归入"内容创作生产"这一大类下，并将其具体划分为动漫、游戏数字内容服务，互联网游戏服务，多媒体、游戏动漫和数字出版软件开发，增值电信文化服务及其他文化数字内容服务等五小类。数字内容服务业凭借生产数字化、技术更迭快、传播网络化、消费个性化特征，已成为文化产业发展的重点领域和数字经济的重要组成部分，也是未来文化产业发展的新动能和新增长点。

（一）数字内容服务业政策环境及存在问题

近年来，国家有关部委密集出台相关标准性规范文件和引导性政策文件，数字内容服务业业态范围及政策环境趋于明朗。除此之外，国家统计局出台的《高技术产业（服务业）分类（2018）》对涉及文化领域内的数字内容及相关服务业进行了调整，增加了动漫、游戏数字内容服务，互联网游戏服务、数字出版等行业小类。与此同时，数字内容服务业当前存在的问题仍不能忽视。一方面，数字内容产业本身在规模、质量、创新等方面仍需提高。另一方面，关于数字内容服务领域内的版权与运营监管等问题亟待解决。

（二）"十四五"加快数字内容服务业发展的规划建议

第一，在"十四五"产业引导治理层面，着力推动数字内容领域内各行业提质增效，重点打造基于"互联网＋"与移动智能终端为基础的数字内容产业体系。凝聚市场主体、社会组织、行业协会三方力量，实现社会协同治理。采用政府宏观引导模式与行业协会组织自治相结合的联合治理模式，围绕数字内容平台、渠道构建体系化的监管机制。进一步明确数字内容审核的相关标准，完善知识产权保护等相关法律法规，强化对数字内容行业的事中、事后监管力度。

第二，在"十四五"产业服务平台层面，健全数字内容版权新机制和市场新规则，利用区块链、大数据、人工智能、5G等技术手段建立数字产业链版权服务平台，全力打造"5G＋"数字内容生态体系。进一步发挥国内举办的数博会、文化产业数字经济发展峰会等会议会展的影响力，实现数字文化产业领域内多渠道、多样化的有效资源对接。建设"渠道＋技术＋营销＋物流"一体化的数字内容服务运营平台。建立系统数据驱动运营方式及数据分析和商业智能系统，积极搭建数字内容服务营销2.0平台。

第三，在"十四五"产业人才培养层面，深化产教融合改革，提升数字内容专业人才水平。鼓励大型文创企业、行业龙头企业围绕动漫影视、数字信息等数字内容行业，采用"订单班"形式定向培养专门人才。设立数字内容服务行业"校企协作专项资金"资助项目库、产教融合实训基地示范建设项目库，依托在建的产教融合综合信息服务平台、区域性或行业性的产教融合服务平台，联动学校教学资源库和企业实践库，为数字人才供需提供交互式反馈和咨询服务。

五 "十四五"重点行业研究之文化中介服务业

文化中介服务是为实现文化产品生产所需要的辅助生产活动,包括版权服务、文化经纪代理中介服务、文化科研培训服务等内容。文化中介服务作为21世纪国家竞争软实力的制高点,对提高文化产业创新创造力、促进经济发展方式的转变有着重要作用。当前,文化中介服务作为世界经济增长的新动力,引领未来经济发展的新方向。

(一)文化中介服务的业态范围与现状

国家统计局2018年新修订的《文化及相关产业分类(2018)》中将《文化及相关产业分类(2012)》中"文化产品生产的辅助生产"大类名称改为"文化辅助生产和中介服务",其中"文化中介服务"包括有"印刷复制服务""版权服务""会议展览服务""文化经纪代理中介服务""文化设备(用品)出租服务""文化科研培训服务"等7个中类。从属性上看,文化辅助生产和中介服务的对象包括了文化单位与生产个人,对文化产业领域内的生产内容提供既包括生产原材料也包括中介辅助服务的全方位服务。

2019年1月,国家统计局公布数据显示,根据对全国规模以上文化及相关产业6.0万家企业的调查,2018年文化服务业营业收入为34454亿元,比上年增长15.4%,其中文化辅助生产和中介服务行业收入为15097亿元,同比增长6.6%。

从文化中介服务行业的经纪指标及发展过程来看,一方面,当前在文化产品中介生产行业中,印刷复制服务相较于版权服务、文化经纪代理中介服务、文化贸易代理与拍卖服务等占比较大,但在行业营利性方面却表现较差;知识产权服务、经纪代理和会展服务属于文化产品辅助生产的软服务,与其他细分行业相比,知识产权服务虽然对文化生产及再生产的意义重大,但目前的规模还很小,无法凸显自身作用力。另一方面,文化经纪行业存在高度垄断现象,根本上制约了文化中介机构全面、深入发展，在出版、演出、影视等市场，民营文化中介机构缺乏良好的生存空间，个人独资的文化中介企业缺少适宜发展的土壤，降低了文化中介机构应有的市场广度和力度；文化中介机构缺乏投融资渠道，资源配置不合理，在政策管理上未能完全摆脱传统的计划模式，经营方式与自律机制缺乏行业规范标准，造成了文化中介服务行业的发展滞后。

（二）文化中介服务发展的重点方向

文化中介服务有利于提升我国文化产业市场运转效率，合理配置文化资源是"十四五"期间文化产业发展的重中之重，文化中介服务为文化资源的高效合理配置提供了有效途径。从某种意义上来讲，文化中介服务的发展水平是衡量文化市场繁荣程度与文化产业发达程度的重要标尺之一，因此，"十四五"期间，应从市场环境、体制配置、人才培养三方面充分提升文化中介服务行业质量，积极培育相关中介组织与辅助服务内容，要通过不断创造良好的内外部环境来完善文化产业相关配置内容。

其一，创造公平有序的文化市场环境。将经纪制度纳入国家规范的法律体系并建立文化经纪统计指标体系，制订相关统计口径与指标，为文化中介机构的研究、文化经纪法规政策的科学化提供必要的条件，进一步引导文化经纪代理、版权交易等文化产业辅助类市场朝有序、规范的方向发展。将文化中介机构纳入国家文化产业发展专项资金的范畴之中，支持重点文化中介机构搭建交流平台、广告宣传、学术研究等，对符合条件的文化中介小微企业在税收优惠等财税方面予以支持，鼓励中介机构与银行合作建立交易资金托管机制与信用增进机制。在文化市场管理运营中让文化中介组织成为能够独立运营的市场活动主体与连接文化创造、生产、流通、消费的中间环节，充分发挥文化中介服务在推动文化产业发展中的积极作用，构建文化中介服务市场的结构化管理网络系统。

其二，加强行业协会的自律作用。国内目前尚未有统一规范的文化经纪行业协会，以版权代理为例，英国1974年成立了英国版权代理人协会、美国1991年成立了美国作家代理人协会。专业版权代理行业能够在政府、出版商、作者、消费者之间起到沟通联动的作用，营造良好的文化版权代理环境。一方面，政府应着手在一些较为成熟的文化产业领域成立文化中介机构行业协会，制定符合文化产业领域内的中介机构行业标准，引导中介机构自觉将行业诚信建设的要求内化为自身执业准则，通过行业自律，防止文化中介服务过程中不规范行为的发生。另一方面，行业协会应进一步强化行业管理标准，维护文化中介服务机构的合法权益，提供咨询服务并适时举办培训活动，切实提高工作效率和运转机能，有计划地帮扶文化企业的内容经营，最终形成政府、协会、企业的三级文化中介市场管理网络。

其三，强化文化经纪人管理体系。文化中介服务行业领域涉及演出、影视、书画、艺术品、图书等各种类别，不同类别的代理业务各有不同，存在着较大的差异性。因此，要搭建文化经纪人分层管理体系，建立文化经纪人信用评价机制，进一步规范文化经纪人代理活动，不仅要放活已有的各种类型的文化经纪行业组织，激活民营文化中介机构，建立竞争有序的文化经纪市场，也要规范文化经纪人需要承担的义务与责任，明确文化经纪活动中需要承担的法律权益与法律后果。进一步健全文化经纪人的资格评定系统，一是要通过专门授权的教育机构文化经纪知识的培训与考核并获得政府颁发的资格证书，二是要经过一定文化经纪工作并取得一定成绩后获得政府颁发的从业证书，并对两者兼具的文化经纪人给予个人独资文化经纪企业的市场准入资格。

六 "十四五"重点行业研究之文化投资运营业

《文化及相关产业分类（2018）》中将文化投资运营大类划分为投资与资产管理、运营管理中类，其中投资与资产管理（含文化投资与资产管理小类）仅指政府主管部门转变职能后成立的国有文化资产管理机构和文化行业管理机构的活动；文化投资活动，不包括资本市场的投资。运营管理（含文化企业总部管理、文化产业园区管理小类）仅指文化企业总部的活动（其对外经营业务由下属的独立核算单位或单独核算单位承担）和非政府部门的文化产业园区管理服务。

(一) 文化产业投资运营特点

第一，产业价值链具有反复和延伸性。文化产业投入要素相对复杂，精神产品本质上是以精神内容为主导的形态，物质仅仅是技术、创意和文化内容的物理载体，故精神产品生产要投入创意、文化和技术等无形资源，除资金之外，投资要素还涉及技术、创意、版权、人力资本等各种无形要素，即增加了投入成本。文化产品的复杂性使生产、提供文化产品的主体比其他市场主体面临更大的市场不确定性和风险。同时，文化产品在投入市场之前具有较长研发周期，若前期投资无法获取相应经济效益，极易导致投资收益率偏低，特别是固定资产建设投资，其回收期更是无法保障。文化产业的投资回报链属于长链条，诸多行业具有此典型特征，如影视行业中除主营业收入之外，其涉及的衍生产品亦能给投资者带来收益。

第二，文化产业的投资对象具有复杂性。基于精神需求的层次性、个性化、等级化等特征使文化产品、服务等具有复杂性，对文化产业投资而言，其在发展过程中融合了信息、货币资本及技术等内容，因此管理、品牌及创意在文化产品创新中占据重要地位，极大地考验了投资者的投资经营智慧。文化资本运营的一般方式是对集团公司所拥有的一切有形与无形的存量资产，通过流动、裂变、组合、优化配置等各种方式进行有效运营，以最大限度地实现增值，是一个长线投资过程。

第三，政府部门在文化产业投资运营中起着至关重要的作用。一般来说，文化产业投资对象可分为公益性、经营性、混合性文化产品和服务。文化产业投资主体指具有相对独立投资权利的政府机构、经济实体和个人。从投资主体来看，主要指政府对文化产业投入、政府对企业投资的管理、政府对个人投入文化产业的管理及对非政府组织文化投资的管理。对于由政府部门保证的公益性文化产业部门，政府起着投资主体的作用；对于财政补贴的文化单位，政府起着投资的辅助作用；对于给予财政优惠政策的文化单位，政府起着政策支持的作用。即无论何种投资主体，政府部门都发挥一定作用。文化产业运营管理以培育企业及其他文化市场主体为主，文化产业运营管理聚焦于文化企业战略管理、文化产品生产管理、文化产业市场营销管理、文化产业人力资源管理等领域。文化企业产品的特殊性迫使文化企业要以更加灵活的组织、协调和控制系统来应对市场的变化。

（二）文化产业投资运营总体情况

第一，运营管理领域资本占比较大。2018 年，文化投资运营营业收入 412 亿元，下降 0.2%。文化投资运营业融资涉及债券、信托、私募股权、新三板 4 个渠道。债券是近年来我国文化投资运营业的主要融资渠道，资金流入量占比远远高于其他渠道。信托融资渠道流入资金占比较低。这两个渠道流入资金合计占 99% 以上，即文化投资运营业募集资金主要采用债权的方式。私募股权、新三板渠道融资额总体占比较低。从资金流向领域来看，运营管理领域受资本追捧，涉及融资规模最高，超过总资金七成，其中文化企业总部管理小类募集资金占比较大。其余为投资与资产管理领域流入资金（参考 2017 年度数据）。

第二，国有文化资产运营效率较低。"十三五"时期，我国国有文化资产总量、企业规模、营业总收入等指标都在稳步增长，但实际的运营效率不高，利润总额和净利润并没有达到应有的与其他指标相匹配的增长速度，反而呈下降趋势。无论是与其他领域的国有企业相比，还是与国际文化企业相比，国有文化企业都是"小、散、弱"的，在全球经济形势不确定因素作用下，现今这种监管状况下的我国国有文化企业的"寒冬"依旧会持续。

第三，投资主体单一且力度不足。政府投入是直接推动文化产业发展的基本保证，虽然近年来我国各级政府加大了对文化产业发展的投入力度，但仍有大量缺口，与发达国家相比对文化产业的投入明显不足，我国在文化产业发展中对意识形态高度管控，对文化经营机构的设立以及民营和境外资本进入文化产业领域都有严格规定，要求必须以国有资本为投资主体，准入门槛较高，对非公有资本投资文化产业形成明显的壁垒。同时，文化产业的意识形态属性，给文化产业投资带来了极高的不确定性，尤其是在影视剧制作、新闻出版等方面，民间机构多对意识形态把握不准、风险控制难度过大、审查期限过长等诸多因素存在顾虑，使之对文化产业投资望而却步。民间机构发起的文化产业资金匮乏，利用外资水平较低，外商实际直接投资额较低、投入规模较小。

(三) 行业未来发展方向

第一，建立管理导向、优化管理意识。公共性文化产业需要政府全力协调，优化投资环境。竞争性及混合性文化产业可以通过产业化生产模式获取更多效益。在这一过程中，政府要明确认识到文化产业发展的革新方向，突破以往文化管理理念的制约，以此结合实际发展特点和国际管理经验，提出健全的产业管理生态模式，保障经营性与非经营性文化产业协调运行。同时，政府在优化自身管理意识的基础上，还要充分展现国有资本的指导作用，科学调节政府投资方案，以此确保各个类型的文化产业都得到有效推广。如今，我国很多地区针对自身文化产业投资情况已经出台了多个产业投资规定，如深圳提出了《深圳经济特区创业投资条例》《关于加强自主创新促进高新技术产业发展的若干政策措施》等，在此背景下，深圳城市的文化产业基金企业将以此为基础保障，更好地进行相关业务拓展探索。

第二，明确投资方向、健全投资机制。整合文化及相关资源，将文化与旅游、体育及实体经济相结合成为未来文化产业投资的主要方向。文化产业投资运营是一个动态过程，要在不断的资源整合和业务拓展中进行，尤其对于国有文化资产要从深耕和服务地方产业方向深刻转型，围绕文化产业的引入和培育，建立以投资、科技、文化、民生为重点布局的战略方向，以资源整合＋平台延伸不断瞄准经济核心的投资领域，与城市发展同频并不断激活产业与市场的活力才能取得良好的投资收益。政府要充分发挥示范引导和带动作用，强化文化产业投资积极性，并促进文化与资本的有机融合，进而为文化产业发展提供有力的金融支撑。在新时代背景下，文化产业要想实现可持续发展目标，需要在拓展和延伸产业链的同时，优化自身的管理经营能力。在明确所在地区文化资源特点的基础上，通过深入探索其蕴含的文化价值，研发文化产品、刺激文化消费，构建浓郁的文化氛围。优化自身的服务水平，在沿用传统经营管理形式的基础上，创新个性化、多元化的服务理念，构建全新的文化产业运营机制，实现资源合理配置。

第三，创新文化产业管理运营模式。互联网时代下的网状产业结构使文化产业的运营管理模式发生了巨大变化，文化产业的内容生产、传播、消费均发生于所有环节的互动中。众包模式作为互联网时代下产业发展的产物，在文化产业运营管理的运用中亦应有更为前沿的创新探索，其表现在"三个更加"：一是更加注重文化生产、消费主体的认知盈余，无限发挥各环节、各阶层的剩余时间与创造力。二是更加开放模式蓝图。文化企业的商业蓝图对于企业的发展至关重要，要建立科学的企业发展愿景和使命（核心价值观），设计完整的企业商业模式，充分考虑企业未来的发展方向和创造的社会价值，成功的商业模式框架不是封闭的企业内部系统，而是结合企业身处的社会环境、经济发展、文化资源的开放动态系统，由天网（发展框架）、地网（发展渠道）、人网形成的稳定"三角"平台才能使企业获得发展。三是更加民主的技术及平台。未来，文化产业平台商业模式将更加强劲发展，通常文化产业被定义为多边市场，兼顾市场中多边使用主体获得赢利并形成良好的互动、依存环境，充分发挥平台同边、跨边网络效应。

第四，重新定义创意领导力和规制力。文化创意作为传统的叛逆，往往需要打破常规的哲学管理理念，创意的生产是复杂多维的过程，需要各种思维的交替切换。文化产业的经营管理是将创新定位在"新"与"旧"的边缘地带，使创意构建在已知与被理解的内容之上，并同时拓展原有的边界范围。创意管理理念是一种张弛有度的"巧管理"，是硬管理与软管理的有机结合，既要营造相对自由灵活的创意环境，也要兼顾企业预算、需求、组织目标等各种硬性指标，建立起创意与管理的真实关系，即彼此对立、彼此需要、彼此交织、辩证统一。同时，创意广泛存在于社会网络中，即文化产业运营管理需要构建良好的创意系统和生态环境，过于趋同化和熟悉化往往会导致稳定的中心化网络，使社会网络中的同质化思想压倒创意所依赖的联结。所以，创意依赖于横向及纵向的系统网络，相对于企业内部特定个人的技巧或天赋，针对既定项目选择适合的合作节点，才能打造出适合文化产业创意产出的生态系统。

主要参考文献

（一）图书

陈雄：《文化地理学》，科学普及出版社，2008。

段汉明：《城市设计概论》，科学出版社，2006。

黄鹤：《文化规划：基于文化资源的城市整体发展策略》，中国建筑工业出版社，2010。

蓝庆新：《区域产业规划方法与案例研究》，知识产权出版社，2011。

李晓鹏、张国彪：《中国的产业规划》，中国发展出版社，2018。

刘佳燕：《城市规划中的社会规划：理论、方法与应用》，东南大学出版社，2009。

司马云杰：《文化社会学》，山西教育出版社，2007。

吴必虎、俞曦：《旅游规划原理》，中国旅游出版社，2010。

向勇、刘静：《文化产业应用理论》，金城出版社，2011。

谢晶仁、余洋：《中国文化产业发展问题研究》，中国出版集团、世界图书出版公司，2012。

谢名家：《文化产业的时代审视》，人民出版社，2002。

熊澄宇：《文化产业研究：战略与对策》，清华大学出版社，2006。

杨伟民：《发展规划的理论和实践》，清华大学出版社，2010。

于平、傅才武:《中国文化创新报告（2013）》,社会科学文献出版社,2013。

昝胜锋:《文化经济学》,中国人民大学出版社,2016。

赵阳、徐宝祥:《文化产业政策与法规》,中山大学出版社,2012。

Alfred Marshall, Mary Paley Marshall, *Economics of Industry* (London: Nabu Press, 2010).

Allen J. Scot, *The cultural economy of cities* (London: SAGE Publications Ltd., 2000).

Bianchini, F. and Parkinson, M. (ed), *Cutural Policy and Urban Regeneration: The West European Experience* (New York: Martin's Press, 1993).

Damodar N. Gujarrati, *Basic Econometrics* (New York: McGraw-Hill, 2001).

David Hesmondhalgh, *The Cultural Industries* (London: Sage Publications, 2002).

David Throsby, *Economics and Culture* (Cambridge: Cambridge University Press, 2001).

Graeme Evans, *Cultural Planning: An Urban Regeneration* (Routledge: London and New York, 2001).

Frith, S., *Knowing one's Place: the culture of cultural industry* (Cultural study from Birmingham, 1991).

Faludi A., *Decision-centred View of Environmental Planning* (Oxford: Pergamon, 1987).

Joan Robinson, *Economics of Imperfect Competition* (London: Palgrave Macmillan, 1933).

Luciana Lazzeretti, *Creative Industries and Innovation in Europe: Concepts, Measures and Comparative Case Studies* (London: Routledge, 2012).

M. Porter, *Creative Industries* (Hartley, Blackwell Publishing, 2005).

（二）论文

曹康、张庭伟：《规划理论及 1978 年以来中国规划理论的进展》，《城市规划》2019 年第 11 期。

蔡玉梅、高延利、张建平、何挺：《美国空间规划体系的构建及启示》，《规划师》2017 年第 2 期。

陈冠铭、李宏杨：《产业规划的编制方法与突破》，《价值工程》2020 年第 12 期。

陈立旭：《当代中国文化产业发展历程审视》，《中共宁波市委党校学报》2003 年第 3 期。

丁国胜、宋彦、陈燕萍：《规划评估促进动态规划的作用机制、概念框架与路径》，《规划师》2013 年第 6 期。

杜芳：《深圳文化产业可持续发展的对策思考》，《广东工业大学学报》（社会科学版）2011 年第 1 期。

方文彬：《中华民居城市规划设计中 GIS 技术的应用分析》，《中华民居》2012 年第 5 期。

高莉莉、宋啸天：《大数据驱动文化消费：作用、背离与策略选择》，《淮北师范大学学报》（哲学社会科学版）2020 年第 2 期。

国伟：《西方文化产业理论与文化产业概念初探》，《山东省农业管理干部学院学报》2008 年第 3 期。

顾翠红：《新加坡适应知识经济的土地利用形式管理和控制》，《现代城市研究》2006 年第 6 期。

关思思：《德国文化相关法律体系概述》，《山东图书馆学刊》2014 年第 5 期。

黄鹤：《西方国家文化规划简介：运用文化资源的城市发展途径》，《国外城市规划》2005 年第 1 期。

黄瓴、赵万民、许剑峰：《城市文化地图与城市文化规划》，《规划师》2008 年第 8 期。

何勇、骆金龙、刘钢：《城市发展战略规划的全方位跟踪与适时修订——基于东京 3 年"实行计划"的配套落实经验》，《上海城市管理》2015 年第 4 期。

冀宪河：《美国经济发展规划的制定及启示》，《机构与行政》2020 年第 2 期。

江媛、曾娇：《"十三五"产业规划编制方法探析》，《中国工程咨询》2015 年第 5 期。

金鹏：《中国文化产业规划特征及战略选择研究》，《产业创新研究》2018 年第 12 期。

孔向东：《关于我国文化管理体制改革的思考》，《大连干部学刊》2004 年第 4 期。

李琳、韩贵锋、赵一凡、郭建明：《国土空间规划体系下的"多规合一"探讨与展望》，《西部人居环境学刊》2020 年第 1 期。

李皖南：《新加坡知识经济战略的发展与输出——兼谈中新广州"知识城"建设》，《暨南学报》（哲学社会科学版）2011 年第 3 期。

李人可：《国土空间规划背景下的产业园区规划编制探索》，《住宅与房地产》2020 年第 15 期。

李祎、吴义士、王红扬：《从文化政策到文化规划西方文化规划进展与编制方法研究》，《国际城市规划》2007 年第 5 期。

李志、李建玲、金莹：《国外文化强国评估指标的研究现状及启示》，《重庆大学学报》（社会科学版）2011 年第 4 期。

李郇、符文颖、刘宏锋：《经济全球化背景下的产业空间重构》，《热带地理》2009 年第 5 期。

李郇、殷江滨：《国外区域一体化对产业影响研究综述》，《城市规划》2012 年第 5 期。

黎德扬、孙兆刚：《论文化生态系统的演化》，《武汉理工大学学报》（社会科学版）2003 年第 2 期。

刘悦笛：《"英国文化创意十年"对文化产业的启示》，《现代传播》（中国传媒大学学报）2008 年第 4 期。

林立伟、沈山：《我国城市规划评估研究进展与展望》，《上海城市规划》2009 年第 6 期。

吕晓蓓、伍炜：《城市规划实施评价机制初探》，《城市规划》2006 年第 11 期。

马海群、汪宏帅：《我国政府开放数据战略的 SLEPT 分析及战略部署》，《情报科学》2016 年第 3 期。

齐骥：《城市文化产业发展空间的组织类型及规划思路》，《城市观察》2013 年第 5 期。

沈永明、陈晓华、储金龙：《基于空间规划视角的我国产城融合研究述评》，《池州学院学报》2013 年第 6 期。

孙施文：《解析中国城市规划：规划范式与中国城市规划发展》，《国际城市规划》2019 年第 4 期。

苏钢：《文化产业发展规划中情报学的应用探析》，《东方企业文化》2014 年第 6 期。

宋博、陈晨：《情景规划方法的理论探源、行动框架及其应用意义——探索超越"工具理性"的战略规划决策平台》，《城市规划学刊》2013 年第 5 期。

束慧、王文平：《基于低碳经济理念的城市产业规划政策研究》，《管理工程学报》2017 年第 2 期。

粟启敏、刘佳琳：《文化治理视角下文化产业政策执行优化研究》，《区域治理》2019 年第 32 期。

佟波：《浅谈德国促进文化创意经济发展的措施》，《才智》2013 年第 11 期。

唐川、黄鹏宇：《创新型产业生态圈引领的产业功能区规划》，《山西建筑》2020 年第 3 期。

王廉：《文化创意产业的规划与政策制定研究》，《广州城市职业学院学报》2010 年第 1 期。

王倩：《国内外产业集群治理的研究热点与前沿解析——基于 CiteSpace 知识图谱的分析》，《重庆工商大学学报》（社会科学版）2019 年第 4 期。

王文倩、张逦英、李月娥：《接轨上海、浙沪创新战略规划政策工具比较研究》，《科教导刊（上旬刊）》2018 年第 25 期。

汪军、陈曦：《西方规划评估机制的概述——基本概念、内容、方法演变以及对中国的启示》，《国际城市规划》2011 年第 6 期。

王志标：《文化产业关联效应分析》，《统计与决策》2009 年第 20 期。

吴雨霏：《文化产业发展的政府规制研究》，《科学社会主义》2014 年第 1 期。

吴扬、王振波、徐建刚：《我国产业规划的研究进展与展望》，《现代城市研究》2008 年第 1 期。

伍硕：《论文化产业的概念与文化生产的价值规律》，《徐州工程学院学报》（社会科学版）2011 年第 1 期。

肖竹韵：《基于产业生态圈理念的产业功能区规划方法探讨》，《城市建设理论研究（电子版）》2019 年第 22 期。

夏雨：《我国文化产业消费经济效益及改善策略》，《商业经济研究》2020 年第 7 期。

杨伟、刘健、周青：《传统产业数字生态系统的形成机制：多中心治理的视角》，《电子科技大学学报》（社科版）2020 年第 2 期。

严卫涛：《国土空间规划立法与文化产业园区建设研究》，《宝鸡社会科学》2020 年第 2 期。

严婷：《中国文化产业市场发展初探》，《星海音乐学院学报》2006 年第 2 期。

易晓峰：《从地产导向到文化导向——1980年代以来的英国城市更新方法》，《城市规划》2009年第6期。

殷会良：《国外城市规划编制中公众参与方法的借鉴》，《贵州工业大学学报（自然科学版）》2007年第2期。

袁牧、张晓光、杨明：《SWOT分析在城市战略规划中的应用和创新》，《城市规划》2007年第4期。

周彦每：《公共文化治理的价值旨归与建构逻辑》，《湖北社会科学》2016年第7期。

赵西君、吴殿廷、何燕、宋金平：《基于集群理论的产业规划模式探析》，《世界地理研究》2007年第3期。

张亚鹏：《中国产业政策的国家行动与进路转型——基于国家治理的视角》，《中共福建省委党校学报》2019年第3期。

张秉福：《我国文化产业政府规制的现状与问题探析》，《图书与情报》2012年第4期。

张贡生：《我国区域产业规划的历史回顾及其走势分析》，《甘肃社会科学》2010年第1期。

张满银：《省级区域规划实施评估方法和机制探究》，《经济地理》2020年第4期。

张洪波：《文化生态学理论及其对我国城市可持续发展的启示》，《现代城市研究》2009年第10期。

张伟：《山东文化产业国有资产管理体制现状及其改革途径》，《理论学习》2006年第3期。

张琦、曲延春：《我国文化体制改革中的问题与对策——基于政府职能转变视角》，《中共济南市委党校学报》2012年第6期。

翟娜：《"多规合一"视角下的国土空间规划探讨》，《城市住宅》2020年第4期。

赵迎芳：《山东省文化产业竞争力要素分析》，《山东经济》2010

年第 6 期。

郑世林、葛珺沂：《文化体制改革与文化产业全要素生产率增长》，《中国软科学》2012 年第 10 期。

周罡：《产业转型过程中问题解析及产业规划编制的建议》，《上海城市规划》2011 年第 1 期。

朱蕾：《发达国家国土空间用途管制比较及对我国的借鉴》，《上海国土资源》2019 年第 4 期。

朱惠斌：《日本产业集群规划的特征及启示》，《世界地理研究》2014 年第 1 期。

Alexander E. R., "Rationality Revisited: Planning Paradigms in a PostPostmodernist Perspective," *Journal of Planning Education & Research* (2000) 19: 3, 242 – 256.

David Hesmondhalgh, A. C. Pratt, "Cultural Industries and Cultural Policy," *International Journal of Cultural Policy* (2005) Vol. 11, No. 1, 1 – 13.

Gerry Mooney, "Cultural Policy as Urban Transformatio? Critical Reflections on Glasgow," *Local Economy* (2004) Vol. 19, 327 – 340.

Jonathan Denis-Jacob, "Cultural Industries in Small-sized Canadian Cities, Dream or Reality?" *Urban Studiesy* (2012) 49 (1), 97 – 114.

Joseph Lampel, Theresa Lant, Jamal Shamsie, "Balancing Act: Learning from Organizing Practices in Cultural Industries," *Organization Science* (2000) Vol. 11, No. 3, 263 – 269.

Khakee, A., "Evaluation and Planning, Inseparable Concepts," *Town planning Review* (1998) TRR, 69 (4) 359 – 374.

Mark Banks, "Craft Labour and Creative Industries," *International Journal of Cultural Policy* (2010) 16 (3): 305 – 321.

Michael Gort, Steven Klepper, "Time Paths in the Diffusion of Product

Innovations," *Economic Journal* 1982, p2 (367): 630 – 653.

Mills, Deborah, "Cultural Planning——Policy Task, Not Too," *Artwork Magazine* (2003) 55, 7 – 11.

P. Davidoff, "Advocacy and Pluralism in Planning," *Readings in planning theory* (1965) 3rd Ed. 191 – 205.

Santagta, Walter, "Cultural Districts, Property Right and Sustainable Economic Growth," *International Journal of Urban and Regional Research.* (2002) Vol. 26, 9 – 23.

后　记

"十四五"时期是文化和旅游产业管理体制改革后的第一个五年，文化产业发展正走向促进满足人民文化需求和增强人民精神力量相统一的高质量发展道路，肩负着举旗帜、聚民心、育新人、兴文化、展形象的使命任务，要求文化产业规划必须更加突出引领性、系统性、务实性，要求文化及相关产业的智库服务组织和从业者应具备更高的站位、更宽的视野、更深的认知和更综合的业务能力。

未来，我们仍然要以匠心、慧眼和妙手深度服务中国文化产业，通过基础信息的整合发散、创新创意的螺旋提升、外部视角的多维审视、规划要素的管控处理、团队成员的分工合作，全面科学地厘清产业规划背景、梳理产业发展趋势、评估产业发展基础、制定产业发展策略、布局产业发展空间、构建产业业态体系、部署产业重点突破、完善综合保障体系、制定实施方案计划。同时，围绕事前环节，推动优质产业要素的规划植入；围绕事中环节，提供要素招引变现与增值服务；围绕事后环节，系统开展规划实施阶段性评估，最大程度激发产业规划效能。

未来，我们仍然坚持融通东西方文化经济思想，提倡严谨务实、反对脱离实际的学院式研究，系统整合山东大学文化产业研究院专业学术力量、文化产业动能转换与生态系统山东省文化科技重点实验室平台力量、泺尚有道规划咨询有限公司项目规划运营力量，主动深入文化产业、行业、市场一线，开展产业生态的服务实践，推动中国文化产业规划与产业本体的高质量发展，进一步助力区域文化产业与经济社会的协同发展。

在本书写作过程中，农工党中央联络委主任黄泰康先生、中华文化促进会王永章副主席、南京大学长三角文化产业发展研究院顾江院长、上海交通大学中华文化传承研究院李康化执行院长、对外经贸大学国际休闲产业中心吴承忠主任、南京中智文化创意研究院王波院长、浙江大学影视与动漫游戏研究中心盘剑主任、华中师范大学国家文化产业研究中心詹一虹常务副主任、云南大学文化发展研究院胡洪斌副院长等给予了诸多宝贵的启发和鼓励。同时，衷心感谢山东大学文化产业研究院院长王育济先生，文化产业动能转换与生态系统山东省文化科技重点实验室学术委员会主任、山东大学体育学院党委书记院长孙晋海先生的精心指导和大力支持。

最后，感谢农工党中央联络委、农工党山东省文体委、文化产业协作体、山东大学文化产业研究院一直以来提供的宝贵帮助。感谢我的博士生导师顾江先生将我带进文化产业研究和规划领域，由此开启了我和朋飞从事文化产业规划和设计的合作历程。感谢山东艺术学院艺术管理系唐月民主任，文化产业动能转换与生态系统山东省文化科技重点实验室韩英、章军杰、陈旭，内蒙古艺术学院文化艺术管理学院昝博闻同学，泺尚创意咨询研究院张逸凡、王钰、王丹丹、崔甜雪、刘婷婷等参与思路研讨、查找资料和检索文献，本书的出版离不开每一位专家顾问、团队成员的努力，再次表示深深的谢意。

昝胜锋　周朋飞

山东济南大明湖之畔

2021 年 3 月 16 日

图书在版编目(CIP)数据

文化产业规划：理论与实践 / 昝胜锋，周朋飞著. -- 北京：社会科学文献出版社，2021.7
ISBN 978-7-5201-8756-5

Ⅰ.①文… Ⅱ.①昝… ②周… Ⅲ.①文化产业-经济规划-研究-中国 Ⅳ.①G124

中国版本图书馆CIP数据核字（2021）第149607号

文化产业规划：理论与实践

著　　者 / 昝胜锋　周朋飞
出 版 人 / 王利民
责任编辑 / 薛铭洁

出　　版 / 社会科学文献出版社·皮书出版分社（010）59367127
　　　　　　地址：北京市北三环中路甲29号院华龙大厦　邮编：100029
　　　　　　网址：www.ssap.com.cn
发　　行 / 市场营销中心（010）59367081　59367083
印　　装 / 北京玺诚印务有限公司
规　　格 / 开本：787mm×1092mm　1/16
　　　　　　印张：21.75　字数：297千字
版　　次 / 2021年7月第1版　2021年7月第1次印刷
书　　号 / ISBN 978-7-5201-8756-5
定　　价 / 128.00元

本书如有印装质量问题，请与读者服务中心（010-59367028）联系

▲ 版权所有 翻印必究